edition suhrkamp

Redaktion: Günther Busch

Auch sogenannte »Standardwerke« haben ihre besonderen Schicksale. Dies gilt durchaus von dem Buch der beiden am *Centro Brasileiro de Análise e Planejamento* in São Paulo arbeitenden Wissenschaftler, das seit seinem Erscheinen im Jahre 1969 zwar in Lateinamerika zahlreiche Auflagen erzielt hat, aber erst jetzt allmählich Europa erreicht, obschon es unter Lateinamerika-Spezialisten längst Gegenstand ausführlicher Debatten ist. Die Analyse der Ursachen von Unterentwicklung, der wirtschaftlichen Abhängigkeit der Länder der Dritten Welt von den Industrieländern und der daraus folgenden »Verzerrungen« und »Verwerfungen« in der Sozialstruktur und im politischen System der abhängigen Staaten ist, im Hinblick auf die Verhältnisse in Lateinamerika, zum ersten Male von Cardoso und Faletto entfaltet und zu einer sozialwissenschaftlichen Theorie verdichtet worden. Die meisten neueren Beschreibungen der Konfliktfelder zwischen »Metropole« und »Peripherie«, zwischen reichen und armen Ländern zehren – jedenfalls was die Kriterien betrifft, unter die sie die Abhängigkeitsbeziehungen zusammenfassen – von Cardosos und Falettos Konzept oder haben aus ihm Nutzen gezogen.

Fernando H. Cardoso,
Enzo Faletto
Abhängigkeit und Entwicklung
in Lateinamerika

Suhrkamp Verlag

Titel der Originalausgabe: *Dependencia y desarrollo en América Latina. Ensayo de interpretación sociológica.*
Unter Berücksichtigung der Veränderungen und Ergänzungen des Textes in der amerikanischen Ausgabe ins Deutsche übersetzt von Hedda Wagner.

edition suhrkamp 841
Erste Auflage 1976
© Siglo XXI Editores S. A., Mexiko, Buenos Aires, 1969. © der deutschen Ausgabe: Suhrkamp Verlag, Frankfurt am Main 1976. Deutsche Erstausgabe. Printed in Germany. Alle Rechte vorbehalten, insbesondere das des öffentlichen Vortrags und der Übertragung durch Rundfunk und Fernsehen, auch einzelner Teile. Satz, in Linotype Garamond, Druck und Bindung bei Georg Wagner, Nördlingen. Gesamtausstattung Willy Fleckhaus.

Inhalt

Vorwort

Die vorliegende Arbeit entstand in den Jahren 1966/67 in Santiago, Chile, in einer Zeit, als die Autoren eng mit Ökonomen und Planungsexperten in einem internationalen Institut zusammenarbeiteten, zu dessen Aufgaben Forschung, Lehre und Beratertätigkeit in Fragen der Wirtschaftsplanung gehörten. Dabei ging es ihnen darum, zwischen Ökonomen und Planungsexperten einen Dialog herzustellen, in dessen Mittelpunkt die sozialen und politischen Momente der ökonomischen Entwicklung in Lateinamerika stehen sollten. Darüber, welches diese Momente seien, bestand weitgehende Einigkeit; Schwierigkeiten ergaben sich jedoch bei dem Versuch, direkter und spezifischer aufzuweisen, *wie* Gesellschaft, Politik und Wirtschaft miteinander zusammenhängen und was dieser Zusammenhang in verschiedenen historischen Perioden und unter unterschiedlichen strukturellen Bedingungen bedeutet. Eben dies zu klären ist unser Vorsatz.

Der eine oder andere Teil des Buches ist wohl umfassender ausgefallen, als ursprünglich beabsichtigt, doch im wesentlichen beschränkt sich die Argumentation auf den Sachzusammenhang, den die Autoren ins Auge gefaßt haben; d. h. es wird keinerlei Anspruch erhoben, sämtliche Probleme der wirtschaftlichen Entwicklung im Verhältnis zu anderen gesellschaftlichen Prozessen zu erfassen. Überdies haben wir bei der Darstellung der Unterschiede im Prozeß des sozialen Wandels der verschiedenen Länder darauf verzichtet, so wichtige historische Themen zu behandeln wie Ausmaß und Typ der in der Vergangenheit herrschenden Sklaverei, die Probleme großer Eingeborenen-Bevölkerungsgruppen in zahlreichen Ländern des lateinamerikanischen Kontinents und die relativ wichtige Rolle der europäischen Einwanderer.

Zugleich wollen wir darlegen, daß es ein theoretischer Fehler mit gefährlichen praktischen Folgen ist, die wirtschaftlichen und politischen Probleme Lateinamerikas zu erörtern, ohne die spezifischen strukturellen und historischen Unterschiede gebührend wahrzunehmen, welche für die jeweilige Situation, das jeweilige Land und den jeweiligen Zeitabschnitt im lateinamerikanischen Kontext kennzeichnend sind.

I. Einleitung

Ende des Zweiten Weltkrieges hatte es den Anschein, als stünden einige Länder Lateinamerikas kurz vor dem Abschluß ihrer industriellen Aufbauphase und als wären sie zudem bereits in der Lage, ökonomische Veränderungen einzuleiten, die zu einem sich selbst tragenden Wirtschaftswachstum führen würden.

Nach der Reorganisation der durch die Weltwirtschaftskrise von 1929 belasteten Produktion und Märkte schienen einige lateinamerikanische Volkswirtschaften, die beachtliche Devisenmengen akkumuliert und von der automatischen Entlastung der Binnenmärkte infolge des Krieges profitiert hatten, tatsächlich imstande zu sein, den als »Importsubstitution« bekannten Kreis zu schließen und auf einer festen Grundlage in das Stadium der Produktion von Investitionsgütern zum Zwecke der Diversifikation der Produktion einzutreten. In diesen Ländern war der Binnenmarkt offenbar groß genug, um die Wirtschaft zu beleben; und man ging davon aus, daß der Transfer von Arbeitskräften aus Sektoren mit niedriger Produktivität – vor allem in ländlichen Gebieten – in Sektoren mit hoher Produktivität helfen würde, den Markt zu erweitern. Später, etwa um 1955, tauchte ein neues Element in den Erwägungen darüber auf, was zur Einleitung von Entwicklung notwendig sei: die Umverteilung des Einkommens. Das Zusammenwirken all dieser Faktoren ließ es als gewiß erscheinen, daß die Marktkräfte automatisch Wachstum erzeugen würden.

Diese Möglichkeit wurde in vielen lateinamerikanischen Studien über ökonomische Entwicklung als Theorie formuliert. Gestützt auf den Glauben, daß Industrialisierung eine zusätzliche Hilfsquelle in einem auf dem Export von Primärerzeugnissen basierenden Entwicklungsprozeß sei und in Zeiten der Krise auf dem Weltmarkt eine Art Zwangsalternative darstelle[1], entstand nicht nur eine abstrakte Theorie, son-

---

[1] Zur Frage, inwieweit Industrialisierung als Ergänzung zum Wachstum des Exportsektors einer Volkswirtschaft notwendig ist, vgl. Raul Prebisch, *El desarrollo*

dern auch eine konkrete Erwartung: daß auf die Ausweitung des Exports der Industrialismus folgen werde, wodurch Entwicklung zusätzlich gefördert und ein sich selbst tragendes Wachstum initiiert würde. Grundlage dieses Wachstums sollten die Belebung des Binnenmarktes und die Diversifizierung der Industrieproduktion sein, was den Aufbau einer einheimischen Investitionsgüterindustrie nach sich ziehen würde. Lateinamerika wäre zwar weiterhin an den Weltmarkt gebunden – und dies nicht nur, um sichere Käufer für seine Exportprodukte zu behalten, sondern auch, um Investitionen zu bekommen –; doch die Entwicklung sollte einzig und allein durch die Ausweitung des Binnenmarktes gewährleistet werden. Die »Exportindustrien« wären nach wie vor vonnöten, um die »Importkapazität« aufrechtzuerhalten, aber grundsätzlich würde die Entwicklung vom Binnenmarkt und nicht vom Auslandsmarkt bestimmt werden.

Es steht außer Frage, daß ein Teil der Voraussetzungen für diese neue Phase in der lateinamerikanischen Ökonomie zu Beginn der fünfziger Jahre gegeben war, zumindest in Ländern wie Argentinien, Mexiko, Chile, Kolumbien und Brasilien. Zu diesen Voraussetzungen gehörten: 1. ein hinlänglich großer Binnenmarkt, der durch die im 19. Jahrhundert erfolgte Eingliederung der Agrar- und Bergbau-Ökonomien in den Weltmarkt geschaffen worden war; 2. eine industrielle Grundlage, die sich im Verlauf der vergangenen achtzig Jahre allmählich gebildet hatte und die leichte Konsumgüterindustrien (Nahrungsmittel, Textilien usw.) und, in manchen Fällen, die Produktion von Exportgütern umfaßte; 3. reichliche Deviseneinnahmen aus dem Absatz von Agrarprodukten und Erzen im Ausland; 4. starke Anreize für wirtschaftliches Wachstum, insbesondere in Ländern wie Brasilien und Kolumbien, die der Stärkung des externen Sektors in der zweiten Hälfte der fünfziger Jahre zu verdanken waren; 5. eine befriedigende Rate einheimischer Kapitalbildung in Ländern wie Argentinien.[2]

económico de la América Latina y algunos de sus principales problemas, in: *Boletín Económico de América Latina,* 7/1962, S. 1-24.

2 Zu einer Erörterung der Entwicklungsvoraussetzungen in Argentinien vgl. Benjamin Hopenhavn, *Estancamiento e inestabilidad: el caso argentino en la etapa de sustitución forzosa de importaciones,* in: *El Trimestre Económico* (Mexiko), Nr. 125 (Januar-März 1965), S. 126-139.

Aus ökonomischer Sicht erschien es mithin einleuchtend, daß Entwicklungspolitik sich auf zwei Punkte konzentrieren müsse: a) auf den Erwerb von Technologie, um die Diversifikation der Produktionsstruktur zu fördern und die Produktivität zu steigern, und b) auf die Einleitung einer Investitionspolitik, welche die zur Diversifikation nötige Infrastruktur mit Hilfe des Staates herstellen würde.[3] Günstige strukturelle Voraussetzungen und die allgemeinen Zukunfterwartungen ließen die Ökonomen zu der Auffassung gelangen, daß Entwicklung in erster Linie von der Fähigkeit jedes einzelnen Landes abhänge, die seiner wirtschaftlichen Lage angemessenen politischen Entscheidungen zu treffen.

Nach der Weltwirtschaftskrise von 1929 begannen selbst jene lateinamerikanischen Länder, die (wie Argentinien) eine »liberale« Wirtschaftstradition besaßen, die Instrumente staatlicher Macht zu stärken, um die Exportwirtschaft zu verteidigen. Der nächste Schritt bestand darin, öffentliche Einrichtungen zur Förderung von Entwicklung im Sinne des neuen Konzepts zu schaffen und im Staatssektor Ziele und Verfahrensweisen neu zu bestimmen.

Die Stärkung und Modernisierung des Staates erschien den lateinamerikanischen Ökonomen als ein solch unerläßliches Mittel zur Begründung einer effektiven und effizienten Entwicklungspolitik, daß sie sich dem Konzept einer »Politischen Ökonomie« zuwenden und den politischen Aspekt ihrer Vorschläge hervorheben mußten. Dieses Konzept ging allgemein davon aus, daß die historischen Wurzeln der lateinamerikanischen Situation einen extrem nationalistischen Typ von Entwicklung anzeigten. Folglich mußten die Binnenmärkte erweitert und die nationalen Entscheidungszentren so organisiert werden, daß sie für die Entwicklungsprobleme ihres eigenen Landes empfänglich würden.

Ende der fünfziger, Anfang der sechziger Jahre begann diese optimistische Einschätzung zu schwinden. Es ist schwer zu sagen, warum – angesichts so zahlreicher günstiger Vorausset-

---

3 Die andere Alternative wäre gewesen, das Pro-Kopf-Einkommen im Primärsektor anzuheben, um die Verluste infolge der Verschlechterung der realen Austauschbedingungen (terms of trade) auszugleichen. Vgl. hierzu R. Prebisch. a.a.O., insbesondere S. 6.

zungen für den Übergang vom Stadium der Importsubstitution zu einem Stadium, das neue Chancen für eine auf den Binnenmarkt ausgerichtete autonome Produktion eröffnen würde – die notwendigen Maßnahmen zur Sicherung einer kontinuierlichen Entwicklung nicht ergriffen wurden bzw. warum die vollzogenen Beschlüsse nicht gewirkt haben. Die Rate des Wirtschaftswachstums war in manchen Fällen zweifellos nicht ausreichend, um die rückständigen Wirtschaftssektoren zu beleben, und so konnte die Ökonomie den Druck des Bevölkerungszuwachses nicht auffangen. Doch obwohl dieses Problem durch die geringe Auslastung der Arbeitskräfte verschärft wurde – was für den Typ von Technologie, der in den meisten modernen Sektoren eingesetzt wird, kennzeichnend ist –, kam es nicht zu einer offenen Wirtschaftskrise mit den üblichen Folgen.

Angesichts der Tatsache, daß die ökonomischen Voraussetzungen der meisten prosperierenden Länder des lateinamerikanischen Kontinents (wie etwa Argentiniens) bis Mitte der fünfziger Jahre der Entwicklung förderlich waren, stellt sich mithin die Frage, ob die bestehenden institutionellen und gesellschaftlichen Verhältnisse es nicht gestatteten, daß die günstigen wirtschaftlichen Bedingungen sich in einer vernünftigen Entwicklungspolitik ausdrückten, oder ob man fälschlicherweise an eine Entwicklung glaubte, die, ökonomisch gesehen, keine war.

In manchen lateinamerikanischen Ländern, beispielsweise in Brasilien, bestärkten die Ereignisse, vor allem in den fünfziger Jahren, die Hoffnung auf ein sich selbst tragendes Wachstum. In Brasilien war der Prozeß der Importsubstitution sogar schon so weit fortgeschritten, daß es einen Investitionsgütersektor gab, welcher – mit seinem wohlbekannten dynamischen Multiplikationseffekt und mit der Stabilität, die er dem industriellen System verlieh und die ein Konsumgütersektor in Krisenzeiten allein nicht bieten konnte – eine neue und irreversible Phase der brasilianischen Industrialisierung anzukündigen schien. Jedoch bestätigten die Tatsachen in diesem Falle nicht den ursprünglichen Optimismus, denn auf den Boom, der im Prozeß der Importsubstitution seinen Höhepunkt erreichte, folgte in den sechziger Jahren eine Periode der relativen Stagnation, welche die brasilianische Wirtschaft bis auf den heutigen Tag belastet.[4]

Von den drei industriell am weitesten fortgeschrittenen Ländern ist es nur Mexiko gelungen, über eine längere Zeitspanne eine hohe Wachstumsrate aufrechtzuerhalten. Dazu muß freilich gesagt werden, daß Mexikos Wirtschaftsstruktur – insbesondere der Verbreitungsgrad der Waren seines Exportsektors – sich von derjenigen anderer Länder Lateinamerikas unterscheidet. Aber selbst für diesen Fall gilt, daß ungleiche Einkommensverteilung und zunehmende Beteiligung ausländischen Kapitals an der heimischen Wirtschaft Momente sind, welche die Hypothesen der Ökonomen hinsichtlich der für ein sich selbst tragendes Wirtschaftswachstum erforderlichen Bedingungen verändern.

Es ist offenkundig, daß die Theorie und die rein ökonomischen Prognosen, die Ende der vierziger Jahre aufgestellt wurden, den späteren Gang der Ereignisse nicht zu erklären vermochten. Argentinien erfuhr weder die beschleunigte Entwicklung noch die qualitativen Veränderungen, die es erwartet hatte. Brasilien fand zwar in den fünfziger Jahren, als es, unterstützt durch kurzfristige Fremdfinanzierung, einen Entwicklungsschub erlebte, eine vorübergehende Lösung für seine Wirtschaftsprobleme, fiel aber ausgerechnet in der Zeit in Rezession und Stagnation zurück, als es die seiner Entwicklung entgegenstehenden Hindernisse endlich überwunden zu haben glaubte.[5] Mexiko scheint heute – nach einer schwierigen Periode der Neuordnung und tiefgreifenden Veränderungen, die von einer nationalistischen Politik eingeleitet wurden – seine Expansionsmöglichkeiten realisiert zu haben, was insbesondere auf seine Integration in den Weltmarkt über ausländische Investitionen und die Diversifikation seines Außenhandels zurückzuführen ist, in welchem der Tourismus eine wichtige Rolle spielt.

Im Lichte der genannten Tatbestände kann man nun die

---

4 Vgl. *Auge y declinacion del proceso de importaciones en el Brasil*, in: *Boletín Económico de América Latina*, 9/1964, S. 1-62. Dennoch lassen die Besonderheiten der brasilianischen Wirtschaft den Schluß zu, daß diese Stagnation, ökonomisch gesehen, immer noch im Rahmen einer Gesamtsituation stattfindet, die man als »Entwicklung« bezeichnen kann.

5 Vgl. Celso Furtado, *Desenvolvimento e subdesenvolvimento*, Rio de Janeiro 1961; hier insbesondere Kapitel V.

Frage verallgemeinern, warum so vielversprechenden Volkswirtschaften wie der argentinischen die erforderliche Vitalität fehlte. Inwieweit war vielleicht gerade die Tatsache, daß es in Mexiko eine Revolution gab, die das Gleichgewicht der sozialen Kräfte zerstörte, der entscheidende Faktor für die spätere Entwicklung des Landes? Könnten es in Brasilien nicht Elemente der Sozialstruktur gewesen sein – das Spiel der politischen und sozialen Kräfte in der »Entwicklungs«-Dekade –, die sowohl für den anfänglichen Aufschwung als auch für die spätere Stagnation im brasilianischen Entwicklungsprozeß verantwortlich waren? In jedem Falle wäre es eine oberflächliche Antwort, den negativen Gang der Ereignisse als Beweis für die Unzulänglichkeit der früheren Wirtschaftsprognosen zu benennen und daraus abzuleiten, daß die ökonomischen Erklärungen durch soziologische Deutungen ersetzt werden müßten.

Die wirtschaftliche Entwicklung in Lateinamerika hing häufig davon ab, wie günstig die Absatzbedingungen für die heimischen Erzeugnisse waren. Und so war es gerade der Außenhandel, der – begleitet von einer stetigen Verschlechterung der »terms of trade« – nach dem Boom des Korea-Krieges zurückging. Obwohl diese Lage eine Neubestimmung der internationalen Entwicklungshilfe-Konditionen verlangte, sei es in Form von Programmen zur direkten Fremdfinanzierung des öffentlichen Sektors, sei es mittels einer Politik der Preisstützung, wurden derlei Maßnahmen nicht wirksam durchgesetzt.

Diese Tatsachen sind zum Teil verantwortlich für die Verlangsamung des Wirtschaftswachstums. Die Zuwachsrate des Bruttosozialprodukts erlaubte einigen wenigen Ländern allenfalls die Umgestaltung ihres Wirtschaftssystems; eine Neugestaltung des sozialen und des politischen Systems in der erhofften Richtung fand nicht statt. Daraus läßt sich schließen, daß die »traditionelle« Gesellschaft zwar ihre ökonomische Gestalt veränderte, ihr Machtsystem jedoch nach wie vor von denselben Personen kontrolliert wurde, obwohl diese die vielfältigsten Bündnisse mit den neu aufgetretenen Gruppen eingegangen waren.[6] Mit anderen Worten: Als Anfang der

6 Vgl. z. B. die Studie der ECLA (UN-Wirtschaftskommission für Lateinameri-

sechziger Jahre die Wachstumsrate zurückging, tauchten die alten Probleme des lateinamerikanischen Kontinents wieder auf – mit neuen sozialen Protagonisten bzw. mit den alten Herrschaftsträgern in neuem Gewand.

Wenngleich es zutrifft, daß das Wirtschaftswachstum der verschiedenen lateinamerikanischen Länder auf unterschiedliche Weise durch die je spezifische Sozialstruktur bedingt wird, so genügt es doch nicht, die »ökonomische« Interpretation von Entwicklung durch die »soziologische« zu ersetzen. Vielmehr bedarf es einer ausgreifenden Analyse, die erlaubt, eine umfassendere und differenziertere Antwort auf die allgemeine Frage nach den Entwicklungsmöglichkeiten der lateinamerikanischen Länder sowie auf die entscheidenden Fragen nach der Bedeutung von Entwicklung und ihren sozialen und politischen Voraussetzungen zu geben.

ka), *El desarrollo social de América Latina en la postguerra*, Buenos Aires 1963, in der die These von der Flexibilität der traditionellen Herrschaftsstrukturen vertreten wird.

II. Die Notwendigkeit einer umfassenden Analyse von Entwicklung

Die bloße Ersetzung des ökonomischen Ansatzes durch eine soziologische Analyse reicht nicht aus. Entwicklung ist selber ein sozialer Prozeß, und selbst ihre rein ökonomischen Momente sind mit den zugrunde liegenden gesellschaftlichen Verhältnissen verklammert. Folglich genügt es nicht, die sozialen Bedingungen und Wirkungen des Wirtschaftssystems zu berücksichtigen, da dies keine befriedigende Antwort auf die in der *Einleitung* gestellten Fragen gibt. So ist denn auch in der Tat der ökonomischen Entwicklungsformel – die davon ausgeht, daß Unterentwicklung über die Schaffung eines dynamischen Binnensektors, der sowohl eigenständiges Wachstum hervorzubringen als auch die Verlagerung von »Entscheidungszentren« zu bewirken vermag, zu Entwicklung führt – eine soziologische Interpretation hinzugefügt worden, die den Übergang von traditioneller zu moderner Gesellschaft zu erklären sucht.

1. Die typologische Analyse: Traditionelle und moderne Gesellschaft

Diese Art der Entwicklungsanalyse empfiehlt die Aufstellung von Modellen bzw. Typen von Gesellschaftsformationen.[7] Sie

---

[7] Dieser analytische Ansatz, dessen Schwerpunkt der Übergang von der traditionellen zur modernen Gesellschaft ist, wird speziell auf Lateinamerika bezogen in dem Buch von R. Redfield, *The Folk Culture of Yucatan*, Chicago 1940. Zwanzig Jahre später gibt B. Hoselitz diesem Ansatz in seinem Buch *Sociological Factors in Economic Development*, Glencoe 1960, eine entschieden soziologische Richtung und überträgt ihn auf Lateinamerika in: *Contribution to the First International Conference in Economic History: Stockholm 1960*, Den Haag 1960. Gino Germani ist vermutlich der Lateinamerikaner, der diesen Ansatz am besten fortgeführt hat, z. B. in seiner Arbeit *Política y sociedad en una época de transición*, Buenos Aires 1962. Außerdem sollte angemerkt werden, daß Talcott Parsons mit seinem Buch *The Social System*, Glencoe 1951, und Robert K. Merton mit seiner Arbeit *Social Theory and Social Structure*, Glencoe 1949, die Formulierung dieses Typs von Entwicklungsanalyse entscheidend beeinflußt haben. Ferner wäre Daniel Lerner mit seinem

vertritt die Auffassung, daß die lateinamerikanischen Gesellschaften einem allgemein als »traditionell« bezeichneten
Strukturtyp zuzurechnen seien, der von einem »modern«
genannten Typ von Gesellschaft abgelöst werde. Im Prozeß
des sozialen Wandels erweise es sich, daß eine Gesellschaft,
bevor sie »modern« werde, in eine Zwischen- oder Zwitter-
phase eintrete, die als »struktureller Dualismus« zu bezeichnen sei, und daß dies als Kennzeichen von »Entwicklungs«-
Ländern gelten könne.[8] Methodologisch handelt es sich hier in
Wirklichkeit um eine Neuauflage des von Tönnies formulier-
ten klassischen Gegensatzes zwischen »Gesellschaft« und
»Gemeinschaft«.

Dieses Schema ist aus zweierlei Gründen zu kritisieren:
Erstens sind die Begriffe »traditionell« und »modern« weder
so allgemein, daß sämtliche sozialen Situationen damit erfaßt
werden könnten, noch erlauben sie, die Strukturkomponenten
voneinander zu unterscheiden, welche den »way of life« der
betreffenden Gesellschaften bestimmen und die Bedingungen
für ihr Funktionieren und ihren Fortbestand anzeigen.
Zweitens stiften diese Begriffe keine einleuchtende Verbindung zwischen den verschiedenen ökonomischen Stadien –
z. B. Unterentwicklung/Entwicklung durch Exporte oder
durch Importsubstitution usf. – und den verschiedenen Typen
von Sozialstruktur, die »traditionellen« und »modernen« Gesellschaften zugeordnet werden. Vermutlich könnten bestimmte Merkmale der beiden hier erörterten Typen von
Gesellschaft aus der speziellen Form abgeleitet werden, die
der Entwicklungsprozeß in den verschiedenen Phasen annimmt. Indessen ist es mit dieser Methode nach wie vor
unmöglich, den Übergang von dem einen Typ von Gesell-

Werk *The Passing of Traditional Society: Modernizing the Middle East*, Glencoe
1958, zu nennen; er vertritt den Traditionalismus/Modernismus-Ansatz in allgemei-
nerer Form, d. h. ohne speziellen Bezug auf das Problem von Entwicklung, in einer
Analyse der Prozesse sozialen Wandels. Die psychologischen Aspekte des Übergangs von Traditionalismus zu Modernismus werden erörtert von Everett Hagen
in *On the Theory of Social Change*, Homewood 1962, und David McClelland in *The
Achieving Society*, Princeton 1961.

8 Zum Begriff des strukturellen Dualismus in diesem Zusammenhang vgl. Jac-
ques Lambert, *Le Brésil: structure sociale et institutions politiques*, Paris 1953, sowie
– aus der Sicht eines Ökonomen – Albert O. Hirschman, *The Strategy of Economic
Development*, New Haven 1958.

schaft zu dem anderen zu erklären. Tatsächlich erstreckt sich die Veränderung der Sozialstrukturen – weit davon entfernt, ein bloß kumulativer Prozeß der Integration neuer »Variablen« zu sein[9] – auf eine Reihe von Beziehungen zwischen gesellschaftlichen Gruppen, Kräften und Klassen, mit deren Hilfe ein Teil von ihnen der Gesamtgesellschaft seine eigenen Herrschaftsformen aufzuzwingen versucht.

Nach rein ökonomischen Kategorien läßt sich der Entwicklungsgrad eines Produktionssektors mittels einer Gruppe von Variablen und anhand der Relationen zwischen den Variablen analysieren, die den Prozeß der strukturellen Diversifikation der Volkswirtschaft widerspiegeln. Legt man diese Analyse zugrunde, so läßt sich die jeweilige Form der Sozialstruktur hauptsächlich aus den Einkommensverhältnissen und der Beschäftigungsstruktur erklären. Eine Fragestellung, welche die rein ökonomische Analyse mit der Einsicht in die politische und soziale Entwicklung zu verbinden wünscht, muß jedoch weitergehen: Sie muß über den Charakter der Sozialstruktur einer gegebenen Gesellschaft hinaus den Prozeß ihrer Formierung sowie die Ausrichtung und das Verhalten der sozialen Kräfte untersuchen, die Druck ausüben, um die bestehende Struktur aufrechtzuerhalten oder zu verändern – mit all den politischen und sozialen Konsequenzen, die dies auf nationaler wie auf internationaler Ebene für das Gleichgewicht der Kräfte haben mag.

Auch vereinfachen die Modernismus-/Traditionalismus-Analysen über Gebühr, wenn sie ausschließlich einen Zusammenhang unterstellen zwischen Entwicklung und moderner Gesellschaft auf der einen, Unterentwicklung und traditioneller Gesellschaft auf der anderen Seite. Tatsächlich folgt das Verhältnis von Entwicklung und Modernisierung – wie an späterer Stelle gezeigt werden wird – nicht notwendigerweise der Annahme, daß »traditionelle Gruppen« in den meisten entwickelten Gesellschaften von Herrschaft ausgeschlossen seien. Es kann durchaus vorkommen, daß eine Gesellschaft ihre Konsummuster, ihr Bildungssystem etc. modernisiert, ohne entsprechende Fortschritte in der Entwicklung zu ma-

9 Vgl. z. B. Peter Heintz, *Análisis contextual de los países latino-americanos*, unv. Ms., Berkeley.

chen – sofern man unter Entwicklung eine Verringerung der Abhängigkeit und die Wandlung des Wirtschaftssystems von einer peripheren zu einer zentralen Ökonomie versteht.

2. Der Begriff des sozialen Wandels

Nun wollen wir jedoch nicht nur darauf aufmerksam machen, was die Begriffe »traditionelle« und »moderne« Gesellschaft, bezogen auf Analyse und Interpretation, bedeuten, sondern auch – und sei es nur kurz – auf den Typ von historischem Prozeß eingehen, der mit diesen Begriffen verbunden ist.

Die gängigen Interpretationen enthalten fast durchweg die methodologische Annahme, daß die Zukunft der unterentwickelten Länder durch die in Westeuropa und den USA herrschenden Muster des politischen, sozialen und ökonomischen Systems vorgezeichnet sei. Dieser Annahme zufolge besteht der »Entwicklungsprozeß« in der zwangshaften Wiederholung, ja Imitation der verschiedenen Stadien, die für den sozialen Wandel jener »entwickelten« Länder kennzeichnend waren.[10] Mit anderen Worten: Die historischen Variationen, d. h. die Besonderheiten jeder einzelnen Situation der Unterentwicklung, sind für diese Soziologie von geringem Gewicht.

Es wäre naiv anzunehmen, Lateinamerika hinke deshalb hinter den entwickelten Ländern her, weil es sich auf dem historischen Stand des 19. Jahrhunderts bewege, während die entwickelten Länder sich »längst im 20. Jahrhundert befinden«. Vielmehr ist es so – und diese Auffassung findet sich auch häufiger in Darstellungen zum Thema Entwicklung –, daß die unterentwickelten Länder in bestimmten Bereichen als »rückständig« zu bezeichnen sind, in anderen jedoch nicht. So erlangten etwa die Gewerkschaften in Brasilien und Argentinien nationales Gewicht und Einfluß auf Entscheidungen über das Lohnniveau in einer Phase, die, verglichen mit dem, was in diesem Bereich in den Ländern der »frühen Entwicklung« vor sich ging, nicht »normal« war. Andererseits hat die beschleu-

10 Vgl. insbesondere W. W. Rostow, *The Stage of Economic Growth. A Non-Communist Manifest*, Cambridge 1962; Wilbert Moore, *Economy and Society*, New York 1955; Kerr, Dunlop et al., *Industrialism and Industrial Man*.

nigte Urbanisierung in Lateinamerika, die der Industrialisierung zeitlich vorausging, zur Verbreitung von Erwartungen und Formen politischen Verhaltens beigetragen, die auf eine stärkere Mitwirkung der Massen am Machtspiel drängen, und zwar schon bevor ein auf dem Binnenmarkt beruhendes autonomes Wirtschaftswachstum eingetreten ist. Solch allgemeine Forderungen wie die, an den Entscheidungen mitzuwirken, die den Konsum betreffen, sind ein »frühreifes« Moment im Entwicklungsprozeß Lateinamerikas. Die Vermutung, daß dieses Maß an Mitwirkung – und insbesondere deren soziale Bedeutung – ähnlich hoch sei wie in den zentralen Ländern, hat der Ansicht Vorschub geleistet, Lateinamerika könne als Vehikel zur tendenziellen Annäherung der sozialen Muster und Wertorientierungen der unterentwickelten Länder an jene der entwickelten Gesellschaften fungieren. Allgemein gesagt, handelt es sich hier um das, was man den »Demonstrationseffekt« nennt.

In der ökonomischen Analyse bedeutet der »Demonstrationseffekt«, daß die Volkswirtschaft durch Konsum modernisiert wird und daß die Modernisierung schließlich das Produktionssystem in einer Weise verändert, daß es von den für fortgeschrittene Länder typischen »Stadien« der Industrialisierung abweichen kann. In einer autonomen Entwicklung sind Investitionen weitgehend von den Inlandsersparnissen abhängig; das bedeutet, daß der Modernisierungsdruck, der vom Konsum ausgeht, insofern entwicklungshemmend wirken kann, als er einen erhöhten Import von Konsumgütern sowie von mit der Konsumgüterproduktion verbundenen Investitionsgütern auslöst und Investitionen in Sektoren nach sich zieht, welche für die nationale Ökonomie nicht ausschlaggebend sind.

Nun läßt sich der »Demonstrationseffekt« allerdings nicht nur in ökonomischen Kategorien denken. Es ist anzunehmen, daß insbesondere auch gesellschaftliche Sachverhalte und politische Erfordernisse im Spiel sind. Der »Demonstrationseffekt« – zumindest in Lateinamerika – wirkt in dem Maße, wie »Massen präsent« sind bzw. wie es eine Mindestbeteiligung der Mehrzahl der Menschen am politischen Prozeß gibt.

Wir haben uns deshalb für eine Methode entschieden, welche die Analyse der spezifischen Bedingungen der lateinamerikanischen Situation und den Typ der sozialen Integration von Gruppen und Klassen als wichtigste Bedingungsfaktoren des Entwicklungsprozesses hervorhebt. Bei diesem Ansatz wäre etwa der »Demonstrationseffekt« als untergeordnetes Erklärungsmoment in die Analyse eingebaut, weil es wichtiger wäre zu beschreiben, welche sozialen Gruppen es auf nationaler Ebene gibt bzw. wie das Verhältnis zwischen diesen Gruppen ist – was natürlich davon abhängt, welche Art der Verbindung zwischen dem nationalen Wirtschaftssystem und den internationalen politischen Blöcken besteht –, und die Spannungen zwischen den gesellschaftlichen Klassen und Gruppen darzustellen, die in der unterentwickelten Gesellschaft Veränderungen herbeiführen können. Anstatt zu betonen, welche Folgen der »Demonstrationseffekt« oder andere exogene Variablen als »Modernisierungsfaktor« für das Funktionieren des Wirtschaftssystems oder das Verhalten sozialer Gruppen haben, kommt es darauf an, die spezifischen historisch-strukturellen Bedingungen zu untersuchen, unter denen ein derartiger Prozeß zustande kommt und die den eigentlichen Sinn solcher Modernisierung enthüllen.

3. Struktur und Prozeß bedingen sich gegenseitig

Für eine umfassende Analyse von Entwicklung reicht es freilich nicht aus, der Kenntnis der strukturellen Bedingungsfaktoren ein Verständnis der »sozialen Faktoren«, begriffen als neue Strukturvariablen aufzupfropfen. Soll sie sinnvoll sein, dann verlangt eine solche Analyse neue methodische Ansätze: Zum einen müssen die – ökonomischen und sozialen – »historischen Besonderheiten«, die den Entwicklungsprozessen auf nationaler wie auf internationaler Ebene zugrunde liegen, in ihrer Gesamtheit gesehen werden; zum anderen gilt es, die Ziele und Interessen, die der Auseinandersetzung zwischen gesellschaftlichen Gruppen und Klassen Sinn, Richtung und Brisanz verleihen, und die sozialen Bewegungen, die von der unterentwickelten Gesellschaft »in Gang gesetzt werden«, in der jeweils gegebenen strukturellen Situation zu begreifen. Es bedarf also eines Erklärungsansatzes, der nicht nur die oben genannten strukturellen Bedingungen wahrnimmt und die

Ziele, Werte und Ideologien der sozialen Bewegungen benennt, sondern auch deren Verhältnis zueinander, deren gegenseitige Bedingtheit analysiert.

Das Problem ist, einen Ansatz zu finden, der es erlaubt, die ökonomischen und sozialen Komponenten von Entwicklung in der Analyse des Verhaltens gesellschaftlicher Gruppen miteinander zu verbinden und nicht nur schlicht nebeneinanderzustellen. Diese Analyse ginge insofern über das hinaus, was gewöhnlich als »struktureller Ansatz« bezeichnet wird, als sie »die Struktur« wieder einbetten würde in eine auf den »historischen Prozeß« bezogene Interpretation. Eine solche Interpretation akzeptiert nicht das simple Prinzip von der zeitlichen Abfolge – Ursprung und Entwicklung jeder einzelnen gesellschaftlichen Situation – als das für die wissenschaftliche Erklärung entscheidende; vielmehr geht sie davon aus, daß das historische Ergebnis sich nur mit Kategorien erklären läßt, die den einzelnen Ereignissen Bedeutung beimessen. Mit anderen Worten: Entwicklung resultiert aus der Interaktion gesellschaftlicher Gruppen und Klassen, die ein jeweils spezifisches Verhältnis zueinander haben und die, indem sie ihre unterschiedlichen Interessen und Wertvorstellungen einander gegenüberstellen, miteinander ausgleichen und überwinden, dem sozioökonomischen System Leben verleihen. Die soziale und politische Struktur wird in dem Maße verändert, wie es den verschiedenen gesellschaftlichen Klassen und Gruppen gelingt, der Gesamtgesellschaft ihre Interessen einzupflanzen.

Die Analyse der Interessen und Werte, die das Handeln potentiell und aktuell leiten, hat zur Folge, daß der Prozeß des sozialen Wandels nicht länger als Ergebnis »natürlicher« Faktoren erscheint – d. h. als von historischen Alternativen unabhängig –, daß er vielmehr als ein Prozeß Gestalt anzunehmen beginnt, der in den Spannungen zwischen Gruppen mit divergierenden Interessen den Filter findet, den die rein ökonomischen Einflüsse durchlaufen müssen.[11]

Um zu einem solchen theoretischen Ansatz zu gelangen, müssen Kategorien herausgebildet und erprobt werden, in denen sich die verschiedenen – internen oder externen –

11 Zu einer Analyse dieses Standpunktes siehe F. H. Cardoso, *Empresário industrial e desenvolvimento económico*, Sao Paulo 1964, Kapitel I und II.

Momente und strukturellen Merkmale des historischen Prozesses, die für die Entwicklung bedeutsam sind, ausdrücken lassen. Für diesen Ansatz besteht das grundlegende Problem darin, die Form zu bestimmen, welche die Herrschaftsstrukturen jeweils annehmen; denn nur wenn man diese kennt, kann man die Dynamik der Klassenverhältnisse verstehen. Auch die in einem bestimmten Zeitpunkt gegebene Konfiguration der politisch-institutionellen Momente läßt sich nur dann zureichend erfassen, wenn man sie auf die Herrschaftsstrukturen bezieht. Die Analyse der Herrschaftsstrukturen erlaubt, den Prozeß des Wandels auf der politisch-institutionellen Ebene zu verfolgen. Diese These ist empirisch dadurch zu belegen, daß bedeutsame historische Veränderungen im Prozeß der lateinamerikanischen Entwicklung stets wenn nicht mit einer radikalen Umwälzung der Herrschaftsstruktur, so doch mit der Übernahme neuer Formen der Beziehungen und folglich auch neuer Formen der Auseinandersetzung zwischen den gesellschaftlichen Klassen und Gruppen einhergegangen sind. Es liegt auf der Hand, daß theoretische Erklärung der Herrschaftsstrukturen im Falle der lateinamerikanischen Länder auch heißt, die Verbindungen herzustellen zwischen internen und externen Bestimmungsfaktoren; allerdings sollten diese Verbindungen nicht im Sinne eines analytisch-kausalen Bezuges verstanden werden und noch viel weniger im Sinne einer mechanischen und unmittelbaren Bestimmung der internen durch die externen Komponenten.

Der Begriff der Abhängigkeit, der an späterer Stelle erörtert werden wird, versucht eben dies: einer Reihe von Ereignissen und Situationen, die in einem bestimmten Zeitpunkt zusammen auftreten, Sinn zu geben und die Bezüge herzustellen, welche empirische Situationen anhand der Art und Weise, wie interne und externe Strukturkomponenten miteinander verbunden sind, verständlich machen. Eben deshalb erscheint es geboten, den Schwerpunkt der Analyse von Abhängigkeit auf deren interne Ausprägungen zu legen, insofern »Abhängigkeit« als eine spezifische Art des Begriffs der »signifikanten Kausalität« gebraucht wird, wobei die Folgen durch ein historisch gegebenes Verhältnis bestimmt werden, nicht als rein »mechanische Kausalität« in dem Sinne, daß vorab vorhandene externe Bestimmungsfaktoren im Vordergrund stehen, die dann »interne Folgen« hervorrufen.

Da die vorliegende Arbeit darauf ausgeht, die ökonomischen Prozesse als gesellschaftliche zu erklären, muß ein theoretischer Schnittpunkt gefunden werden, an dem wirtschaftliche Macht sich als gesellschaftliche, d. h. als politische Herrschaft ausdrückt. Eine ökonomische Klasse oder Gruppe ist bestrebt, über den politischen Prozeß ein System gesellschaftlicher Verhältnisse zu etablieren, das es ihr erlaubt, der ganzen Gesellschaft ihre eigene Produktionsweise aufzuzwingen; zumindest versucht sie, Bündnisse zu schließen oder die übrigen Gruppen und/oder Klassen zu beherrschen, um eine Wirtschaftsform zu entwickeln, die ihren Interessen und Zielen entspricht. Die Formen der ökonomischen Beziehungen bestimmen ihrerseits die Grenzen politischen Handelns.

Daraus folgt, daß folgende Problemkreise behandelt werden müssen: die ökonomischen Bedingungsfaktoren des Weltmarktes, einschließlich des internationalen Machtgleichgewichts; die Struktur des nationalen Produktionssystems und die Art der Verbindung, die dieses zum Außenmarkt entwickelt hat; die historisch-strukturelle Gestalt solcher Gesellschaften, einschließlich ihrer Praktiken der Übertragung und Aufrechterhaltung von Macht; und insbesondere die politisch-sozialen Bewegungen und Prozesse, die auf Veränderungen drängen, sowie deren jeweilige Orientierung und Ziele. Die direkte Analyse der wichtigsten Faktoren, Prozesse und Bewegungen, die in der Situation der Unterentwicklung bzw. in den unterentwickelten Ländern in Erscheinung treten, ist eine gewaltige und unbegrenzte Aufgabe. Dennoch gibt es bestimmte Problemkomplexe, die, wenngleich von besonderem Charakter, den oben genannten allgemeinen Bedingungszusammenhang deutlich machen; und die Erörterung dieser Problemkomplexe wirft ein Licht auf die Gesamtsituation der Unterentwicklung. Diese Problemkomplexe oder Situationen sollen danach ausgewählt werden, was sie für die Formulierung des erwähnten umfassenden analytischen Ansatzes hergeben. Dabei muß nach den Punkten Ausschau gehalten werden, an denen das Wirtschaftssystem sich mit dem Gesellschaftssystem schneidet.

Der Kern einer so gefaßten soziologischen Analyse von Entwicklung besteht im wesentlichen in den Problemen der gesellschaftlichen Kontrolle von Produktion und Konsumtion. In der Tat erfordert die soziologische Interpretation der Prozesse ökonomischen Wandels die Analyse jener Situationen, in denen ein Konflikt zwischen den gesellschaftlichen Gruppen und Klassen die Grundlagen aufdeckt, auf denen die ökonomische und politische Struktur ruht. Zwar ist es mittlerweile Mode geworden, die »Entscheidungsmechanismen« aus diesem Blickwinkel zu untersuchen; doch läßt sich eine soziologische Betrachtung des Entwicklungsproblems nicht auf diesen Ansatz reduzieren. Wie bereits erwähnt, bedarf es des Studiums der Herrschaftsstrukturen und der Formen der sozialen Schichtung, welche die Kontroll- und Entscheidungsmechanismen und -typen des Wirtschaftssystems in jeder einzelnen gesellschaftlichen Situation bedingen. Allgemein gesagt, schließt diese Betrachtung des Problems notwendigerweise die Analyse des politischen Verhaltens ein; dies gilt insbesondere für das Verhältnis zwischen denjenigen gesellschaftlichen Gruppen und Klassen, die an einem bestehenden Schema von Kontrolle festhalten, und denjenigen, welche sich einer solchen Kontrolle aktuell oder nominell widersetzen. Überdies geht diese Betrachtungsweise auf die Wertvorstellungen, die den Bezugsrahmen für das Handeln bilden.

4. Unterentwicklung, Peripherie und Abhängigkeit

Um von der üblichen ökonomischen oder soziologischen Analyse zu einer allgemeinen Interpretation von Entwicklung überzugehen, müssen die Zusammenhänge zwischen dem Wirtschaftssystem und der gesellschaftlichen und politischen Organisation der unterentwickelten Länder von Anfang an untersucht werden; denn die historische Besonderheit der Situation der Unterentwicklung leitet sich gerade aus dem Verhältnis zwischen »peripheren« und »zentralen« Gesellschaften ab. Also muß die »Situation der Unterentwicklung« neu definiert werden, indem ihre spezielle historische Bedeutung beachtet wird und jene Ansätze in Frage gestellt werden, die sie als mögliches »Modell« einer Hierarchie von ökonomischen und sozialen Variablen vorstellen. In diesem Sinne müssen die unterentwickelten Länder von den Ländern ohne

Entwicklung unterschieden werden, und die verschiedenen Arten von Unterentwicklung müssen nach den je spezifischen Beziehungen differenziert werden, die diese Länder zu den Zentren wirtschaftlicher und politischer Hegemonie unterhalten. Für die in diesem Buch verfolgten Zwecke ist die einzig notwendige Unterscheidung zwischen Unterentwicklung und Nicht-Entwicklung die, daß die letztere historisch für die Situation von – rasch verschwindenden – Ökonomien und Ländern gilt, die keine Handelsbeziehungen zu den Industrieländern haben.

Was die Unterentwicklung angeht, so verweist der Prozeß der Herausbildung des weltweiten Produktionssystems, historisch gesehen, auf einen grundlegenden Unterschied: In manchen Situationen kann die Verbindung zwischen den peripheren Ökonomien und dem Weltmarkt als »kolonial« beschrieben werden, in anderen hingegen sind die peripheren Ökonomien zu »nationalen Gesellschaften« herangereift. Es wäre hinzuzufügen, daß im letzteren Falle einige periphere Länder bereits eine nationale Gesellschaft besaßen, als sie sich mit den weiterentwickelten dominanten Zentren verbanden, während andere Kolonien waren, die zwar Nationen wurden, an deren Lage der Unterentwicklung sich aber nichts änderte.

Unverkennbar ist die Situation von Unterentwicklung historisch in der Zeit entstanden, als die Expansion des Handelskapitalismus und später des Industriekapitalismus sich mit monokulturellen Exportwirtschaften (»one market economies«) verband, die – abgesehen davon, daß sie einen anderen Grad der Diversifikation des Produktionssystems aufwiesen – fortan eine andere Position in der Gesamtstruktur des kapitalistischen Systems einnahmen. So unterscheiden sich die entwickelten und die unterentwickelten Ökonomien nicht nur im Hinblick auf das Stadium oder den Stand des Produktionssystems, sondern auch durch ihre Funktion oder Position innerhalb der internationalen ökonomischen Struktur von Produktion und Distribution. Dies wiederum läßt auf eine eindeutige Struktur von Herrschaftsverhältnissen schließen.

Dessen ungeachtet richtet sich der Begriff der Unterentwicklung, so wie er gewöhnlich gebraucht wird, vornehmlich auf die Struktur eines Typs von Wirtschaftssystem, der durch einen vorherrschenden Primärsektor, hohe Einkommenskonzentration, geringe Diversifikation der Produktion und vor allem dadurch gekennzeichnet ist, daß der Außenmarkt erheblich mehr Gewicht hat als der Binnenmarkt. Dieser Begriff von Unterentwicklung ist offensichtlich unzureichend.

Um die Geschichtlichkeit, die Entstehungsursachen der Unterentwicklung nachzuweisen, braucht es mehr als den Hinweis auf die strukturellen Besonderheiten der unterentwickelten Ökonomien. Es muß untersucht werden, auf welche Weise die unterentwickelten Ökonomien historisch an den Weltmarkt gebunden wurden und welche Konsistenz diejenigen gesellschaftlichen Gruppen im Innern dieser Ökonomien aufwiesen, die die zur Unterentwicklung typischerweise gehörenden außengerichteten Beziehungen bestimmten. Wir müssen davon ausgehen, daß es auf soziopolitischer Ebene einen bestimmten Typ von Abhängigkeit in Situationen der Unterentwicklung gibt und daß diese Abhängigkeit historisch mit der Expansion der Ökonomien der frühkapitalistischen Länder begann.

Die für die Situation der Unterentwicklung typische Abhängigkeit bedeutet, bezogen auf die Gesellschaft, eine Herrschaft, die sich in einer Reihe von Besonderheiten der Verhaltensweise und der Orientierung der Gruppen manifestiert, die im Wirtschaftssystem als Produzenten oder Konsumenten auftreten. Es ist anzunehmen (und zu belegen), daß die Entscheidungen über Produktion oder Konsumtion in einer unterentwickelten Ökonomie im Sinne des Wachstums und der Interessen der entwickelten Ökonomien gefällt werden; ein typisches Beispiel hierfür ist die auf einer kolonialen Enklave beruhende Ökonomie.

Die vorangegangene Argumentation legt den Schluß nahe, daß die Einteilung in »zentrale« und »periphere« Ökonomien größere gesellschaftliche Bedeutung hat als die Einteilung in entwickelte und unterentwickelte Ökonomien, denn die erstere schließt den Gedanken von ungleichen Positionen und Funktionen innerhalb der weltweiten Produktionsstruktur unmittelbar ein. Dennoch wäre es weder zureichend noch richtig, die Begriffe »Entwicklung« und »Unterentwicklung« durch jene der »zentralen« und »peripheren« Ökonomie oder – gleichsam als Synthese aus beiden – durch die Begriffe »autonome« und »abhängige« Ökonomie zu ersetzen. Diese

Begriffe unterscheiden sich in ihren Dimensionen ebenso deutlich wie in ihrem theoretischen Gehalt. Der Abhängigkeitsbegriff bezieht sich direkt auf die Existenz- und Funktionsbedingungen der ökonomischen und politischen Systeme und verweist auf die zwischen ihnen bestehenden Verbindungen sowohl hinsichtlich der internen als auch der externen Belange der Länder. Der Begriff der Unterentwicklung bezeichnet den Stand oder Grad der Diversifikation des Produktionssystems – wenngleich er, wie wir gesehen haben, auch gewisse soziale »Folgen« einschließt –, ohne die Muster der Kontrolle über Produktions- und Konsumentscheidungen herauszuarbeiten, sei es intern (Sozialismus, Kapitalismus etc.) oder extern (Kolonialismus, Peripherie des Weltmarktes etc.). Die Begriffe »Zentrum« und »Peripherie« betonen zwar die Funktion, die unterentwickelte Ökonomien im Rahmen des Weltmarktes haben, übersehen jedoch die zur Abhängigkeitssituation gehörenden soziopolitischen Faktoren.

Im übrigen können sich in einer Gesellschaft durchaus tiefgreifende Veränderungen des Produktionssystems vollziehen, ohne daß wirklich autonome Entscheidungszentren geschaffen werden. Dies war beispielsweise der Fall, als Argentinien und Brasilien den Prozeß der Importsubstitution beendeten und mit der Produktion von Investitionsgütern begannen, weil sie mittlerweile eine relative ökonomische Reife erlangt hatten, sogar – wie in gewissem Umfang in Argentinien – in der Einkommensverteilung. Auf der anderen Seite kann, in wenigen Fällen, eine nationale Gesellschaft eine gewisse Entscheidungsautonomie verwirklichen, ohne über ein Produktionssystem und eine Einkommensverteilung zu verfügen, die sich mit denen der zentralen entwickelten Länder oder auch mancher peripherer Entwicklungsländer vergleichen ließen. Dies kann z. B. dann geschehen, wenn ein Land seine Bindungen an ein gegebenes Herrschaftssystem löst, ohne sich völlig in ein anderes einzugliedern (wie Jugoslawien, China, Algerien, Ägypten, Kuba und sogar das revolutionäre Mexiko).

Bei dem Bemühen um eine umfassende Interpretation eines Entwicklungsprozesses darf nicht vergessen werden, daß es keinen unmittelbaren Zusammenhang zwischen der Diversifikation des Wirtschaftssystems und der Bildung autonomer Entscheidungszentren gibt. Deshalb sollten entsprechende

Analysen nicht nur den Grad der ökonomischen Diversifikation und der sozialen Differenzierung bestimmen, den die Länder erreicht haben, die sich im Prozeß der Integration in den Weltmarkt befinden, sondern auch die Art und Weise, in der diese Integration historisch vollzogen wurde. Ein solcher Ansatz verlangt große Vorsicht bei der Interpretation, wie die Entwicklung der lateinamerikanischen Ökonomien und die Modernisierung ihrer Gesellschaften vor sich gingen.

Verschiedene Autoren haben die Meinung vertreten, daß Entwicklung in Lateinamerika ein »unvorhergesehenes Ergebnis« sei. So hätten manche Länder in der Absicht, die Absatzchancen ihres Hauptexportproduktes zu wahren, eine Politik der Abwertung ihrer Währung betrieben – mit der indirekten und nicht beabsichtigten Folge günstiger Bedingungen für industrielles Wachstum. Dennoch fiele es schwer zu beweisen, daß die auf diese Weise – mit Marktschwankungen und ohne ein Programm zur Stärkung der Autonomie und zur Veränderung der Klassenverhältnisse – erzielte ökonomische Diversifikation allein imstande wäre, die Abhängigkeitsverhältnisse grundlegend zu ändern. Der politische Bereich sozialen Verhaltens beeinflußt notwendigerweise die Form des Entwicklungsprozesses. In einer globalen Interpretation von Entwicklung liefern daher Argumente, die sich allein auf Marktanreize und -reaktionen stützen, keine hinreichende Erklärung für die Industrialisierung und den Wirtschaftsprozeß. Derlei Anreize oder Mechanismen zur Verteidigung der Ökonomie können nur den Ausgangspunkt einer Industrialisierung bilden, die in die Umstrukturierung des wirtschaftlichen und gesellschaftlichen Systems münden würde, falls auf dem internationalen Markt neue entwicklungsfördernde Bedingungen geschaffen werden und, was noch wichtiger ist, falls das soziopolitische Kräftespiel in den Entwicklungsländern Elemente enthält, die den Schritt zu größerer Autonomie begünstigen.

Wie bereits angedeutet, sieht der vorgeschlagene Ansatz die Trennung von »externen« und »internen« Faktoren per se nicht als zureichend an, auch nicht aus analytischer Sicht; es geht im Gegenteil darum, die Merkmale der nationalen Gesellschaften herauszufinden, in denen ihre Beziehungen zur Außenwelt zum Ausdruck kommen. Denn es sind gerade die internen soziopolitischen Faktoren – die selbstverständlich mit der Dynamik der hegemonialen Zentren verknüpft sind –, welche eine Politik auszulösen vermögen, die von den »neuen Bedingungen« oder neuen Chancen für wirtschaftliches Wachstum profitiert. Ebenso sind es die internen Kräfte, welche die Bedeutung und die soziopolitische Reichweite der »spontanen« Diversifikation des Wirtschaftssystems neubestimmen. So können beispielsweise die traditionellen herrschenden Gruppen sich anfangs widersetzen, ihre Kontrollmacht an die im Zuge der Industrialisierung aufgetretenen neuen gesellschaftlichen Gruppen abzutreten; sie können aber auch mit diesen neuen Gruppen einen Kompromiß aushandeln und dadurch Veränderungen im Hinblick auf die gesellschaftlichen und politischen Folgen von Entwicklung herbeiführen. Die Bündnisse der internen gesellschaftlichen Gruppen und Kräfte werden wiederum von Art und Intensität der Veränderungen beeinflußt, und die Veränderungen hängen ihrerseits zum Teil davon ab, in welcher Weise die nationalen Ökonomien an den Weltmarkt gekoppelt sind. Die Verbindung der nationalen ökonomischen Gruppen mit externen Gruppen und Kräften ist vor Beginn des Entwicklungsprozesses eine andere und hat andere Konsequenzen als danach. Überdies wird das interne System der politischen Bündnisse häufig durch internationale Bündnisse modifiziert.

Aus diesem Ansatz folgt, daß eine angemessene Erörterung des Entwicklungsprozesses aus rein ökonomischer Sicht nicht möglich ist, wenn es das erklärte Ziel ist, die Formation der nationalen Ökonomien zu begreifen. Ebensowenig genügt es, das Verhalten der abgeleiteten Variablen – also derjenigen, die von strukturellen Faktoren und dem historischen Wandlungsprozeß abhängen – wie Produktivität, Ersparnisse, Einkommensraten, Konsum- und Beschäftigungsfunktionen zu analysieren. Mit derlei Variablen konstruierte ökonomische Modelle müssen auf die gesellschaftliche und wirtschaftliche Gesamtsituation bezogen werden, die ihnen innerhalb der umfassenden Entwicklungsanalyse Grundlage und Sinn gibt. In der Situation der »kolonialen Enklave« ist die Wechselbeziehung zwischen Wirtschaft und Gesellschaft klar erkennbar; hier ist die politische Unterordnung der Kolonie unter die Metropole der deutliche Beweis für den direkten Zusammenhang zwischen wirtschaftlichem und politischem System. Andererseits wird, wenn Entwicklung sich in »Nationalstaaten« vollzieht, der ökonomische Aspekt eher »sichtbar«, und die politischen und sozialen Bedingungsfaktoren werden diffuser, obwohl sie nach wie vor einen entscheidenden Einfluß auf die Nutzung der Entwicklungschancen haben, die auf dem Markt auftreten mögen.

Deshalb muß bei der Aufklärung der »Abhängigkeitssituation« beachtet werden, daß die Art und Weise, in der die nationalen Ökonomien in den internationalen Markt eingegliedert sind, ganz bestimmte, unterschiedliche Formen der Wechselbeziehung der gesellschaftlichen Gruppen in jedem einzelnen Land – der Beziehung zueinander und der Beziehung zu externen Gruppen – zur Folge hat. Akzeptiert man, daß Markteinflüsse als solche weder den Wandel erklären noch seine Kontinuität oder Richtung garantieren, dann gewinnt das Verhalten der sozialen Gruppen und Institutionen für die Analyse von Entwicklung eine entscheidende Bedeutung.

5. »Nationale Unterentwicklung«

Es bedarf eines interpretierenden Ansatzes, der die strukturellen Verflechtungen zwischen der Situation der Unterentwicklung und den hegemonialen Zentren der zentralen Ökonomien untersucht, ohne jedoch zu unterstellen, daß die Entwicklungsdynamik ausschließlich von den letzteren bestimmt wird. Wenn sich für Situationen extremer kolonialer Abhängigkeit sagen läßt, daß die Geschichte – und damit der Wandel – ein Spiegelbild dessen ist, was in der Metropole geschieht, so gilt für die Abhängigkeitssituation »unterentwickelter Nationen«, daß von Anfang an eine zweifache Verkettung des historischen Prozesses vorliegt, welche eine »Situation der Doppeldeutigkeit« bzw. einen neuen Widerspruch erzeugt. Von dem Augenblick an, da die Entscheidung getroffen wird, eine Nation zu schaffen – wie dies in den Unabhängigkeitskämpfen der Fall ist –, bemüht sich das politische Aktionszentrum der gesellschaftlichen Kräfte um eine autonome Bewältigung der Marktsituation. Die ökonomischen Verflechtungen sind jedoch nach wie vor objektiv bestimmt vom

Außenmarkt und beschränken nach wie vor die Möglichkeit autonomer Entscheidungen und autonomen Handelns. Soziologisch gesehen liegt hier wohl der Kern des Problems nationaler Entwicklung in Lateinamerika.

»Nationale Unterentwicklung« ist eine Situation der Gleichzeitigkeit von durch Unterordnung gekennzeichneten Verbindungen zur Außenwelt einerseits und der Neuorientierung des gesellschaftlichen, politischen und wirtschaftlichen Verhaltens am Maßstab des »nationalen Interesses« andererseits. Dies charakterisiert die unterentwickelten Nationalstaaten nicht nur ökonomisch, sondern auch im Verhalten und in der Struktur der gesellschaftlichen Gruppen. Ziel einer umfassenden Analyse des nationalen Entwicklungsprozesses muß es daher sein, die innerhalb der Nation bestehenden ökonomischen und soziopolitischen Verbindungen zu bestimmen. Diese Verbindungen werden über gesellschaftliche Gruppen hergestellt, die in ihrem Verhalten eine faktische Verknüpfung des wirtschaftlichen Sektors mit dem politischen Sektor vornehmen. Dabei muß betont werden, daß dies stets sowohl auf die Nation als auch auf deren Beziehungen – jedweden Ranges – zum weltpolitischen und weltwirtschaftlichen System verweist. Abhängigkeit findet also nicht nur intern einen »Ausdruck«, sie ist vielmehr der Modus der strukturellen Beziehungen, eines spezifischen Typs von Beziehungen zwischen Klassen und Gruppen, der eine Situation bezeichnet, welche eng mit der »Außenwelt« vermittelt ist. Daraus folgt, daß Abhängigkeit nicht länger als »externe Variable« betrachtet werden darf; die Abhängigkeitsanalyse muß statt dessen von der Struktur (configuration) des Systems der Beziehungen ausgehen, die zwischen den verschiedenen gesellschaftlichen Klassen innerhalb der abhängigen Nationen selbst bestehen.

Diese Analyse räumt auch mit der Vorstellung auf, daß Handlungsweise und Beziehungen der sozialen Klassen in abhängigen Ländern denselben Charakter hätten wie diejenigen, die im Frühstadium der Entwicklung in den zentralen Ländern anzutreffen waren. Die am meisten verbreitete Philosophie über das Funktionieren des politischen und ökonomischen Systems zu Beginn des Entwicklungsprozesses in den zentralen Ländern geht von der Annahme aus, daß das freie Spiel der Marktkräfte die vermittelnde Instanz im Interessenkonflikt zwischen den beherrschenden Gruppen war. So wurde wirtschaftliche Rationalität, gemessen in Geld, zur gesellschaftlichen Norm erhoben, und Konsum und Investitionen wurden innerhalb der Grenzen definiert, die das Wachstum des Wirtschaftssystems zog. Ferner wurde angenommen, daß die Expansion des Systems der Existenz einer Gruppe zu verdanken war, welche die Investitionsentscheidungen kontrollierte und die nötigen Machtpositionen innehatte, um der ganzen Gesellschaft eine ihren Interessen entsprechende Richtung zu geben. Die aufsteigende Wirtschaftsklasse verfügte über Leistungsfähigkeit und Konsens.

Mit all der diesem Schema anhaftenden Vereinfachung war man der Meinung, daß die herrschenden Gruppen das Interesse der Allgemeinheit zum Ausdruck brachten und daß der Markt als Mechanismus zur Regulierung der allgemeinen und besonderen Interessen unter diesen Bedingungen adäquat funktionierte. Unter »adäquatem Funktionieren« wurde in diesem Falle die Fähigkeit verstanden, dem wirtschaftlichen Wachstum zu dienen, wobei die Hypothese aufgegeben wurde, daß es andere Gruppen gäbe, die Druck ausübten, um an den Früchten des »Fortschritts« und am Entscheidungsprozeß teilzuhaben. Die politische und gesellschaftliche Mitwirkung der Masse des Volkes (popular classes) in den Industriegesellschaften erfolgte erst lange nach dem Anfangsstadium der Industrialisierung.[12] Die nationalen Ökonomien der Länder des »frühen Wachstums« waren zum Teil deshalb erfolgreich, weil sie gerade zu dem Zeitpunkt konsolidiert waren, als der Weltmarkt expandierte; d. h. sie konnten frühzeitig die Schaltstellen im internationalen Herrschaftssystem für sich erobern. Dieses Schema macht deutlich, daß »frühe Entwicklung« – ein zugegebenermaßen weiter und ungenauer Begriff – etwas ganz anderes ist als das, was in Lateinamerika vor sich gegangen ist. Angesichts der durch Unterordnung gekennzeichneten Beziehungen zwischen entwickelten und unterentwickelten Regionen bzw. zwischen zentralen und peripheren Gesellschaften ist es unzulässig, dieses grundlegende Merkmal zu ignorieren und als einen abweichenden Fall

12 Vgl. Alain Touraine, *Industrialisation et conscience ouvrière à Sao Paulo*, in: *Sociologie du Travail*, April 1961.

darzustellen, was in Wirklichkeit die Regel ist.

Der Begriff »Entwicklung« ist so sehr mit dem »kapitalistischen System« verwechselt worden, daß unterstellt wurde, die peripheren Länder müßten denselben Weg gehen wie die Ökonomien der zentralen Länder, um Entwicklung zu erlangen. Indessen steht fest, daß der kapitalistische Entwicklungsprozeß von Anfang an eine Beziehung zwischen den zentralen Ökonomien und eine andere Beziehung zwischen den zentralen und den peripheren Ökonomien aufwies. Viele »unterentwickelte« Ökonomien – wie etwa die lateinamerikanischen – wurden als Kolonien und später als Nationalstaaten in das kapitalistische System integriert, und sie sind in ihrer ganzen Geschichte innerhalb des kapitalistischen Systems verblieben; diese Tatsache darf jedoch nicht vergessen machen, daß sie nach wie vor periphere Ökonomien sind.

Man soll die verschiedenen historischen Etappen des Kapitalismus nicht deshalb studieren, weil man sie zu einem späteren Zeitpunkt in den peripheren Ländern wiederholt zu sehen wünscht, sondern um zu erkennen, wie das Verhältnis zwischen peripheren und zentralen Ländern in jedem einzelnen Zeitpunkt entstanden ist. Es gilt, mehrere Aspekte zu untersuchen; einer davon ist der Charakter des Kapitalismus als eines internationalen Wirtschaftssystems. Obwohl es möglich ist, die drei Stadien des Kapitalismus, nämlich Handels-, Industrie- und Finanzkapitalismus, voneinander zu unterscheiden, können die lateinamerikanischen Ökonomien zu keinem dieser Stadien direkt in Beziehung gesetzt werden, weil sie nicht vom internationalen kapitalistischen Markt zu trennen sind. Es muß jedoch geklärt werden, was das Abhängigkeitsverhältnis in jedem dieser Stadien, bezogen auf die Wirtschafts- und Sozialstruktur der lateinamerikanischen Länder, bedeutete und was – auf dieselben Kategorien bezogen – Konkurrenz- und Monopolkapitalismus bedeuteten, die in den drei Stadien mit unterschiedlicher Intensität auftraten. Auch muß die Analyse deutlich machen, was diese Begriffe für die abhängigen nationalen Systeme bedeuteten.

Die vorangegangenen Darlegungen haben wichtige historische Dimensionen. In den genannten drei Phasen des kapitalistischen Entwicklungsprozesses wurden die lateinamerikanischen Länder als abhängige Ökonomien an verschiedene Länder gebunden, die als Zentren fungierten und deren Wirtschaftsstruktur den Charakter der Beziehung zwischen beiden beeinflußte. Die Bindungen an die metropolitanen Halbinsel-Mächte Spanien und Portugal in der Kolonialzeit sowie die Abhängigkeit von Großbritannien und später von den Vereinigten Staaten sind in diesem Zusammenhang besonders bedeutsam. So bedurfte beispielsweise Großbritannien in der Phase seiner ökonomischen Expansion einer bestimmten Entwicklung der peripheren Ökonomien, weil es auf deren Rohstofflieferungen angewiesen war; daher mußte die lateinamerikanische Produktion begrenzt gefördert und modernisiert werden; außerdem bildeten die lateinamerikanischen Ökonomien einen Teil des Absatzmarktes für die britischen verarbeiteten Erzeugnisse. Anders war es dagegen bei den Vereinigten Staaten: Sie verfügten über genügend eigene Bodenschätze und einen Binnenmarkt, der ihnen eine autonomere Entwicklung gegenüber den peripheren Ökonomien gestattete; in manchen Fällen traten sie sogar in Konkurrenz zu den rohstoffproduzierenden Ländern. Das Abhängigkeitsverhältnis erlangte also die Bedeutung von Kontrolle über die Entwicklung anderer Ökonomien sowohl im Hinblick auf die Rohstofferzeugung als auch auf die mögliche Herausbildung anderer Wirtschaftszentren. Die Vereinigten Staaten spielten somit in der Zeit vor der Gründung der heutigen »Großkonzerne« eine weniger wichtige Rolle für die Belebung der lateinamerikanischen Ökonomien.

Methodologisch gibt es absolut keinen Grund anzunehmen, daß die Entwicklungsländer dabei sind, die Geschichte der entwickelten Länder zu wiederholen. Denn die historischen Bedingungen sind ganz andere: Im Falle der entwickelten Länder erfolgte Entwicklung im Zuge der Herausbildung des Weltmarktes, die der Aktivität jener Gruppen zu verdanken war, die zuweilen als »bourgeoisie conquérante« (Eroberungsbourgeoisie) bezeichnet werden; im Falle der unterentwickelten Länder wurde Entwicklung begonnen, als zwischen beiden Gruppen von Ländern bereits kapitalistische Marktbeziehungen existierten und der Weltmarkt schon zwischen der kapitalistischen und der sozialistischen Welt aufgeteilt war. Eine Analyse, deren Ziel es ist, das sozioökonomische System durchsichtig zu machen, sollte sich vordringlich mit jenen

Faktoren, Verhaltensformen, gesellschaftlichen und wirtschaftlichen Zwängen beschäftigen, die auf den ersten Blick als unvollständige und abweichende Formen des klassischen Entwicklungsmusters erscheinen.

6. Typen der Verflechtung zwischen nationalen Ökonomien und Weltmarkt

Es darf nicht außer acht gelassen werden, daß die Verflechtung zwischen den peripheren Ökonomien und dem Weltmarkt einen anderen Charakter annahm, als der »Kolonialpakt« gebrochen wurde; denn von diesem Augenblick an kam zu der Bedingung der »peripheren Ökonomie« eine neue Bedingung hinzu: die einer »unabhängigen Nation«.

Der Bruch dessen, was Historiker den »Kolonialpakt« nennen, und die beginnende Expansion des europäischen Industriekapitalismus waren mithin die vorherrschenden historischen Kennzeichen der Herausbildung der »neuen Nationen« im 19. Jahrhundert. Die Expansion der zentralen industrialisierten Ökonomien – zuerst Englands und später der Vereinigten Staaten – erfolgte nicht in einem luftleeren Raum, sondern vor dem Hintergrund der durch die vorangegangene koloniale Expansion geschaffenen Wirtschafts- und Sozialsysteme. Aus soziologischer Sicht erschien das Wachstum der nach der Unabhängigkeit gegründeten Ökonomien und Gesellschaften als reflexiver und zugleich autochthoner Prozeß, insofern die Expansion des Zentrums auf nationale Verhältnisse traf, die Bündnisse, Widerstand und Konflikte erzeugten.

Die Eingliederung der peripheren nationalen Ökonomien in die verschiedenen Phasen des kapitalistischen Prozesses mit seinen verschiedenen Herrschaftsweisen wurde durch eine Gesellschafts- und Wirtschaftsstruktur bewirkt, welche – wenngleich modifiziert – aus der vorher bestehenden Situation hervorging. Eine Nation, deren Verflechtung mit dem internationalen Exportsektor auf einem in breiten Kreisen konsumierten Produkt beruht, wird je nach dem, ob die Phase des Kapitalismus überwiegend durch Konkurrenz oder überwiegend durch Monopole geprägt ist, einen anderen Entwicklungsgang nehmen bzw. andere Entwicklungsmöglichkeiten haben. Ebenso unterscheidet sich ein Land, dessen Kolonialwirtschaft als »Bevölkerungskolonie« aufgebaut wurde – d. h. auf der Grundlage einer lokal kontrollierten Produktion mit großem Arbeitskräftebedarf –, in seinen Möglichkeiten der nationalen Integration und der Schaffung eines Binnenmarktes von einer »Ausbeutungskolonie«. Im ersteren Falle war es nach der Unabhängigkeit leichter, einen internen politisch-administrativen Apparat zur Förderung und Durchsetzung einer »nationalen Politik« aufzubauen. Überdies wirkt sich die materielle Grundlage der Wirtschaft eines Landes – z. B. Art und Möglichkeiten der Landbebauung oder Art des verfügbaren Reichtums an Bodenschätzen – auf das Wesen und die Folgen seiner Verbindung zum Weltmarkt nach der nationalstaatlichen Gründungsperiode aus.

Je nach der Konstellation dieser Faktoren finden also die wesentlichen Dimensionen der Abhängigkeit bei jedem denkbaren Typ von Verflechtung zwischen nationaler Ökonomie und Weltmarkt ihren Ausdruck in den Integrationsbedingungen des wirtschaftlichen und politischen Systems. So nahmen insbesondere die Klassenbeziehungen in Lateinamerika Formen und Funktionen an, die sich von denen der zentralen Länder unterschieden. Insgesamt ließe sich sagen, daß jede historische Abhängigkeitsform einen bestimmten – nicht statischen, sondern dynamischen – Kompromiß (»accomodation«) zwischen den Klassen erzeugte. Historisch betrachtet, beruhte der Übergang von einer Abhängigkeitsform zu einer anderen auf einem System von Beziehungen zwischen Klassen und Gruppen, das aus der ihm zugrunde liegenden Situation hervorgegangen war. Als Lateinamerika aus seiner kolonialen Abhängigkeit heraustrat und in eine Periode der Abhängigkeit von Großbritannien eintrat, suchte England beispielsweise die Unterstützung jener Gruppen von nationalen Produzenten, die aufgrund des Wachstums ihrer ökonomischen Basis – das bereits in der kolonialen Situation begonnen hatte – einen neuen Kompromiß zwischen den verschiedenen Gesellschaftskräften herbeizuführen vermochten, dem es schließlich zu verdanken war, daß sie wo nicht die absolute Herrschaft, so doch eine privilegierte Position errangen.

Beim Übergang von der Hegemonie Englands zur Hegemonie der Vereinigten Staaten kamen neue Faktoren zum Zuge, die ihren Ursprung ebenfalls in der vorangegangenen Situation hatten: Das Wachstum der exportierenden Gruppen ging mit einem bezeichnenden Wachstum der städtischen Bevölkerung einher. Obwohl die neue Form der Abhängigkeit Gründe außerhalb der Nation hatte, waren es die internen Klassenbeziehungen, die sie ermöglichten und prägten. Hauptsächlich wurde das Wachstum des abhängigen Wirtschaftssystems innerhalb der Nation – in bestimmten Grenzen – von der Fähigkeit der internen Allianzen zur Expansion bestimmt. Es ist nur ein scheinbarer Widerspruch, daß die Masse des Volkes mit ihrem Drang, sich in das politische System einzugliedern, in jüngster Zeit eines der Elemente bildet, welche die Dynamik der vorherrschenden Wirtschaftsform vorantreiben.

Hier offenbart sich die Vielfalt der Entwicklungszwänge (»pressures«) in Lateinamerika und zeigt sich, daß es nicht um eine Abweichung vom europäischen und nordamerikanischen Muster geht, die es zu korrigieren gilt, sondern um einen anderen historischen Kontext. Die »Konfrontation«, die eine Folge von Modernisierungszwängen war, erfolgte in der nationalistisch-populistischen Periode zwischen den Volksklassen, die, häufig verbündet mit den neuen ökonomisch dominanten Gruppen, ihre Mitwirkung durchzusetzen versuchten, auf der einen Seite und den unter den herrschenden Klassen der früheren Situation bestehenden Bündnissystemen auf der anderen Seite.

In der Anfangsphase dieses Prozesses schien die industrielle Gruppe eine eher marginale Rolle zu spielen. Daß sie dennoch Bedeutung erlangte, ist darauf zurückzuführen, daß sie die einzige Gruppe unter den neuen städtischen Schichten war, die eine reale ökonomische Basis besaß, auch wenn diese Basis innerhalb des gesamten Wirtschaftssystems nicht maßgebend und von den Umständen abhängig war. Als diejenige Gruppe, die allein imstande war, die städtische Bevölkerung auf produktive Weise zu absorbieren, befand sie sich in der strategisch günstigen Lage, die Bedingungen für ein Bündnis bzw. einen Kompromiß mit den übrigen Kräften des Gesellschaftssystems zu schaffen; und dies ist auch der Grund für ihre Bedeutung in der Periode, die auf die Krise des Agrarexportsystems folgte.

7. Zusammenfassende Bemerkungen zur Notwendigkeit einer umfassenden Analyse von Entwicklung

Ausgehend von der Anerkennung des spezifischen Charakters der verschiedenen Verhaltensformen, versucht die soziologische Analyse, scheinbar »abweichende Fälle« dadurch zu erklären, daß sie die strukturellen Besonderheiten der unterentwickelten Länder beachtet und interpretiert. Zweifellos kommt es entscheidend darauf an, die Bedeutung und die Funktionen der gesellschaftlichen Klassen und der Bündnisse, die diese eingehen, um eine Machtstruktur aufrechtzuerhalten und um sozialen Wandel und wirtschaftliches Wachstum herbeizuführen, im Zusammenhang der Entwicklungssituation neu zu definieren.

Die externen und internen Dimensionen des Wirtschaftssystems kommen in den Entwicklungsländern auf der gesellschaftlichen Ebene zum Ausdruck; dort sind sowohl externe Zwänge und Bindungen als auch interne Faktoren (die soziale Schichtung) am Werk.

Die Vielschichtigkeit der Lage der Unterentwicklung läßt Wertorientierungen entstehen, die zwar widersprüchlich sind, jedoch koexistieren. Neben Situationen, in denen die Aktivität der gesellschaftlichen Gruppen dem Handlungsmuster »industrieller Massengesellschaften« entspricht, entstehen gleichzeitig solche Situationen, in denen gesellschaftliche Normen vorherrschen, wie sie für »Klassenverhältnisse« und sogar »ständische Verhältnisse« (im Weberschen Sinne) typisch sind.

Die allgemeine Interpretation, die wir hier anbieten, verlangt, daß Konzepte und Hypothesen formuliert werden müssen, welche die Situation der Unterentwicklung unter Berücksichtigung der sie kennzeichnenden Doppeldeutigkeit erklären. Dieser Ansatz zeigt den Widerspruch auf zwischen der Nation – verstanden als eine relativ autonome soziale Einheit, die ständig mit dem internen Machtsystem vermittelt sein muß – auf der einen Seite und Entwicklung – als ein Prozeß, der bereits im Gang ist oder in Gang gesetzt wird über Verbindungen zu den zentralen Ökonomien, die zwar von neuer Art sind, aber immer noch von den Interessen des Zentrums bestimmt werden – auf der anderen Seite.

Unser Ansatz stellt gerade das in Frage, was von der herkömmlichen Analyse der Entwicklungsstadien als wesentlich akzeptiert wird. Die gesellschaftlichen und wirtschaftlichen Wandlungsprozesse, die das innere und äußere Gleichgewicht der unterentwickelten und abhängigen Gesellschaften verändern, sind in Wirklichkeit politische Prozesse, die unter den gegenwärtigen historischen Bedingungen Konflikte mit sich bringen, die nicht immer oder nicht notwendigerweise Lösungen erlauben, die der nationalen Entwicklung förderlich sind. Entwicklung kommt nicht automatisch zustande und kann durchaus ausbleiben. Mit anderen Worten: Die Analyse gesellschaftlicher Entwicklung unterstellt stets die »Möglichkeit« von Stagnation und Heteronomie. Um etwas über die Erfolgschancen aussagen zu können, muß nicht nur die Struktur, sondern auch das Handeln der gesellschaftlichen Kräfte – sowohl derjenigen, die an der Aufrechterhaltung des Status quo interessiert sind, als auch derjenigen, die auf sozialen Wandel drängen – analysiert werden; ebenso bedarf es der Analyse der »Wertorientierungen« oder Ideologien, die mit sozialen Aktionen und Bewegungen verknüpft sind. Da diese Kräfte in Wechselbeziehung miteinander stehen und da sie der Marktsituation mit verschiedenen Wachstumsmöglichkeiten Ausdruck verleihen, ist die Analyse nur dann vollständig, wenn sie aufzeigt, daß und wie die ökonomischen und die sozialen Faktoren sich intern wie extern gegenseitig bedingen.

III. Die Grundsituation in der Periode der »äußeren Expansion«

Das Konzept, für das wir uns in dieser Arbeit entschieden haben, gebietet eine Analyse sowohl der gegebenen Bedingungen als auch der Möglichkeiten der Entwicklung und Konsolidierung der lateinamerikanischen Nationalstaaten im Hinblick auf die Frage, wie erfolgreich die lokalen sozialen Klassen bei ihrer Mitwirkung am Produktionsprozeß und bei der Durchsetzung bestimmter Formen der institutionellen Kontrolle zur Sicherung dieser Mitwirkung gewesen sind. In klassischen Begriffen ausgedrückt, ließe sich dies so darstellen: Die Schaffung der Nationalstaaten und die Kontrolle der lokalen Ökonomien haben zur Folge, daß die ökonomisch orientierten Klassen und Gruppen durch organisierte Vertretung ihrer gemeinsamen Interessen Formen von Autorität und Macht einführen, die eine »legitime Ordnung« konstituieren; diese Ordnung erfordert die Zustimmung und den Gehorsam derjenigen Klassen, Gruppen und Gemeinschaften, die von dem aus dem »Interessenverband« gebildeten herrschenden Kern ausgeschlossen sind.

Will man Entwicklung erklären, so muß man die Vorstellung überwinden, daß das Produktionssystem, das die materielle Grundlage für die ökonomischen Gewinne derjenigen Gruppen und Klassen ist, die die Produktion kontrollieren, aus sich heraus oder aufgrund der Veränderungen, die der Weltmarkt in ihm erzeugt, eine automatische Umwandlung des Machtsystems und eine konsequente Demokratisierung der Sozialstrukturen garantieren könnte. Hier wird deutlich, daß die Formen, die die Beziehungen zwischen Wirtschaftssystem und Machtsystem nach der Entstehung der unabhängigen Nationalstaaten annahmen, den lateinamerikanischen Ländern je nach ihrer individuellen Situation verschiedene Möglichkeiten eröffneten, sich zu entwickeln und autonom zu werden. Insofern sind die gegenwärtigen Zustände nicht ohne eine – wie immer knappe – Analyse der historischen Situationen zu verstehen, die verdeutlichen, auf welche Weise die lateinamerikanischen Nationen mit dem weltweiten Machtsystem und mit der Peripherie der internationalen Ökonomie verbunden sind.

1. Der Bruch des Kolonialpaktes (1810-1825)[13]

In der Geschichtsschreibung Lateinamerikas ist häufig auf die Elemente aufmerksam gemacht worden, die zur Gestaltung des »Unabhängigkeitskurses« beigetragen haben. Die Ereignisse im Europa des ausgehenden 18. Jahrhunderts bewirkten einige Veränderungen in den Beziehungen zwischen den Metropolen, Portugal und Spanien, und den amerikanischen Kolonien. Infolge von Betrügereien und Schmuggelhandel waren die Gewinne, die Spanien aus dem Handel zog, den es zu monopolisieren trachtete, ständig zurückgegangen; zur gleichen Zeit hatte Spanien mehrfach Versuche unternommen, die administrativen und militärischen Herrschaftsstrukturen zu stärken, was fast immer Steuererhöhungen zur Folge hatte. Die Verwaltungsreformen der letzten Jahrzehnte des 18. Jahrhunderts provozierten in den Kolonien eine Serie von Aufständen, von denen zwar jeder spezifische Züge trug, die aber allesamt den Protest gegen die ständig wachsende Steuerlast zum Inhalt hatten. Neben Maßnahmen zur stärkeren Kontrolle des Handels führte Spanien Reformen durch, die das Monopol von Cádiz beendeten und den Handel zwischen den Häfen förderten. Freilich kamen diese Reformen nicht den lokalen Kaufleuten zugute, sondern begünstigten im Gegenteil die Handelsherren von der Iberischen Halbinsel, die zumeist mit den großen Zentren von Cádiz und Barcelona verbunden waren. Wie Historiker beobachtet haben, drückte sich der Machtzuwachs von Buenos Aires gegenüber Lima oder von Veracruz gegenüber Mexiko so aus, daß z. B. im ersteren Falle die lokalen Kaufleute von Lima von den neuen iberischen Handelsherren von Buenos Aires verdrängt wurden. Ab 1795 ist ein stetiger Niedergang der Macht Spaniens zu verzeichnen. Der Krieg mit England, das der unbestrittene

13 Die in diesem Kapitel enthaltenen Informationen bauen fast durchweg auf dem vorzüglichen Buch von Tulio Halperin Donghi auf: *Historia contemporánea de América Latina*, Madrid 1969.

Herrscher im Atlantik war, erschwerte Spanien nicht nur die Aufrechterhaltung seines Handelsmonopols, sondern auch die Wahrung seiner militärischen und administrativen Autorität. Die Maßnahmen zur Bewältigung der Situation richteten sich auf die Aufnahme von Handelsbeziehungen zu neutralen Ländern und fremden Kolonien bzw. auf die Intensivierung des Handels unter den Kolonien. Die Fortschritte des modernen Kapitalismus hatten Spanien in die Rolle eines Zwischenhändlers zwischen den Kolonien und dem neuen industriellen Europa versetzt. Infolge der politischen Wechselfälle kamen die Händler und insbesondere die Produzenten in Lateinamerika zu der Erkenntnis, daß die Kolonialbeziehungen ihren Interessen und Ambitionen im Wege standen. Sie wollten direkte Verbindungen zu England, der neuen Handelsmetropole, knüpfen; sie wollten den Markt für ihre Erzeugnisse erweitern und durch Ausschaltung des Zwischenhandels höhere Preise für ihre eigenen Produkte erzielen. Kurz: Sie wollten eine Handelspolitik, die von den Kolonien selbst bestimmt wurde.

Neben Schwierigkeiten in den Handelsbeziehungen entstanden Machtprobleme in der Administration. Da sie neue Vizekönigreiche und Generalkapitanate sowie ein völlig neues System von *intendencias* schuf, löste die Reform der Bourbonen eine Verschärfung der Kompetenzstreitigkeiten aus. Die Absicht der spanischen Krone, eine gegenüber ihren Interessen loyale Verwaltung einzurichten, kollidierte mit dem Machtanspruch lokaler Gruppen. Die Forderung nach größerer Autonomie in sämtlichen Bereichen führte zum Kampf zwischen Iberern und Kreolen. Für die Kreolen repräsentierte fast der gesamte Verwaltungsapparat – Vizekönige, *intendentes* usw. – die den lokalen Oberklassen aufgezwungene Macht Spaniens und Portugals. Zur Wahrung ihrer Interessen zogen die metropolitanen Mächte es vor, die hohen Posten in Verwaltung, Armee und Kirche mit Iberern zu besetzen, und verschärften damit die Rivalitäten. Man kann wohl sagen, daß es der Unabhängigkeitsbewegung in ihren Anfängen vor allem darum ging, die alten politischen Machtträger durch Angehörige der lokalen Oligarchien zu ersetzen. Zum Konkurrenzkampf um politische Positionen kamen oppositionelle Bestrebungen und Spannungen hinzu, die durch die Vorherrschaft iberischer Kaufleute in den lokalen Zentren in der zweiten Hälfte des 18. Jahrhunderts ausgelöst worden waren. Selbst jene, die von dieser Ablösung profitiert hatten, empfanden Feindseligkeit gegenüber den neureichen Kaufleuten. Die auf die napoleonische Invasion in Spanien folgenden Ereignisse waren für die ersten wohlbegründeten, friedlich verlaufenden Unruhen verantwortlich. Nachdem die Monarchie gestürzt war und ihre Restauration als unwahrscheinlich galt, betrachteten sich die Kolonien als die rechtmäßigen Erben. Die *cabildos* (Stadträte), die ursprünglichen Zentren des Befreiungskampfes, erhoben Anspruch auf die Kontinuität der legitimen Macht; jedoch waren die Spannungen bereits zu vielfältig und zu groß, als daß ein friedlicher Übergang möglich gewesen wäre. Die Kreolen waren nicht nur entschlossen, sich größere Autonomie zu verschaffen, sondern auch die Machtverhältnisse insgesamt zu ihren Gunsten zu ändern. Die Iberer witterten in dieser Absicht Rachebedürfnisse, Vergeltungswünsche; ihre anhaltende Herrschaft in den Kolonien wurde mit der Herrschaft der Monarchie gleichgesetzt. Der Bürgerkrieg zwischen den Oberklassen war unausweichlich. Die Iberer – Beamte, Kleriker und Militärs – wendeten ihre Macht gegen die Aufständischen. Die kriegführenden Parteien bemühten sich alsbald, ihre Kräfte durch Mobilisierung anderer Bevölkerungsteile zu verstärken, und so kam es, daß der Kampf, der sich zunächst auf einige wenige kleine Gruppen zu beschränken schien, bald alle erfaßte. Seine Ausweitung hatte wichtige Auswirkungen, die in manchen Ländern – insbesondere in Peru und Mexiko – die Richtung bestimmten, die der Prozeß der Unabhängigkeit nahm.

In Peru war es in den letzten zwei Jahrzehnten des 18. Jahrhunderts zu schweren Auseinandersetzungen gekommen, die als »Krieg der Kasten« bekannt sind. In Niederperu hatten sich die Indianer gegen die Weißen und die Mestizen erhoben; in Oberperu (dem heutigen Bolivien) hatten sie sich mit den Mestizen gegen die Weißen verbündet. Eine Verbreiterung der Gegensätze bedeutete Verhängnis sowohl für die kreolische als auch die iberische Oberschicht. In der Unabhängigkeitsperiode versuchte ein Expeditionskorps, das von Buenos Aires zur Eroberung Oberperus ausgeschickt worden war, die Unterstützung der Indianer zu gewinnen, indem es sie von

Tributzahlungen befreite und ihnen völlige Gleichheit gewährte. Obwohl diese Maßnahme kein voller Erfolg war, veranlaßte die frühere Erfahrung mit Eingeborenen-Aufständen die Kreolen, sich der Sache der Monarchie anzuschließen oder ihr zumindest keinen aktiven Widerstand entgegenzusetzen. Kreolische Hegemonie war ein zu großes Risiko, wenn man bedachte, daß eine solidere »weiße« Hegemonie durch die »Kolonialordnung« garantiert sein würde. So war Peru lange Zeit eine Bastion zur Verteidigung der spanischen Krone.

Auch in Mexiko verlieh das Mestizen- und Indianer-Problem der Unabhängigkeitsbewegung eine besondere Prägung; denn das auslösende Moment der Rebellion war ein Protest dieser Bevölkerungsgruppen. Im September 1810 rief der Dorfpriester Hidalgo das Volk mit folgenden Sammlungsparolen zum bewaffneten Aufstand auf: »Für Unabhängigkeit, für den König, für die Religion, für die indianische Jungfrau von Guadalupe – nieder mit den Spaniern!« Die landlosen Bauern, die auf Haziendas arbeiteten, und später die Grubenarbeiter schlossen sich den Rebellen an. Nachdem Hidalgos Aufstand niedergeworfen worden war, nahm 1812 ein anderer Priester namens Morelos den Kampf auf; sein Programm hieß: Für Unabhängigkeit, Gleichheit aller Rassen und Klassen und Aufteilung des Großgrundbesitzes. Die letzte Forderung hing damit zusammen, daß das Zentrum des Aufstandes in der Zuckeranbau-Region lag, wo Plantagen die Subsistenzwirtschaften verdrängt und ernste Probleme hervorgerufen hatten. Wie in Peru führten auch in Mexiko die Ausbrüche zur Vereinigung der iberischen und kreolischen Oberschicht, deren Hauptinteresse es war, die bestehende Ordnung vor einer gefährlichen Revolution zu schützen. Auch in Ländern, in denen die Präsenz großer Indianer- oder Mestizengruppen die Oberschichten nicht bedrohte, waren die von der Rebellion ausgelösten Konflikte von erheblicher Tragweite. So erschwerten sie z. B. in Kolumbien und Venezuela in hohem Maße den Aufbau des neuen Staates. Die Kirche widersetzte sich dem Umwandlungsprozeß mit aller Macht; die Sklavenhalter an der venezuelanischen Küste fühlten sich bedroht von den offen bekundeten Absichten der neuen Republik, den Negern zur Emanzipation zu verhelfen; die großen Kaufleute und die kleinen Gewerbetreibenden fürchteten eine Freihandelspolitik, die sie zugunsten einer Vorherrschaft der Engländer ihrer Existenz berauben konnte.

Die häufig wiederholte These, daß sich mit den Unabhängigkeitskriegen nichts geändert habe, weil die Ausbeuterklassen unangetastet fortbestanden und in manchen Fällen sogar die Ausbeutung verschärften, muß abgeschwächt werden. Freilich hatte der für jeden einzelnen Fall spezifische Verlauf der Kriege, Konflikte und Bündnisse einen spürbaren Einfluß auf den späteren Gang der Ereignisse. Wenngleich die Emanzipation der Indianer in Oberperu vermutlich keine große praktische Bedeutung hatte, so wurde doch die Aufmerksamkeit auf jene Teile der peruanischen Bevölkerung gelenkt, die in der Kolonialstruktur am untersten Ende der Rangskala gestanden hatten, sowie auf die Mulatten und Neger in Venezuela und auf die Volksmassen, die von Guemes, der selbst ein Adliger war, in Salta/Argentinien angeführt wurden. Zeitgenössische Kenner der Materie heben hervor, daß die Unabhängigkeitsbewegung vielerorts einen Prozeß der sozialen Mobilität in Gang setzte. Die Wandlung von der Rebellion zum Krieg – und diese dauerte immerhin 15 Jahre – erforderte die Aufstellung regulärer Armeen, in denen die Offiziere zwar aus der Oberschicht kommen mochten, die gemeinen Soldaten und viele Unteroffiziere jedoch aus den unteren Klassen rekrutiert wurden. Paradoxerweise war diese Mobilität besonders auffällig in den königstreuen Armeen, in denen Offiziere kreolischer Herkunft hohe Ränge bekleideten.

Da eines der Hauptmotive der Unabhängigkeitsbewegung darin bestand, eine neue Verbindung zur »Außenwelt« zu finden, konnten die Länder, die Spaniens und Portugals Platz einnehmen sollten, nicht gleichgültig bleiben.

Mit der Unterzeichnung des Friedens von Gent im Jahre 1814 traten die Vereinigten Staaten aus ihrem zweiten Unabhängigkeitskrieg hervor, waren aber noch nicht so weit, den Unabhängigkeitskräften der lateinamerikanischen Kolonien offizielle Unterstützung zu gewähren; immerhin erleichterten sie den Rebellen durch ihre Neutralitätspolitik zunehmend den Erwerb von Waffen und Kriegsschiffen.

England hatte, seit den Zeiten von Hawkins, den Interessenkonflikt zwischen den Bewohnern der spanischen Kolonien und der spanischen Krone zwar wahrgenommen, unternahm jedoch erst, nachdem die nordamerikanische Revolution vollendet war, den Versuch, gegenüber diesem Teil der Welt eine Politik zu formulieren. Indes konnte diese Politik nicht sehr konsequent sein. Mit seinen direkten Interventionsversuchen wie z. B. der Landung von Truppen in Buenos Aires im Jahre 1806 riskierte England eine Stärkung der Allianz zwischen Spanien und Frankreich, was den britischen Vorhaben in Europa zuwiderlief. Später, im Jahre 1808, wurde England der Verbündete Spaniens gegen Napoleon und übernahm damit zwangsläufig gewisse Verpflichtungen, die spanischen Kolonialinteressen zu respektieren. Nach der Niederlage Napoleons und der Restauration der spanischen Monarchie fühlte England sich weniger gebunden, und wenngleich es sich nicht ausdrücklich für die Unabhängigkeit engagierte, erleichterte es den Rebellen immerhin – wie die USA es auch getan hatten – den Kauf von Waffen und gestattete Freiwilligen, sich Kontingenten wie der britischen Legion in der Armee Bolivars anzuschließen. Englands Verhalten gegenüber Lateinamerika stand in Einklang mit seiner Europapolitik und damit in Gegensatz zu den Plänen der Heiligen Allianz, insbesondere zu den Zielen Spaniens und Rußlands. Es gibt daher guten Grund anzunehmen, daß England durch seinen damaligen Außenminister und dessen Überseevertreter die Formulierung der Monroe-Doktrin im Jahre 1823 beeinflußte. Die englische Politik schien auch aus den politischen Revolutionen gelernt zu haben, die gegen Ende des 18. Jahrhunderts über Europa und Amerika hinweggegangen waren – jedenfalls dies, daß es nicht mehr zweckmäßig war, Expansionsprobleme mit Gewalt zu lösen.

Die Unabhängigkeitskriege waren mit dem Ziel geführt worden, eine neue politische Ordnung und einen anderen »Pakt« mit der neuen Metropole zu erlangen. Die Art und Weise, wie die Metropole sich ökonomisch entwickelte, prägte den lateinamerikanischen Entwicklungsprozeß und hatte sowohl direkte als auch indirekte Auswirkungen auf die ehemaligen Kolonien.

Ende des 18., Anfang des 19. Jahrhunderts vollzog sich ein Wandel in der Politik Englands, der in der Ausweitung der britischen Industrieproduktion seine Ursache hatte. England wollte nicht nur seine Versorgung mit Kolonialerzeugnissen sicherstellen, sondern sich auch Zugang zu großen Absatzmärkten verschaffen. Deshalb gab es das komplizierte System der auf Verträge gestützten Faktoreien und Handelshäuser auf, um direkte Marktvereinbarungen zum raschen Absatz seiner Handelswaren schließen zu können. Man kann sagen, daß England zum Zeitpunkt der Unabhängigkeit Lateinamerikas stärker daran interessiert war, zu exportieren als zu importieren.

Nach der Unabhängigkeit bestand das Problem des nationalstaatlichen Aufbaus einerseits darin, das exportorientierte Produktionssystem, das die Hauptverbindung zur Außenwelt und der wichtigste Bereich wirtschaftlicher Tätigkeit war, unter lokaler Kontrolle zu behalten, und andererseits darin, ein System von politischen Bündnissen zwischen den sozialen und ökonomischen Kräften zu schaffen, das derjenigen Gruppe, die Beziehungen zur Außenwelt (zum Weltmarkt und zu den Nationalstaaten der zentralen Länder) unterhielt, ein Minimum an interner Macht zugestehen würde, um die Stabilität zu erhalten und sich selbst als der politische Ausdruck der ökonomischen Herrschaft des exportorientierten Produktionssektors zu konstituieren.

2. Die Anfänge des Nationalstaates (1825-1850)

Sobald der Unabhängigkeitsprozeß abgeschlossen war, mußte die politische Ordnung auf der Grundlage bestimmter, durch die Kriegsjahre geschaffener Bedingungen neu strukturiert werden. Ein überaus schwerwiegendes negatives Moment war die Ausbreitung von Gewalt im Alltagsleben. Die innere Ordnung konnte nur noch durch zunehmende Militarisierung aufrechterhalten werden; die Armeen und bewaffneten Gruppen, die für den Krieg mobilisiert worden waren, blieben bestehen und wurden zuweilen wegen der anhaltenden Gewalttätigkeiten noch ausgebaut. Die Kosten für den Unterhalt dieser bewaffneten Kräfte belasteten die nationalen Schatzkammern erheblich. Überdies kam es häufig vor, daß die Führer der bewaffneten Gruppen sich von der Autorität lossagten, die sie ursprünglich garantieren sollten. Eine weitere Schwierigkeit ergab sich, wie im Falle Mexikos, daraus, daß die Unabhängigkeitsarmeen eine große Zahl von Offizieren besaßen, die niemand zu entlassen wagte.

Das Problem der Militarisierung und das Auftreten von »caudillos« machte zahlreichen Ländern Lateinamerikas viele Jahre lang zu schaffen, und zwischen diesen beiden Phänomenen gab es in bestimmten Punkten einen Zusammenhang. Während des Krieges erwarb die reguläre Armee eine gewisse Mobilität und wurde in mehreren Ländern wie Argentinien, Venezuela, Kolumbien und Chile sogar außerhalb der nationalen Grenzen eingesetzt. Zur Aufrechterhaltung der lokalen Ordnung organisierten die Mächtigen der jeweiligen Region eine Miliz. Die caudillos dieser Milizen gaben alsbald im nationalpolitischen Rahmen den Forderungen und Protesten Ausdruck, die vorwiegend gegen die Autorität der regulären Armee gerichtet waren. Die regionalen Forderungen, die von diesen bewaffneten Organen unterstützt wurden, reichten bis zu der nach Autonomie. Aber es gab noch andere Faktoren, die für die Militarisierung in den jungen Nationalstaaten verantwortlich waren. Wie wir schon oben anmerkten, löste der Krieg eine soziale Mobilität aus, die traditionell vernachlässigte Gruppe in hervorragende Positionen erhob. Die Armee, die das Medium der Mobilität war, diente zugleich dazu, diese zu bremsen, bevor durch sie die herrschenden Gruppen in Schwierigkeiten gerieten. Obwohl die Militarisierung ihre Nachteile hatte, wurde sie als Garantie für eine relative und notwendige Ordnung akzeptiert.

Außer Soldaten hinterließ der Krieg eine größtenteils zerstörte Wirtschaft, denn er hatte nur durch Aufzehrung des zuvor akkumulierten Reichtums finanziert werden können. Dieser Reichtum, der in den Händen der städtischen Oligarchien und in den Schatzkammern der Kirchen und Klöster lag und der in hohen Einnahmen der Kaufmannsgilden bestand, wurde im Kampf von Royalisten und Patrioten gleichermaßen konfisziert und konsumiert. Überdies wurde, da die Armeen fernab des Landes lebten, der Vieh- und Getreidebestand beträchtlich dezimiert.

Was die gesellschaftlichen Verhältnisse betrifft, so ist darauf hingewiesen worden, daß sich an den realen Lebensbedingungen der indianischen Bevölkerung in der Regel nichts Wesent-

liches änderte und daß in manchen Ländern sogar ihre rechtliche Minderstellung unverändert bestehen blieb. Dies galt
nicht für die freien Mulatten, die Mestizen und andere Randgruppen; in ländlichen Gebieten, in denen es eine bestimmte
Form der freien Lohnarbeit gab, oder in den städtischen
Zentren konnten diese Gruppen aus dem revolutionären Prozeß Vorteil ziehen, den die Unabhängigkeit bedeutete. Hinzu
kam, daß die Sklaverei zu denjenigen Institutionen zählte, die
am stärksten erschüttert wurden. Wenngleich ihre völlige
Abschaffung durch Maßnahmen wie das »Gesetz des freien
Schoßes« (dem zufolge alle von Sklaveneltern geborenen Kin-
der künftig Freie sein sollten) und das Verbot des Sklavenhan-
dels aufgeschoben wurde, hatte der Krieg selbst die Emanzipation großer Bevölkerungsgruppen – z. B. der Neger, die im
venezuelanischen Krieg gekämpft hatten – erzwungen, und
die Bürgerkriege erweiterten die Emanzipation in der Folgezeit, weil Sklaven als Soldaten gebraucht wurden. Nicht zu
vergessen ist, daß die Disziplin der Sklavenarbeit sich grundlegend wandelte, wie sich z. B. an der peruanischen Küste
zeigte, wo die Produktivität drastisch sank.

Was das Machtsystem angeht, so hatte der Krieg auf die
ländliche Gesellschaft geringere Auswirkungen als auf die
städtische. Die regionalen Großgrundbesitzer behielten ihre
Macht nicht nur deshalb, weil ihnen die Milizen zu Dienste
standen, die zur Aufrechterhaltung der lokalen Ordnung organisiert worden waren, sondern auch, weil ein größerer Teil
der ländlichen Bevölkerung unter Waffen stand.

Um den Konsum in der kriegsgeschädigten Wirtschaft zu
steigern, wurden die Großgrundbesitzer in ihre alten Machtpositionen wiedereingesetzt. Gewöhnlich geschah dies dadurch, daß man ihnen ein angemessenes Arbeitskräfteangebot
garantierte. Sogar Artigas, der »revolutionärste« unter den
caudillos am Ostufer des Rio de la Plata, verkündete, daß alle
Personen, die kein Land besaßen, beweisen müßten, daß sie
bei irgend jemandem als Arbeiter beschäftigt waren. Zur
vermehrten Macht der Grundbesitzer kam die Macht der
einstigen Generale und Kommandeure hinzu, die nun zu
hacendados (Hazienda-Besitzern) gemacht worden waren. In
Venezuela bildeten sie fortan weitgehend die herrschende
Klasse der konservativen Republik. Das vor der Unabhängig-

keit bestehende Machtgleichgewicht zwischen städtischen und ländlichen Oberschichten änderte sich nun zugunsten der letzteren, und zwar nicht nur wegen ihres Machtzuwachses, sondern auch, weil die städtische Elite stärker durch Patrioten und Royalisten geschädigt wurde, sowohl in politischer als auch in wirtschaftlicher Hinsicht. Diese Veränderung zeigte nicht zuletzt einen Zusammenbruch der Institutionen an, die in der Kolonialzeit von höchstem Rang gewesen waren. Ehedem waren die städtischen Kreolen darauf versessen gewesen, die Iberer aus ihren privilegierten Stellungen in den Institutionen der Macht zu vertreiben; im Gefolge der Rebellion verloren diese Einrichtungen jedoch viel von ihrer einstigen Bedeutung und ihrem Prestige. Überdies wurden die lokalen Kaufleute nach und nach von der ausländischen Konkurrenz verdrängt, so daß die städtische Oberschicht sich mit einer untergeordneten Eingliederung in die neue politische und soziale Ordnung zufriedengeben mußte. In den meisten Fällen fielen die Hebel der Macht auf lange Zeit in die Hand des Militärs.

Waren schon die Bedingungen zur Herstellung von Beziehungen unter den einzelnen lokalen Klassen und Gruppen keineswegs so gut, wie man sich dies zu Beginn der Unabhängigkeitsbewegung vorgestellt hatte, so galt dies erst recht für die Bedingungen zur Anknüpfung neuer Verbindungen mit der Außenwelt. In der ersten Hälfte des 19. Jahrhunderts waren England und später das übrige Europa vollauf damit beschäftigt, den Kapitalbedarf zu decken, der sowohl auf dem Kontinent als auch in den Vereinigten Staaten durch das »Zeitalter der Eisenbahn« entstanden war. Es gab in dieser Zeit weder von England noch von Europa insgesamt substantielle Investitionen im gerade erst unabhängig gewordenen Lateinamerika. Dies bedeutet nicht, daß kein Handel getrieben worden wäre. Im Gegenteil: England tat alles zur Aufrechterhaltung eines aktiven Handels mit Lateinamerika, um Kapital für Investitionen in die genannten Unternehmungen zu akkumulieren. Es war allerdings einzig daran interessiert, seine Industrieerzeugnisse auf dem lateinamerikanischen Markt zu verkaufen, und bald beherrschte es die lokalen Handelskanäle. Der Freihandel erwies sich als wenig vorteilhaft; denn mit dem Zusammenbruch der alten Monopole hatte die internationale Konkurrenz häufig eine entgegengesetzte Wirkung: Im ehemaligen Vizekönigreich des Rio de la Plata strömten Textilien aus England, Zucker aus Brasilien, Mehl aus den USA, Wein und Spirituosen aus Europa und dem Karibischen Raum auf die Märkte von Buenos Aires – zum Schaden der einheimischen Produktion (einschließlich Nährmitteln).

Besondere Erwähnung verdient in diesem Zusammenhang das Schicksal der lokalen Kaufleute. Ohnehin geschwächt durch den Kampf um die Vorherrschaft zwischen Iberern und Kreolen, waren sie durch Zwangsanleihen, die auf Konfiskation hinausliefen, finanziell ruiniert worden und hatten keine Mittel, sich gegen ihre europäischen Konkurrenten zur Wehr zu setzen. Sie hatten aus den traditionellen Handelsbeziehungen ausbrechen und neue, eigene Handelskanäle einrichten wollen. Nun wurde der internationale Handel von England kontrolliert, zuerst von dessen Zentrum in London, dann, nach 1820, von Liverpool aus. Es war offenkundig, daß die kreolischen Kaufleute unwiderruflich verdrängt worden waren.

Stark zu werden und die Handelsverbindungen mit der Außenwelt zu verbessern, war in der ersten Hälfte des 19. Jahrhunderts eine schwierige Aufgabe. Die Geschichte jedes einzelnen Landes bestimmte die Bedeutung und die Form, die ihre internen und externen Bedingungsfaktoren annehmen sollten. Manche Gebiete Lateinamerikas konnten den Entwicklungsstand, den sie gegen Ende der Kolonialzeit erreicht hatten, halten oder sogar anheben; in anderen kam es zu Stagnation, und in vielen war die Entwicklung rückläufig.

Venezuela, wo die Unabhängigkeitskriege sehr heftig getobt hatten, konnte seine Landwirtschaft trotz alledem an den Weltmarkt anschließen und erreichte einen höheren Entwicklungsstand als in der Kolonialzeit. Das Gebiet des Rio de la Plata, das von Bürgerkriegen, Fehden zwischen *caudillos* und internationalen Konflikten geschüttelt worden war, konnte auf seiner Viehproduktion eine vorteilhafte Wirtschaftsstruktur aufbauen.

Den anderen Pol bildeten Bolivien, Peru und insbesondere Mexiko, wo die Entwicklung stagnierte, ja sogar zurückging. Der Bergbau, der ihre wichtigste Einkommensquelle gewesen war, wurde von der Rebellion hart getroffen; zudem konnten die Minen nicht ohne riesige Kapitalmengen wieder in Betrieb gesetzt werden. Die mexikanische Silberproduktion sank auf die Hälfte dessen, was sie in der Kolonialzeit erbracht hatte. In Mittelamerika führten dieselben Probleme (Kapitalmangel und fehlende Märkte) zu Stagnation, trotz der gewaltigen Ausdehnungen des Grundbesitzes der *hacendados*. Eine Ausnahme war das zentrale Hochland von Costa Rica, wo die Erweiterung der Kaffeeproduktion die Aussichten für die Exportwirtschaft verbesserte.

Die Handelsbeziehungen zum Weltmarkt waren indes nicht das allein entscheidende Moment; vielmehr wurde der Entwicklungsprozeß auch davon beeinflußt, auf welche Weise die Machtverhältnisse im Innern der einzelnen Länder sich bildeten und festigten. Einige Beispiele sollen das belegen.

3. Wirtschaftliche Schwierigkeiten und politische Instabilität

a) Ausländische Intervention – Mexiko

Die mexikanische Bergbauwirtschaft war in den Kriegsjahren fast völlig zerstört worden; ihre Anlagen waren schwer beschädigt, und viele ihrer Minen waren 1821 überflutet worden. Das zum Wiederaufbau nötige Kapital war zur Finanzierung des Krieges verwendet oder nach Spanien transferiert worden. In der zweiten Hälfte des 18. Jahrhunderts war der Ausbau des mexikanischen Bergbaus aufgrund von Reinvestitionen und einem stetigen Zustrom von neuem Kapital möglich gewesen; nun war nicht einmal für Reparaturen und Wiederbeschaffungen Kapital aufzutreiben. Die Verarmung des Landes wuchs; die Regierung von 1823 war ständig auf der Suche nach Anleihen. Weder das Geld, das sie an der Londoner Börse aufgenommen hatte, noch die Einnahmen aus Zöllen, Steuern und Monopolen deckten ihre Ausgaben. England und die Vereinigten Staaten, die beide zu Gläubigern des mexikanischen Staates geworden waren, manövrierten um die Wette, sich die Kontrolle des mexikanischen Handels und anderer Wirtschaftstätigkeiten zu sichern. Das politische Leben war von der Spaltung in die Blöcke der Konservativen und der Liberalen geprägt. Die Konservativen, die als »Ecoceses« bekannt waren, weil sie einer schottischen Freimaurer-Vereinigung angehörten, unterhielten enge Verbindungen zu britischen Repräsentanten in Mexiko. Die Liberalen und Föderalisten, die zu einem Nebenzweig einer New Yorker Loge gehörten und deshalb »Yorkinos« hießen, wurden vom US-amerikanischen Konsul beraten.

Neben diesen Gruppen besaß die Armee hohe Bedeutung; als Hüterin der inneren Ordnung spielte sie eine erhebliche Rolle. Ihr Einfluß wurde noch verstärkt durch die unverhältnismäßig große Zahl von Offizieren, die das Erbe der Unabhängigkeitskriege waren. Die Konservativen, die über die Liberalen gesiegt hatten und die von Hidalgo und Morelos geführten Aufstände immer noch nicht vergessen konnten, betrachteten die Armee als Damm gegen Volksbewegungen und waren deshalb bereit, ihr nicht nur Autorität, sondern auch einen hohen Anteil an den mexikanischen Staatseinnahmen zuzugestehen.

Die internationalen Probleme Mexikos beschränkten sich nicht nur auf die unzulässige Einmischung anderer Staaten in seine inneren Angelegenheiten. Infolge von Grenzstreitigkeiten brach 1836 ein Krieg mit Texas aus. Die nordamerikanischen Siedler, die die mexikanische Regierung selbst in diesem Territorium willkommen geheißen hatte, widersetzten sich dem zentralistischen Programm der konservativen Regierung. Nach seinem Sieg bei San Jacinto über die von General Santa Anna geführten mexikanischen Streitkräfte rief Texas selbst seine Unabhängigkeit von Mexiko aus. Der Anschluß von Texas an die Nordstaaten im Jahre 1845 war der »casus belli«. In dem folgenden Krieg gegen die Vereinigten Staaten wurde Mexiko geschlagen und mußte 1848, im Frieden von Guadalupe-Hidalgo, die Gebiete Texas, Kalifornien und Neu-Mexiko für 15 Millionen Dollar an die USA abtreten.

Bis 1850 hatte Mexiko sich noch nicht so weit erholt, daß es das wirtschaftliche Niveau der Kolonialzeit erreicht hätte. Die Armee beherrschte weiterhin das öffentliche Leben und lastete schwer auf der Volkswirtschaft. Die Regierung war ständig in Zahlungsverzug und nahm immer neue Anleihen auf, so daß ihre Schulden bei den ausländischen Geldgebern extrem anwuchsen; die inländischen Gläubiger retteten aus der Situation, so viel sie konnten.

b) Stagnation und fehlende politische Hegemonie – Peru

Die peruanische Bergbauwirtschaft war, wie die mexikanische, völlig zusammengebrochen; ihr Niedergang hatte freilich schon gegen Ende der Kolonialzeit eingesetzt. Um die Kriege finanzieren zu können, hatten die Royalisten die Ausbeutung der zwei noch in Betrieb befindlichen Minen, Cerro del Pasco und Halgayoc, verschärft. Als die Quecksilbermine Huancavélica geschlossen wurde, mußte das zur Silberverarbeitung benötigte Quecksilber importiert werden, und San Martín selbst bot Spanien dieses Monopol an. Später veranlaßte Santa Cruz die Wiedereröffnung der Mine und machte jedem, der sie betreiben würde, das Angebot, Wettbewerbspreise zu zahlen. Es mangelte an Arbeitskräften, weil die Männer entweder als Wehrpflichtige oder bei den *montoneros* (irreguläre Truppen) in die Kriege des 19. Jahrhunderts gezogen waren. Im übrigen wurden die Männer von den Minen »verschlungen«; sie mußten »am Montag in die Minen, sahen die Sonne bis zum folgenden Sonntag nicht wieder und wußten nie, ob es Tag oder Nacht war« (Vizekönig Graf de Lemos) – ein Ausbeutungssystem, das die Bevölkerung dezimierte.

Der Handel befand sich in einem ebenso katastrophalen Zustand wie der Bergbau. Mit der Lösung der Bindungen an Spanien wurden die von Peru beherrschten traditionellen Handelswege versperrt. Die Alternative zur Panama-Landenge war das entferntere und gefährliche Kap Horn, zu dem der chilenische Hafen Valparaiso eine günstigere Lage hatte. Guayaquil im Norden und Valparaiso im Süden wurden aktive Konkurrenten von Callao. Die landwirtschaftliche Produktion der peruanischen Sierra war isoliert; an der ökonomischen Situation änderte sich auch nichts durch die Gesetze, die verkündet worden waren, die Tributzahlungen der Indianer abzuschaffen und die indianischen Ländereien aufzuteilen, was freilich nicht verhinderte, daß diese Ländereien nach und nach in die Hände privater Eigentümer fielen. Die unmittelbare Folge war, daß Stadt und Land zunehmend voneinander getrennt wurden, daß die Dezentralisierung gefördert wurde und daß die Verkehrssysteme schlechter wurden. Die Landwirtschaft im Küstengebiet, die auf einem verzweigten Bewässerungssystem und dem Einsatz von Sklavenarbeit gegründet worden war, brach zusammen. Da sie stets eng verknüpft war mit dem Handelsreichtum von Lima, erschütterte sie der Niedergang dieser Stadt bis in ihre Grundlagen. Unter diesen Umständen wurde die Hazienda politisch wie wirtschaftlich zunehmend autokratischer. Das Ansehen der verschiedenen Machtgruppen war längst ins Wanken geraten, und die Armee, die in der Kolonialzeit stets der zivilen Autorität untergeordnet gewesen war, wurde nun zum Zentrum aller Entscheidungen.

Die Geschichte Perus war auch in jenen Jahren eng verwoben mit der Geschichte Boliviens. Ein Militär namens Santa Cruz, der in Bolivien die Macht ergriffen hatte, gründete 1836 eine peruanisch-bolivianische Konföderation und unternahm den Versuch, in Peru dieselbe Verwaltungs- und Rechtsreform durchzuführen, die er in Bolivien eingeleitet hatte. Sein Versuch, das Steuersystem umzukrempeln, stieß jedoch bei Richtern, Verwaltungsbeamten und hinterziehungsgewohnten Kaufleuten auf heftige Ablehnung; die Aristokratie von Lima mißtraute einem »Beschützer« von so zweifelhafter Abstammung; selbst die unteren Schichten des peruanischen Volkes begegneten Santa Cruz mit Feindseligkeit, da sie die ersten waren, die unter Steuererhöhungen zu leiden hatten, und die Indianer fühlten sich durch seine Politik der Umwandlung von Gemeindeland in Privateigentum bedroht. Schließlich geriet Santa Cruz in Gegensatz zu den Nachbarstaaten Chile und Argentinien. Chile verwickelte Peru in einen Krieg – hauptsächlich um den Fortbestand der Handelsvorherrschaft von Valparaiso im Südpazifik zu sichern –, und in den chilenischen Reihen kämpften nicht wenige Männer der unzufriedenen »Aristokratie« von Lima. Der chilenische Sieg setzte der Konföderation ein Ende; Peru fand erst durch den Guano-Exportboom in der Mitte des 19. Jahrhunderts wieder aus der Stagnation heraus.

c) Prosperität und Kämpfe um Hegemonie – Rio de la Plata

Die Unabhängigkeitskriege und der Bruch des Kolonialpaktes wirkten sich auf Wirtschaft und Gesellschaft des alten Vizekönigreiches am La-Plata-Fluß vielfältig aus. Zunächst gab es da das Problem der Reorganisation der Wirtschaft und ihrer Wiederanpassung an die neuen Weltmarkt-Bedingungen. Hinzu kam das damit zusammenhängende Problem der Arbeitsregelung für *gauchos* und *estancia*-Arbeiter. Vor diesem Hintergrund formierten die herrschenden lokalen Gruppen sich neu und suchten ihre Einflußsphären abzustecken. Die lokale Geschichte verzeichnet als überragendes Problem dieser Zeit die Festlegung der regionalen Grenzen und den Kampf der sozialen Gruppen um die Vorherrschaft. Freilich waren die verschiedenen Ebenen, auf denen die Geschichte sich entfaltete, miteinander vermittelt; und wenn die Geschichtsschreibung der Frage der Vorherrschaft von Buenos Aires unter den Vereinigten Provinzen und dem Bürgerkrieg größere Beachtung schenkt, dann deshalb, weil der Politik-Sektor der Kanal und gewissermaßen der Ausdruck der übrigen Sektoren war. Wir wollen die verschiedenen Aspekte des Problems der Herausbildung des Nationalstaates am Rio de la Plata getrennt untersuchen.

Die Unabhängigkeitskriege begannen mit der Rebellion des *cabildo* (Stadtrat) von Buenos Aires – einem Organ, das nicht direkt von der spanischen Krone bestellt war – gegen die Zentrale Junta von Sevilla, die nach den napoleonischen Siegen keine Unterstützung vom Königshaus mehr erhielt. Der Fall der Zentralen Junta beraubte die Bourbonen-Vertreter in Spanisch-Amerika ihres letzten Legitimitätsanspruchs. Nachdem sie Buenos Aires unter ihre Kontrolle gebracht hatten, unternahmen die Unabhängigkeitskräfte eine doppelte Expansionsanstrengung, die bereits die nationalen Territorialambitionen der politischen Gruppe von Buenos Aires enthüllte. Obwohl Belgrano mit seinem Versuch, Paraguay zu erobern, scheiterte, drang eine Expedition in Oberperu ein und machte den Weg frei zu den Silberminen von Potosí, die das Symbol und die Grundlage des kolonialen Reichtums gewesen waren. Diese Bemühungen, nicht nur den Handelsweg zwischen Buenos Aires und den peruanischen Minen, sondern auch die

Schiffahrt auf dem Paraná-Fluß zu kontrollieren, verweisen auf die wirtschaftlichen Grundprobleme, vor denen die Nationalstaaten am Rio de la Plata standen. Später, im Jahre 1811, leitete der Vizekönig von Peru einen Gegenangriff gegen die Unabhängigkeitsarmeen ein, bereitete ihnen eine Niederlage und veranlaßte die Schließung des Durchgangs nach Oberperu. Belgrano und dem mit Córdoba geschlossenen Pakt war es zu verdanken, daß die auf dem Rückzug befindlichen Streitkräfte von Buenos Aires ein Jahr zuvor, als sie auf Oberperu vorrückten, sich lokale herrschende Gruppen in Tucumán und Salta als Bündnispartner sichern konnten. Doch durch die Niederlage in Oberperu wurde der Handel des Rio de la Plata mit Puno am Westrand des Titicaca-Sees und mit dem Teil des Landes, der heute Bolivien ist, unterbunden. Desgleichen hing die Kontrolle des Schiffsverkehrs auf dem Oberlauf des Paraná-Flusses seit jener Zeit von der politischen Entwicklung Paraguays und dessen Bündnissen – sei es mit der Provinz Entre Ríos, sei es mit Banda Oriental (Uruguay), Buenos Aires oder Brasilien – ab.

Ein weiteres wichtiges Grenzproblem – sowohl im Hinblick auf die Kontrolle der Expansion von Handel und Wirtschaft als auch im strikt geopolitischen Sinne – stellte sich im Mündungsgebiet des Rio de la Plata. Dieses Gebiet umfaßte die Küstenprovinzen Santa Fe und Corrientes auf derselben Seite wie Buenos Aires, Banda Oriental bzw. das Ostufer unter der Herrschaft von Montevideo auf der gegenüberliegenden Seite und Entre Ríos in der Mitte.

Nach Erlangung der Unabhängigkeit verschaffte sich Buenos Aires lokale Unterstützung in den im Landesinnern gelegenen Provinzen Córdoba, Tucumán und Salta sowie Verbündete in Cuyo. Zunächst schlossen sich die Küstenprovinzen ebenfalls der neuen Ordnung an, doch wurde dieser Prozeß durchbrochen, als Banda Oriental unter die Herrschaft des uruguayischen Caudillos Artigas geriet, dessen Vorstellungen von Föderalismus und Autonomie und dessen »Demokratie für die Massen« der Gründung eines von Buenos Aires beherrschten zentralistischen Nationalstaates zuwiderliefen. Der Einfluß des »Beschützers des freien Volkes« verbreitete sich über Banda Oriental hinaus bis nach Corrientes, Entre Ríos, Santa Fe, sogar bis in das ferne Córdoba.

Buenos Aires unterstützte die Uruguayer in ihrer Rebellion gegen die Spanier; aber die Portugiesen und Engländer, die daran interessiert waren, Montevideo als Alternativhafen zu Buenos Aires zu behalten, wollten einen Waffenstillstand. Nach 1814, als eine *porteño*-Expedition unter Alvear die Kapitulation der Royalisten in Montevideo erzwang, kämpfte Buenos Aires gegen Artigas und dessen demokratisierenden Einfluß. Artigas war gezwungen, die Intervention der Portugiesen und die Eingliederung der Banda Oriental als »Cisplatinische Provinz« in das portugiesische Imperium im Jahre 1816 hinzunehmen.

Zur Konsolidierung einer zentralistischen Republik unter seiner Vorherrschaft berief Buenos Aires im Jahre 1813 eine verfassunggebende Versammlung ein, welche die Vereinigten Provinzen am Rio de la Plata schuf, und erklärte 1816 auf dem Kongreß in Tucumán die Unabhängigkeit. Hindernisse wurden aufgebaut durch den Föderalismus mehrerer Provinzen und durch die lokalen Wirtschaftsinteressen aller Provinzen, die in dem Zentralismus von Buenos Aires eine Bedrohung ihrer steuerlichen und ökonomischen Unabhängigkeit erblickten.

De facto wurde Buenos Aires politisch regiert von einer Gruppe Militärs, die in der Lautaro-Loge, einer nach dem Vorbild der Freimaurer aufgebauten Geheimgesellschaft, organisiert waren. Diese Militärs waren auch auf der anderen Seite der Anden in den Unabhängigkeitskampf verwickelt, wo San Martín im Bündnis mit O'Higgins Chile zu befreien versuchte. Als die Regierung des Oberkommandos von Buenos Aires – erfüllt von den Ideen der Französischen Revolution und angeführt von Pueyrredón – eine zentralistische Verfassung und möglicherweise die Errichtung einer Monarchie zu deklarieren suchte, zerbrach die Einheit der Provinzen.

Nach der Auflösung der zentralistischen Verfassung im Jahre 1820 geboten der Föderalismus, wie ihn Artigas vertreten hatte (der selbst bereits vor den Portugiesen ins Exil nach Paraguay geflohen war), und die lokalen Wirtschaftsinteressen dem Zentralismus von Buenos Aires wiederum Einhalt. Nicht nur die Provinz-Autonomisten, sondern auch deren konkreter gesellschaftlicher Ausdruck, der *caudillismo*, erlangten ihre einstige Bedeutung wieder. Zwischen 1819 und 1825 entwarfen zahlreiche Provinzen ihre eigene Verfassung: Santiago del Estero trennte sich Anfang 1820 von Tucumán; 1821 folgte Catamarca diesem Beispiel; Salta und Jujuy fielen von der Zentralmacht ab, und Mendoza verlor die Kontrolle über San Juan; Córdoba und Corrientes verkündeten 1821 ihre eigene Verfassung, Entre Ríos 1822. Die ökonomische Basis der Bewegung waren Viehzucht, Maultier-Handel mit Oberperu und lokale Gewerbebetriebe. Die Großgrundbesitzer und der Provinz-*caudillo* mit seinen bewaffneten Wächtern bekämpften die »Ruhmreiche Vereinigte Republik«. Der Provinz-*caudillo* erfreute sich – vor allem dank dem Einfluß von Rivadavia – einer parlamentarischen und säkularisierten Regierungsgewalt, die in der Geschichte der Vereinigten Provinzen nicht ihresgleichen hatte. Die Provinz Buenos Aires war von den Kriegen und Rebellionen, welche die wirtschaftliche Grundlage der anderen Provinzen zerstört hatte, verschont geblieben. Außerdem profitierte sie, obwohl ihre Führer bis in das Jahr 1820 treue Verfechter der Einheitsidee gewesen waren, von dem neuen föderalistischen Geist, weil sie nicht die Kosten einer nationalen Organisation zum Unterhalt einer Armee zu tragen brauchte.

Unterdessen vollzogen sich in Buenos Aires bedeutsame ökonomische und soziale Veränderungen.[14] Das Fundament des kolonialen Reichtums von Buenos Aires wurde gründlich erschüttert durch die Ausschaltung der Kolonialhandelsmonopole nach 1810 sowie die Unterbrechung der traditionellen Handelsroute zwischen Buenos Aires und dem Pazifik, die über die Minen von Oberperu führte (eine Route, die die Unabhängigkeitstruppen von Buenos Aires nicht unter ihre Herrschaft hatten bringen können und die in der Folgezeit an Bedeutung verlor, als Europa den Direkthandel mit den pazifischen Häfen aufnahm). Dieses Fundament bestand aus dem Import-Export-Handel, städtischem Grundbesitz und den Filialen der metropolitanen Handelsgesellschaften. Nach der Unabhängigkeit machte die Inflation Investitionen in Immo-

---

14 Vgl. Tulio Halperin Donghi, *La expansión ganadera en la campaña de Buenos Aires*, in: *Desarrollo Económico* (Buenos Aires), Bd. 3, Nr. 122, insbesondere S. 71-72. Die folgende Analyse stützt sich auf dieses Werk.

bilien unprofitabel und minderte den Wert des kolonialen Handelskapitals. Handelsinvestitionen hatten zudem unter den Aktivitäten britischer Kaufleute aus Liverpool zu leiden. Das lokale Gewerbe paßte sich nur langsam der neuen Bewegung des Handels an und wurde im übrigen von den Engländern beherrscht. Die *porteño*-Kapitalisten meinten schließlich, daß sie sich den veränderten ökonomischen Bedingungen am besten dadurch anpassen konnten, daß sie sich wieder auf das Land zurückzogen, was sie besonders nach 1820 auch taten. So wurde z. B. die Entwicklung der Viehzucht in der Provinz Buenos Aires mit dem in der Kolonialzeit akkumulierten Handelskapital finanziert; doch waren die ausländischen Kaufleute, hauptsächlich britische, ebenfalls – wenn auch aus anderen Gründen – an diesem Prozeß beteiligt. Als der Zustrom peruanischen Silbers aufhörte und es unerläßlich wurde zu exportieren, um die Importe aus Großbritannien bezahlen zu können, löste der Export von Häuten das Zahlungsbilanz-Problem. Britische Kaufleute investierten auf dem Lande und gewannen immer mehr Kontrolle über die lokalen Banken, die ihnen die Mittel zur Bezahlung englischer Güter garantierten. Britische Kaufleute betrieben auch die Rio de la Plata-Pökelfleischfabriken im äußersten Süden des Kontinents. Als das Silber knapp und zum Spekulationsobjekt wurde, verbot man seine Ausfuhr. Kaufleute und Viehzüchter waren die Vermittler in diesen Verhandlungen. Sie akzeptierten Papiergeld statt Münzen und profitierten dadurch von späteren Aufwertungen; sie stellten Wechsel aus, damit Buenos Aires seine Geschäfte mit den Auslandsmärkten fortsetzen konnte – und es gelang ihnen trotz des Verbots Silber ins Ausland zu schaffen.

Die vom Handel mit Häuten ausgelöste Prosperität veränderte die *porteño*-Gesellschaft. Die zu *estancieros* (Großgrundbesitzern) gewordenen Kaufleute erlangten eine herausragende Stellung in der lokalen Gesellschaft. Selbst die Eigentümer von Pökelfleisch-Fabriken – wie Juan Manuel de Rosas und Dorrego, die beide eine wichtige Rolle bei der politischen Konsolidierung von Buenos Aires spielten – entstammten städtischen Handelskreisen und hatten sich erst kürzlich der Landwirtschaft zugewandt. Sie waren »eine Gruppe, die keine starke ländliche Tradition besaß, jedoch eng mit der politischen Klasse städtischer Herkunft und mit den neuen Elementen, die das *porteño*-Handelsleben beherrschten, verbunden war«.[15]

Die Pökelfleisch-Industrie sorgte für das Wachstum von Buenos Aires, indem sie den Markt für Häute – deren Preis, wie die Statistik zeigt, je nach der Höhe der russischen Exporte und nicht nach der Nachfrage schwankte – durch eine neue Gruppe von Verbrauchern ergänzte. Die *estancia*, die Basis der Exportlandwirtschaft, benötigte Arbeitskräfte und Land, um sich ausdehnen zu können. Die Erfüllung dieser beiden Voraussetzungen hing von der militärischen Organisation ab. Die Unabhängigkeitskriege zwischen den Provinzen hatten die reguläre Armee erschöpft; deshalb taten sich die *estancieros* zusammen und bewaffneten ihre eigenen ländlichen Milizen. Mit dieser militärischen Macht gingen sie daran, ihre Probleme zu lösen: die Probleme der Landverteilung und der Ausdehnung der Grenzen der Provinz Buenos Aires. Es waren die *estancieros* – und zwar nicht nur jene, die schon in Kolonialzeiten Großgrundbesitzer gewesen waren, sondern auch die neuen und die ausländischen –, die dank der prosperierenden Exportwirtschaft die Expansion vorantrieben, die das Fundament zur Beilegung der Konflikte zwischen Eigentümern von Pökelfleisch-Fabriken, lokalen Kaufleuten und der politischen Oligarchie der City bilden sollte.

Rosas war die Symbolfigur dieser neuen Periode, wirtschaftlich wie politisch, als Plünderer indianischer Ländereien und als Eigentümer der größten Pökelfleisch-Fabrik in Buenos Aires. Gleichwohl standen die zwanziger Jahre des 19. Jahrhunderts immer noch unter dem Einfluß der zentralistischen Elite von Buenos Aires. Die Cisplatinische Provinz, die unter dem Kommando von Lavalleja ihre Unabhängigkeit errungen hatte, sagte sich von Artigas' föderalistischer Politik los und unterstützte auf dem Kongreß in Florida (1825) den Zentralismus von Buenos Aires; dies veranlaßte die Delegierten, eine Art von zentralisierter nationaler Organisation zu akzeptieren. Die Verfassung von 1826 begründete die Argentinische Republik, und Rivadavia wurde zu ihrem Präsidenten gewählt. Der Zentralismus schien endgültig breite Zustimmung gefunden zu haben.

15 Tulio Halperin Donghi, a.a.O., S. 87.

Doch die Interessengruppen der Provinz Buenos Aires – Grundbesitzer und Kaufleute ebenso wie kirchliche und konservative Kreise, die Rivadavias Liberalismus in inneren Angelegenheiten mißtrauten – beobachteten den Zentralismus mit Argwohn. 1827 lehnten die Provinzen, einschließlich Buenos Aires, die nationale Verfassung ab, und die Union fiel nur deshalb nicht auseinander, weil sie durch ihre Unterstützung der Uruguayer in einen Krieg gegen Brasilien hineingezogen worden war.

Hinter dem Aufstand der Provinz Banda Oriental stand ein Wandel der englischen Politik. Die neue britische Regierung mit ihrem Außenminister Canning half den liberalen Handelsgruppen gegen die kolonialen Gruppen, die das Reich – zunächst das portugiesische Kolonialreich, dann das brasilianische Kaiserreich – befürworteten. Außerdem ging es den Engländern darum, die Autonomie von Montevideo als Alternative zum Hafen von Buenos Aires durchzusetzen.

Obwohl Argentinien die Schlacht von Paso de Rosario (Ituzaingó) gewann, schickte Rivadavia einen Unterhändler nach Brasilien, der ein Abkommen unterzeichnete, das die Respektierung der brasilianischen Oberhoheit über die Cisplatinische Provinz zum Inhalt hatte. Rivadavia war gezwungen, seinen Repräsentanten zu desavouieren (der Grund für das Abkommen war, daß Buenos Aires fast die gesamten Kriegslasten allein getragen hatte und die wirtschaftlichen Folgen seines Handelns schmerzhaft zu spüren bekam), und mußte daraufhin sogar zurücktreten.

Nach Rivadavias Sturz trat General Dorrego die Nachfolge als argentinischer Präsident an und unterzeichnete unter dem Druck der Engländer einen Friedensvertrag mit Brasilien, der die Unabhängigkeit der Cisplatinischen Provinz garantierte, die dann den Namen Orientalische Republik Uruguay erhielt. Als die argentinische Armee aus Uruguay zurückkehrte, setzte sie Dorrego, der Föderalist war, ab und erschoß ihn standrechtlich. Die militärischen Befehlshaber des Krieges gegen Brasilien, die Generäle Lavalle und Paz, waren Zentralisten. Lavalle kontrollierte Buenos Aires; Paz schlug die *caudillos* Bustos von Córdoba und Facundo Quiroga von La Rioja aus dem Felde und behauptete seine Herrschaft über neun Provinzen im Landesinnern.

Juan Manuel de Rosas, der Führer der Föderalisten von Buenos Aires, verbündete sich mit dem *caudillo* López von Santa Fe gegen diese neue zentralistische Position. 1829 schlugen seine ländlichen Miliztruppen und föderalistisch gesinnten *caudillos* Lavalle, und er rief sich selbst zum Gouverneur der Provinz Buenos Aires aus. Von da ab und nach der Gefangennahme von General Paz war Rosas' Vorherrschaft und damit die Vorherrschaft von Buenos Aires unbestritten. Es wurde ein als »Küstenpakt« bezeichnetes Abkommen zwischen den im Mündungsgebiet des La-Plata-Flusses gelegenen Provinzen Corrientes und Buenos Aires, Entre Ríos und Santa Fe geschlossen.

Rosas blieb in Buenos Aires von 1831 bis 1852 an der Macht. Dies waren auch die Jahre der Expansion der Viehzucht und der Konsolidierung der *estancieros* in der »feuchten Pampa«. Die soziale Basis der Herrschaft Rosas' war die Ausbeutung der Landarbeiter und die Eingliederung der ländlichen Randbevölkerung in das Heer der Lohnarbeiter oder in die Armee. Die rechtliche Handhabe zur Unterdrückung sicherten sich die *estancieros* mit der Bildung von Landmilizen und damit, daß sie ihre Sympathisanten in den Justiz- und Polizeiapparat einschleusten, um so die Arbeitsdisziplin auf der *estancia* zu gewährleisten. Halperin faßt die Funktionsweise dieses Systems und dessen vorteilhafte Auswirkungen auf die Expansion der Viehproduktion folgendermaßen zusammen: »Dadurch, daß sie die Randbevölkerung in die Reihen der Lbhnarbeiter hineinzwang und effektiv die illegalen Aktivitäten unterband, durch welche die lokalen Kaufleute ihre Unabhängigkeit bewahrt und den *hacendados* die Vorherrschaft streitig gemacht hatten, gab die Polizei- und Justizorganisation, die unmittelbar nach 1820 auf dem Lande aufgebaut worden war und sich unter dem Rosas-Regime konsolidiert hatte, die entscheidende Hilfestellung für die Hegemonie der *hacendados*.«[16] Neben diesem Unterdrückungssystem waren es die ständige Verschuldung der Landarbeiter und die »Modernisierung« – d. h. die Rationalisierung und Intensivierung – der Arbeit, insbesondere im Süden der Provinz Buenos Aires, die den Erfolg der Vieh-Wirtschaft gewährleisteten. Es muß je-

16 Tulio Halperin Donghi, a.a.O., S. 97.

doch hervorgehoben werden, daß die Eingliederung der Rio de la Plata-Ökonomie in das Exportsystem während dieser Periode ohne die reichlichen (Sklaven-)Arbeitskräfte vollzogen wurde, die in der Kolonialzeit zur Verfügung standen, und dies wirkte nicht nur als Korrektiv zur polizeilichen Unterdrückung, sondern auch als Ansporn zum effizienteren Einsatz der (Lohn-)Arbeitskraft im südlichen Teil des Landes.

Der wirtschaftliche Erfolg des Rosas-Regimes stärkte die Position von Buenos Aires in der argentinischen Außenpolitik. Erneut zum Föderalismus konvertiert – der unter den bestehenden Bedingungen die ökonomische Herrschaft der Provinz und des Hafens Buenos Aires bedeutete –, bekämpften die Elitegruppen von Buenos Aires die Zentralisten im Landesinnern und wahrten auch ihr Interesse an der Kontrolle der Schiffahrt auf den Flüssen Paraná und Uruguay und folglich an der Politik der Provinz Banda Oriental. In Uruguay unterstützten Engländer und Brasilianer die Colorado-Partei und deren Führer, Fructuoso Rivera, obwohl Rivera ein Anführer der Aufständischen von Rio Grande do Sul gegen das brasilianische Kaiserreich gewesen war. Die Politik Rosas' stand nicht zuletzt unter dem Druck der Franzosen, die – wie die Engländer, jedoch mit weniger lateinamerikanischer Tradition und weniger Erfahrung im Imperialismus – versuchten, den Flußverkehr und den Handel im Mündungsgebiet des Rio de la Plata offenzuhalten, indem sie sich Verbündete unter den Zentralisten erwarben. Nach der Überwindung einer französischen Blockade im Jahre 1840 schlug Rosas eine kühnere Politik gegenüber Uruguay ein, wobei ihm der Verrat von Oribe zugute kam. Oribe, der von Riveras Colorado-Partei zum Präsidenten gewählt und dann im Oktober 1838 von seinem einstigen Gönner zum Rücktritt gezwungen worden war, lief zu Rosas über und wurde General in der Armee der Vereinigten Provinzen.

Diese Episode bewies einmal mehr, wie sehr es im Gebiet des Rio de la Plata bis zur Mitte des 19. Jahrhunderts an nationaler Identität mangelte. In der Folgezeit zielte die ganze Politik darauf ab, die Kontrolle über Buenos Aires zu gewinnen – sowohl die der Brasilianer als auch die der Engländer und Franzosen, die Montevideo als Alternative zum Hafen von Buenos Aires behalten wollten, jedoch in Brasilien und

Buenos Aires ebenso wie in den Provinzen im Landesinnern lokale Verbündete brauchten, um ihren Handel ausdehnen zu können.

Nachdem Oribe sich Rosas' Streitkräften angeschlossen hatte, kam es zu einer langen Belagerung Montevideos und zum ständigen Bürgerkrieg in Uruguay. Das Land spaltete sich in zwei Lager: in Anhänger der regierenden Colorados und in Anhänger der oppositionellen Blancos. In der Absicht, am Rio de la Plata zu intervenieren, suchte Brasilien lokal und in Europa Unterstützung und sandte sogar eine Delegation nach England und Frankreich, um eine bewaffnete Invasion zu erwirken, welche – diese Bedingung stellte der brasilianische Außenminister allerdings – die Unabhängigkeit Uruguays garantieren sollte. Angesichts unversöhnlicher Meinungsverschiedenheiten mit den Franzosen und Engländern zog Brasilien seinen Vorschlag zurück. Zunehmender Druck der europäischen und insbesondere der französischen Diplomatie in der zweiten Hälfte der vierziger Jahre führte zu einer Blockade Montevideos und zur Kontrolle über die Flüsse. Inzwischen war Rosas' Position durch die wirtschaftliche Blüte von Buenos Aires gestärkt worden. Seine Haltung gegenüber Brasilien war bisweilen vom Wunsch nach Ausgleich, häufiger jedoch von Mißtrauen geprägt. 1843 wurde ein Vertrag mit dem brasilianischen Kaiserreich unterzeichnet, den Rosas später zurückwies, weil die Brasilianer die Colorados unterstützten und Oribe als seinen Nachfolger im Präsidentenamt nicht anerkannten.

Die Politik Rosas' scheiterte endgültig, als Teile der Vereinigten Provinzen sich gegen ihn kehrten. 1847 setzten sich die monopolistischen Interessen der *porteño*-Bourgeoisie durch: Der Hafen von Rosario, den die Exporteure der Provinz Entre Ríos benutzten, wurde geschlossen. Urquiza, General und *caudillo* von Entre Ríos, fand Verbündete in der Provinz Corrientes, in den Uruguayern, die Gegner von Oribe waren, und in den Brasilianern. Oribe wurde 1851 gefangengenommen; Rosas ging nach der Schlacht von Monte Caseros, in der er von der neuen Allianz geschlagen worden war, ins Exil nach Europa. Mit Hilfe der alten Zentralisten und der neuen Sieger eröffneten sich neue Chancen für eine Wiederbelebung einer argentinischen Konföderation. 1853 sorgte die von dem Alt-

Liberalen Alberdi beeinflußte föderale Verfassung für eine starke Zentralregierung. General Urquiza wurde unter dieser Verfassung zum ersten Präsidenten gewählt; seine autoritäre Herrschaft begründete die politische Einheit, fortgesetzte ökonomische Expansion und – was für die ausländischen Interessen am wichtigsten war – die Internationalisierung der Schiffahrt auf den Flüssen Paraná und Uruguay. Uruguay profitierte ebenfalls von diesen Entwicklungen; seine Neutralität und sein freier Zugang zu Verkehr und Handel auf dem Fluß waren in jenen Jahren die Grundvoraussetzungen für seine nationale Freiheit.

d) »Bürgerliche Oligarchie« und »oligarchische Bourgeoisie« – Chile

Unter den übrigen spanisch-amerikanischen Ländern schien es in der ersten Hälfte des 19. Jahrhunderts eine Ausnahme zu geben: Chile. Bis 1833 hatte Chile es in relativ kurzer Zeit zu einer einigermaßen stabilen Ordnung der politischen Institutionen gebracht, und bei der Neugestaltung der lateinamerikanischen Beziehungen zum metropolitanen Markt hatte sein Hafen, Valparaiso, eine günstige Lage. Zu den umfangreichen chilenischen Exporten gehörte außer Edelmetallen das Kupfer, das gute Absatzchancen auf dem Weltmarkt hatte; ebenso vorteilhaft waren die Aussichten für Chiles Agrar- und Viehexporte.

Die Periode der »Afarchie« war kurz, doch gab es sieben Jahre Kampf unter den militärischen *caudillos,* die die Oberschichten der chilenischen Gesellschaft in ihre Konflikte verwickelten – auch wenn manche Historiker behaupten, daß es die *»fronda aristocrática«* gewesen sei, die die *caudillos* gegeneinander aufgehetzt habe, und daß »die *fronda* im Grunde die Macht für sich selbst haben wollte«.[17] Tatsächlich errangen die Oberschichten die Macht, als es ihnen gelang, ihre alten Rivalitäten zu unterdrücken und ihre Interessen auszugleichen. Dieser Prozeß verkörperte sich in der Gestalt des diktatorischen Ministerpräsidenten Diego Portales. Interessant ist die Auseinandersetzung über die Verdienste Portales'. Ed-

17 Albert Edwards Vives, *La fronda aristocrática,* Santiago 1936, S. 36.

wards Vives meint: »Das Verdienst Portales' bestand darin, daß er einer Tatsache und einem Gefühl zu neuem Leben verhalf, die während des Octavianischen Friedens der dreihundertjährigen Kolonialherrschaft die Grundlage der öffentlichen Ordnung gebildet hatten: Die Tatsache war eine starke und dauerhafte, dem Prestige eines *caudillo* und der Stärke einer Partei überlegene Macht; das Gefühl war der traditionelle Respekt vor abstrakter Autorität, vor Macht, die von einer rechtmäßig eingesetzten Regierung unabhängig ausgeübt wird.«[18] In einer Entgegnung auf einen anderen Autor, jedoch in Übereinstimmung mit der zitierten These bemerkt Aníbal Pinto: »Nach Meinung des genannten Autors bestand die politische Schöpfung von Portales in der Institutionalisierung kolonialer Ordnungsprinzipien (forms) unter einer republikanischen Struktur. [...] Es kann genau umgekehrt gewesen sein: daß Portales republikanische Ordnungsprinzipien für die sozioökonomische Struktur des alten Regimes einführte bzw. entwarf, das sich bei seinem Übergang zum Status der Unabhängigkeit im Grunde überhaupt nicht änderte.«[19]

Ein Blick auf die Funktionsweise der Wirtschaft mag Aufschluß darüber geben, wo die Wahrheit wirklich liegt. Pinto verweist auf den spektakulären Aufschwung des chilenischen Exportsektors und stellt fest, daß die Exporte zwischen 1844 und 1860 sich in ihrem Wert vervierfachten und daß diese Zuwachsrate bereits die Fortsetzung eines manifesten Trends war, obwohl für die Zeit vor 1844 keine Statistiken vorliegen. Die Exporte umfaßten sowohl mineralische als auch agrarische Produkte. Was den Bergbau angeht, so begann mit der Eröffnung der Chañarcillo-Mine im Jahre 1832 der Silber-Boom; die chilenische Kupferförderung machte später auf ihrem Höhepunkt 40 Prozent der Weltproduktion aus und deckte 65 Prozent des britischen Industrie- und Verbraucherbedarfs. Auch die Landwirtschaft hatte weiterhin entscheidenden Anteil an den chilenischen Exporten. Schon vor der Unabhängigkeit hatten die Weizenlieferungen auf den traditionellen peruanischen Markt mehr als 145 000 Zentner betragen. Zwischen 1844 und 1860 stieg die Agrarproduktion um

18 Ebenda, S. 39.
19 Aníbal Pinto, *Chile, un caso de desarrollo frustrado*, Santiago 1959, S. 15.

das Fünffache, und ihr Anteil am Gesamtexport der Jahre 1844 bis 1880 (die zwar nicht dem hier erörterten Zeitraum entsprechen, jedoch eine Vorstellung von der Größenordnung vermitteln) erreichte einen Durchschnitt von 45 Prozent. Tulio Halperin kommt mit seiner Erklärung der Wahrheit wohl am nächsten, wenn er den Erfolg des chilenischen Konzepts in dem Bündnis sieht, das die eng mit dem Exportsektor verbundene traditionelle Oberschicht der Großgrundbesitzer mit der in jüngerer Zeit zu Reichtum gelangten Schicht der Minen-Eigentümer schloß, die nicht weniger an der Aufrechterhaltung der etablierten Ordnung interessiert waren.[20] Mit Chiles Sieg über die Konföderation von Peru und Bolivien im Jahre 1839 wurde die Macht dieser Schichten gefestigt; sie kam vollends zum Ausdruck in der Handelsüberlegenheit von Valparaiso.

4. Festigung der externen Bindungen und bürgerlich-oligarchische Herrschaft

In den Jahren nach 1850 traten fast alle lateinamerikanischen Länder in eine Periode gesteigerter Prosperität ein. Die Wirtschaftswelt wurde deutlicher um die metropolitanen Mächte herum integriert. Der Handel, der bis zu jener Zeit ein relativ kleines Volumen gehabt hatte, begann zu wachsen. Der Goldrausch in Kalifornien und, wenig später, in Australien steigerte nicht nur den Handel, sondern löste auch Masseneinwanderungen in die amerikanischen Länder aus. Dies war die Zeit, die Vicente Pérez Rosales in seiner Beschreibung der Abenteuer von Chilenen in Kalifornien behandelt. Kalifornien und Australien eröffneten einen wirtschaftlichen Raum, der, obwohl von den metropolitanen Mächten kontrolliert, nicht ohne Einfluß blieb.

Die Expansion und die verstärkte Weltmarktintegration wurden durch neue Transportmittel, insbesondere für den Transport zu Wasser, ermöglicht. Das Dampfschiff, das in den zwanziger Jahren auf den Flüssen Magdalena und Rio de la Plata erprobt worden war, wurde um 1840 sowohl in der

20 Tulio Halperin Donghi, *Historia contemporánea*, a.a.O., S. 205.

Flußschiffahrt als auch im pazifischen Küstenverkehr von Peru und Chile bereits allgemein gebraucht, während gleichzeitig der Einsatz der herkömmlichen Neu-England-Segelschiffe auf der Kap-Horn-Route erheblich zunahm.

Die Einfuhr von Konsumgütern, vor allem Textilien, auf die Lateinamerika bis 1850 angewiesen war und die häufig nachteilige Wirkungen hatte, verlor an Gewicht. Die Ausweitung des Eisenbahntransports erforderte den Import von Investitionsgütern wie Eisen und Stahl, Kohle und Ersatzteilen. Der neue Markt regte Lateinamerika zur Entwicklung einer industriellen Wirtschaft an – das chilenische Kupfer war ein ausgezeichnetes Beispiel hierfür –, und in den metropolitanen Gebieten gab es eine steigende Nachfrage nach Nahrungsmitteln. Verstärkte Integration und gestiegene Nachfrage veranlaßten viele Länder dazu, sich auf ein einziges Exportprodukt zu spezialisieren. Eine Begleiterscheinung dieser Entwicklungen war die Ausweitung des Finanzsektors: In den Hauptstädten wurden Banken errichtet, von denen viele dadurch, daß sie Auslandskredite und den neuen Kapitalstrom kanalisierten, die Investitionen, ja das Geschäftsleben insgesamt zu lenken begannen. Die Mehrzahl dieser Bank- und Finanzierungsinstitute war abhängig von oder eng verbunden mit der Londoner City.

Obwohl diese Periode insgesamt die ökonomische Expansion begünstigte, hatte Lateinamerika auch unter den Folgen einer Reihe von Weltwirtschaftskrisen zu leiden: 1857, 1866, 1873, 1882, 1890 und 1900. Bis 1890 wurden die Preise für Industriegüter durch diese Krisen zwar stärker gedrückt als die Rohstoffpreise; dennoch war die lateinamerikanische Ökonomie fortwährend bei ausländischen Gläubigern verschuldet, und diese Schulden mußten in harter Münze beglichen werden. Die unausweichlichen Folgen waren Inflation und Emission nicht-konvertierbaren Papiergeldes im Inland, was natürlich zu Lasten der schwächsten Schichten der Gesellschaft ging. Gleichwohl wurden die häufigen Krisen rasch überwunden, und das System funktionierte weiter.

Die Veränderung der externen Bindungen Lateinamerikas stand in engem Zusammenhang mit der Struktur der internen Ökonomie, insbesondere mit der Bodenbesitzstruktur, die durch Ausweitung des Privateigentums gekennzeichnet war.

In der zweiten Hälfte des 19. Jahrhunderts setzte fast überall die Enteignung und private Aneignung indianischer Ländereien ein, die häufig mit der Enteignung kirchlichen Grundbesitzes einherging. In manchen Ländern war dies eine Folge gestiegener Exportchancen, in anderen hingegen Ausdruck der Initiative lokaler Gruppen, die einen Anstieg der Nachfrage in großen und kleinen Städten voraussahen. Beteiligt an diesem Prozeß waren die traditionellen lokalen Kaufleute, die von den Engländern verdrängt worden waren, und – wie im Falle Argentiniens – jene Gruppen, die bis dahin noch nicht zu den herrschenden Klassen gehört hatten, sowie die herrschenden Klassen selbst.

Mexiko ist ein gutes Beispiel für den Prozeß der Landenteignung.[21] Am 25. Juni 1856 wurde das Lerdo-Gesetz (*Ley Lerdo*) verkündet, das folgende Bestimmungen enthielt:

1. Religiösen und bürgerlichen Vereinigungen wurde verboten, Eigentum an Grund und Boden zu besitzen, das über das zur Erfüllung ihrer Aufgaben nötige Maß hinausging.
2. Die Kirche mußte ihren Grundbesitz den jeweiligen Pächtern abtreten, und zwar zu einem Preis, der dem Kapitalwert von sechs Prozent der jährlichen Pachteinnahmen entsprach.
3. Verweigerten die Pächter den Kauf, dann konnte das entsprechende Grundstück »denunziert« werden, und der »Denunziant« erhielt ein Achtel des jeweiligen Grundstückswertes.
4. Die Kirche konnte den Erlös aus dem Verkauf ihrer ländlichen und städtischen Besitzungen dazu verwenden, Anteile an industriellen und landwirtschaftlichen Unternehmungen zu erwerben.

Ein – vielleicht unvorhergesehenes – Ergebnis dieses Gesetzes war, daß es gleichermaßen auf indianischen Gemeindebesitz angewandt wurde. Überdies waren die Pächter, zu deren Vorteil das Gesetz schließlich gedacht war, fast durchweg unwissend und zu arm, um davon zu profitieren. Daher waren die »Denunzianten« entweder reiche Kaufleute oder Großgrundbesitzer, die ihr Vermögen durch Einverleibung dieses

21 Vgl. Jesus Silva Herzog, *Breve historia de la revolución mexicana*, Mexiko 1960.

unveräußerlichen Besitzes vergrößerten. Der Prozeß war irreversibel. Nach dem Sturz der liberalen Väter der Reform setzten die Konservativen, die sich 1864 zusammen mit dem österreichischen Kaiser Maximilian der französischen Intervention angeschlossen hatten, die Politik der Landenteignung fort, dank derer nicht wenige hohe Offiziere der französischen Armee zu *hacendados* wurden.

In Guatemala war dieser Vorgang trotz der Tatsache, daß die liberale Revolution hier erst später (1871) einsetzte, offenbar unmittelbar mit der Expansion des Kaffees als Exportprodukt verknüpft.[22] Riesige Flächen unbebauten oder öffentlichen Landes gingen in Privatbesitz über, und als es keine kirchlichen Ländereien mehr zu verteilen gab, wurden die indianischen *ejidos* (bäuerlicher Gemeindebesitz) enteignet. Nun mußten diese Ländereien wenngleich nicht völlig in ein Marktsystem integriert, so doch bearbeitet werden. Angehörige der einstigen Indianergemeinden wurden in eine Subsistenzwirtschaft hineingezwungen; man benutzte sie nur, wenn man sie benötigte. Viele in der Landwirtschaft vorherrschende Formen der Arbeit datieren aus dieser Periode, als man dem Bauer ein kleines Stück Land zur Nutzung gab, auf dem er die zu seiner Ernährung nötigen Feldfrüchte anbauen durfte, und ihn als Gegenleistung dazu verpflichtete, die Arbeit zu tun, die der Grundbesitzer von ihm verlangte. Dieses System war eines der dominierenden Arbeitssysteme in den südamerikanischen Anden. Wie in Mexiko, Guatemala und anderen Ländern wurde der Bauer in dauernder Verschuldung bei dem Grundbesitzer gehalten, so daß er niemals wirklich Lohn erhielt; es galt der Grundsatz, daß lohnverdienende Bauern »nicht nur zu teuer, sondern auch zu unabhängig« seien. Der *hacendado* hatte das Recht, die Parzelle des Bauern auf eine bestimmte Größe zu beschränken und ihn zu verpflichten, eine festgelegte Menge von Produkten zu konsumieren – eine Methode der garantierten Verschuldung, die die Disziplinierung der Arbeitskräfte gewährleistete. Noch drastischere Methoden der »Arbeitskräftebeschaffung« wurden in Guatemala und andernorts angewandt: Im Rückgriff auf Ko-

22 Vgl. Edelberto Torres Rivas, *Procesos y estructuras de una sociedad dependiente: Centroamerica*, Santiago 1969.

lonialgesetze wurden »*habilitaciones*« oder Zwangsarbeiter-Kolonnen auf den Kaffeeplantagen eingesetzt. Die »*habilitaciones*« erlaubten den lokalen Machtträgern, Indianer dazu zu verpflichten, für minimalen Lohn oder unentgeltlich zu arbeiten; als Vorwand dienten dabei die Begleichung von (nicht vorhandenen) Schulden und die Bezahlung von Geldstrafen.[23]

Die Beschaffung von Arbeitskräften war ein permanentes Problem. Mit dem Ende des Sklavenimports setzte man auf die verstärkte Förderung der Einwanderung als neue Lösung. In Kuba, Peru, Mexiko und Panama wurden hauptsächlich chinesische Kulis »eingeführt«.[24] Wie bereits erwähnt, hing die Plantagenwirtschaft im peruanischen Küstengebiet von Sklavenarbeit ab, und als General Castilla im Jahre 1854 die Sklaverei und den Indianertribut abschaffte, verschärfte sich der Arbeitskräfte-Mangel. Man entsandte Schiffe, die in den chinesischen Häfen aufgelesene Kulis nach Peru brachten, wo sie mit einem Scheinvertrag von acht Jahren Laufzeit an einheimische Grundbesitzer »verkauft« wurden. Der Arbeitsvertrag verpflichtete den Grundbesitzer, die Chinesen zu kleiden, unterzubringen und ihnen einen Wochenlohn von einem Sol (peruanische Münzeinheit) zu zahlen. Der Preis für einen Chinesen betrug zwischen 300 und 400 Soles. Zwischen 1860 und 1874 trafen schätzungsweise 74 952 Kulis in Peru ein; etwa 7677 waren auf der Überfahrt gestorben.

In Kuba nahm der Mangel an Arbeitskräften um die Mitte des Jahrhunderts krisenhafte Ausmaße an. Als Ausweg bot sich zunächst der Einsatz mexikanischer Indianer aus Yucután an, die unter tätiger Mithilfe der lokalen Machtträger zwangsweise als »Kontraktarbeiter« auf die Insel geholt wurden; wenig später ging man zur »Einfuhr« von Chinesen über. Nach Schätzungen, die im August 1878 von der *Revista Económica* in Havanna veröffentlicht wurden, waren zwischen 1853 und 1874 rund 125 000 Chinesen nach Kuba gekommen, und der Preis pro Kuli schwankte zwischen 100 und 400 Dollar.

In Brasilien wurden ähnliche Maßnahmen zur Überwindung des Arbeitskräfte-Mangels ergriffen. Um 1844 entschloß

23 Vgl. Edelberto Torres Rivas, *Procesos . . .*, a.a.O.
24 Vgl. Gustavo Beyhaut, *America centrale e meridionale: dall' indipendenza alla crisi attuale*, Mailand 1968.

sich Senator Vergueiro, ein mächtiger Kaffeeplantagen-Besitzer, Arbeiter direkt in Europa anzuwerben. Er erreichte es, daß die Regierung die Überfahrt finanzierte, und holte achtzig deutsche Familien auf seine Kaffeepflanzung in São Paulo. Ab 1852 fand Vergueiro Nachahmer, die in der Folge hauptsächlich Italiener, Spanier und Portugiesen als »colonos« nach Brasilien brachten.

Die lateinamerikanischen Länder waren durch eine Vielzahl von Produkten mit dem internationalen Markt verbunden: Weizen und Kupfer aus Chile; Wolle und Vieh vom Rio de la Plata; Guano aus Peru; Kaffee aus Venezuela, Brasilien, Kolumbien und Mittelamerika; Zucker aus Westindien, Mexiko und Peru. Es ist aufschlußreich, daß diese Produkte immer noch mit nationalem Kapital hergestellt werden konnten und daß ausreichend lokale Mittel zur Verfügung standen, um große und diversifizierte Unternehmungen zu finanzieren. Aníbal Pinto gibt in seinem Buch folgendes Zitat wieder: »Weder sein Wohlstand noch sein fortgeschrittenes Alter vermochten den Unternehmungsgeist Urmenetas zu schwächen. Er baute die Gießereien von Guayacán und Tongoy auf und holte sich aus Europa die qualifiziertesten Chemiker und Verwalter. Er eröffnete zwei Häfen im Norden, erschloß ein Kohlenrevier im Süden und kaufte eine Dampfschiff-Flotte in Europa. Von seinem Hauptsitz in Santiago aus wirkte er als Vater nahezu aller Fortschritte, die Chile im zweiten Drittel des 19. Jahrhunderts machte. Er leitete die Eisenbahn-Gesellschaft (Southern Railway), führte Gasbeleuchtung ein und investierte große Geldsummen in Industrien, die scheiterten: in die Fabrikation von Rübenzucker, Seide, feinen Tuchen und groben Wollstoffen. Auf seiner Hazienda in Limache baute er Wein und Obst an und pflanzte die ersten Eukalyptusbäume.«[25] Das Erfolgsgeheimnis lag wohl in dem tatsächlichen Investitionsvolumen.

Die Auslandsinvestitionen flossen zumeist in die Vermarktung und in den Seetransport, während die lokalen Investitionen nach wie vor auf Aktivitäten im Primärsektor beschränkt blieben, was bedeutete; daß die Produktion national, die Vermarktung und der Transport jedoch vom Ausland kon-

25 Francisco Encina, *Historia de Chile*, zit. v. Aníbal Pinto, a.a.O., S. 18.

trolliert wurden. Dieses Muster änderte sich, als die Auslandsinvestitionen hauptsächlich in die extraktiven Industrien flossen. Was war der Grund für diese Teilung der Funktionen?
Sicherlich spielten Korruption und Bestechung eine Rolle;
aber die Erklärung, die Halperin gibt, scheint den Tatsachen
eher zu entsprechen: Die Auslandsinvestitionen in diesen
Sektoren erhöhten das Einkommen des lokalen Grundbesitzers, insofern sie zur Erweiterung der Produktion führten.
Ferner vermehrte sich in dem Maße, wie der Wert seines
Bodens stieg, auch das Kapital des Grundbesitzers, ohne daß
er selbst erhebliche Summen aufwenden mußte. Es war nicht
die Frage, ob lokales Kapital für die von Ausländern getätigten
Investitionen verfügbar war; vielmehr war es so, daß die
lokalen Kapitaleigner, wenn es sie gab, nicht daran interessiert
waren, ihr Kapital in derlei Aktivitäten anzulegen.

Der Ausbau des Eisenbahnnetzes erforderte jedoch ein Investitionsvolumen, das die Möglichkeiten des lokalen Privat-
kapitals überstieg, obschon es in einigen Fällen beteiligt war.
Die privaten Auslandsinvestitionen leisteten einen wesentlichen, jedoch nicht den ganzen Beitrag, und die staatlichen
Investitionen überwogen. Es muß betont werden, daß die
Eisenbahn-Entwicklung in jedem Land unterschiedlich verlief. In Argentinien, Chile, Mexiko und Uruguay wurden
nationale Eisenbahnsysteme geschaffen; in Brasilien standen
die Linien im Landesinnern zwar unter nationaler Kontrolle,
aber die Bahnverbindungen zwischen den Produktionszentren und den Häfen befanden sich hier wie auch in Peru in
ausländischem Besitz.

Auslandsanleihen, die durch das größere Volumen des bei
den metropolitanen Mächten verfügbaren Kapitals erleichtert
wurden, traten jetzt auf der politischen Bühne in den Vordergrund. Dadurch konnten die Regierungen eine gewisse Unabhängigkeit von den ländlichen Sektoren erlangen, welche die
traditionelle Steuereinnahmequelle gewesen waren; der Staat
konsolidierte sich als Institution.

Die externen Bindungen wurden weiterhin verstärkt durch
eine Freihandelspolitik, die ab 1850 von allen Ländern zunehmend praktiziert wurde. Es gab mehrere Faktoren, die diese
Politik stützten; die entscheidenden Bevölkerungsgruppen
waren Produzenten von Primärgütern oder in Dienstlei-

stungsbereichen beschäftigt, die mit dem Primärsektor zusammenhingen. »Der Grund, warum alle mehr oder weniger Befürworter des Freihandels waren, war der, daß ihre wichtigsten Absatzmärkte und ebenso ihre Bezugsquelle für die Waren, die sie zur Befriedigung ihrer allgemein gestiegenen Ansprüche benötigten, im Ausland lagen. Daß sie keine Anhänger des Schutzzoll-Systems waren, lag schlicht daran, daß sie wenig zu schützen hatten.«[26] Mit der Verstädterung wuchs die Zahl derer, die von importierten Gütern abhängig waren.

5. Die nationale Bourgeoisie verliert die Kontrolle über den Exportsektor

Obzwar manche Länder imstande waren, die oben beschriebene Funktionsteilung beizubehalten, konnten andere es nicht verhindern, daß ausländische Interessen entscheidenden Einfluß auf nationale Produktionssektoren gewannen. Dieser Prozeß vollzog sich zu verschiedenen Zeiten und unter verschiedenen Hegemonialmächten – hauptsächlich USA und England –, jedoch mit bestimmten gemeinsamen Merkmalen.

Eine Reihe von Aktivitäten im Primärsektor, insbesondere im Bergbau, geboten im Laufe der Zeit große Kapitalanlagen und immer komplexere Transport- und Vermarktungsdienste. Die Position der Ökonomien, die sich einer starken imperialistischen Konkurrenz gegenübersahen, wurde durch ihre wachsende finanzielle Abhängigkeit und Unterlegenheit im Handel geschwächt, und auch die Position der landbesitzenden Klassen wurde – trotz ihrer politischen, kommerziellen und finanziellen Verbindungen – allmählich untergraben.

5.1. Zwei Beispiele für das Vordringen der britischen und europäischen Interessen

a) Entnationalisierung der Salpeterindustrie (1881) – Chile

Nachdem die peruanische Regierung die ehemaligen Eigentümer mit festverzinslichen Wertpapieren, die von ihr selbst

26 Aníbal Pinto, a.a.O., S. 39.

emittiert wurden, entschädigt hatte, übte sie ein Monopol über die nationalen Salpeterlager aus. Nach der Niederlage Perus im Pazifikkrieg fielen die peruanischen Salpeterlager dem siegreichen Chile zu, das keine Verpflichtung zur Einlösung der Wertpapiere übernahm. Die Schuldenlast lag weiterhin beim peruanischen Staat, und die Wertpapiere wurden nicht mehr an der Börse notiert. Wenig später wurden die Papiere von »mysteriösen Interessenten« aufgekauft, die zwischen 10 und 20 Prozent ihres Nominalwertes in abgewerteten Soles (peruanische Währung) dafür bezahlten. 1881 entschied sich die chilenische Regierung, die Salpeterlager an die Zertifikatsinhaber zurückzugeben, und so wurden diese die Eigentümer des größten Teils der Salpeterindustrie. »Die Hauptrolle in diesem Drama, das so absurd wie anrüchig war, spielte der nahezu legendäre John T. North; er setzte – welche Ironie! – für diese Spekulation, die ihm den Titel ›Salpeterkönig‹ eintrug, chilenisches Kapital ein, das von der Bank von Valparaiso stammte. Dieses Institut und ›andere‹ chilenische Geldgeber liehen North und seinen Teilhabern sechs Millionen Pesos, um ihn in die Lage zu versetzen, die Salpeter-Anleihen und die Eisenbahn von Tarapacá aufzukaufen. Die Demoralisierung setzte sehr schnell ein und ging kurioserweise so weit, sogar den Teil der Industrie zu reduzieren, der vor dem Konflikt von den Chilenen kontrolliert worden war. 1878 stellte britisch-amerikanisches Kapital 13 Prozent und peruanisch-chilenisches Kapital 67 Prozent der Industrie; die restlichen 20 Prozent gehörten Ausländern, deren Vermögenswerte verstaatlicht worden waren. Bis zum 1. August 1884 war das peruanische Kapital verschwunden; das chilenische Kapital wurde auf 36 Prozent verringert; das britische Kapital erreichte 34 Prozent, nicht-verstaatlichtes europäisches Kapital kam auf 30 Prozent. Am 31. Dezember 1901 gehörten dem britischen Kapital 55 Prozent, dem verstaatlichten europäischen Kapital 30 Prozent und dem chilenischen Kapital 15 Prozent.«[27] Ein anderer Autor verweist auf die Verbindung der Salpeterinteressenten mit chilenischen politischen Gruppen, die meist so zustande kam, daß Parteifunktio-

27 Francisco Encina, *Historia de Chile*, zit. v. Aníbal Pinto, a.a.O., S. 55.

näre und Kongreßabgeordnete als Anwälte oder Beauftragte
für die Salpeterfirmen benannt wurden.[28]

b) Guano und die Dreyfus-Gesellschaft – Peru[29]

Der Plan, die Ausbeutung des Naturdüngers Guano ausländischen Firmen zu übertragen, stammte von dem peruanischen
Finanzminister Piérola. Er beruhte auf der Vorstellung, daß
der im Lande verbleibende Überschuß vom Staatsapparat auf
Sektoren innerhalb der sozioökonomischen Machtstruktur
verteilt werden könnte. Die nationalen Kapitalisten, die die
Guano-Industrie bis dahin mit Staatskonzessionen betrieben
hatten, stellten sich gegen diesen Plan und wurden vom
Obersten Gerichtshof, dem Ständigen Ausschuß und dem
größten Teil der Presse unterstützt. Piérola wollte unbedingt
die Dreyfus-Gesellschaft – die ihrerseits die Unterstützung
lokaler Kreise genoß – begünstigen, und nachdem er fünf
widerspenstige Minister entfernt hatte, beschloß er schließlich, die Angelegenheit von einem Akklamations-Kongreß
besiegeln zu lassen. Er begründete seinen Antrag damit, daß
durch den Guano-Verkauf der Bau einer Eisenbahn finanziert
werden könnte. »Da alle Welt vom Eisenbahn-Fieber ange-
steckt war und sich von öffentlichen Arbeiten eine Welle der
Prosperität versprach, ging es nicht um die Frage, auf welche
Seite man sich stellen sollte, auf die der Dreyfus-Gesellschaft
oder die der Konzessionäre, sondern darum, auf den Goldre-
gen zu warten, der infolge des Verkaufs von zwei Millionen
Tonnen Guano auf Peru niedergehen würde.«[30]

5.2. Die Präsenz der Vereinigten Staaten

Im Jahre 1902 führte der Konflikt Venezuelas mit seinen
europäischen Gläubigern zur gemeinschaftlichen Seeblockade
der venezuelanischen Häfen durch England, Deutschland und

28 Vgl. Hernán Ramírez Necochea, *Balmaceda y la contrarevolución de 1891*,
Santiago 1958.
29 Vgl. E. Yepes del Castillo, *Peru 1820-1920: un siglo de desarrollo capitalista*,
Lima 1972.
30 Pedro Dávalos y Sissen, *La primera centuria*, zit. in: E. Yepes, a.a.O.

Italien. Zu dieser Zeit verstärkten die Vereinigten Staaten, die bereits in Mexiko interveniert hatten, ihre Präsenz in Lateinamerika, indem sie den Roosevelt-Leitsatz zur Monroe-Doktrin erhoben. Sie erklärten, daß, falls ein lateinamerikanischer Staat es chronisch versäume, seine Vertragsschulden zu begleichen, nur die USA diesen Staat zwingen könnten, die zur Bereinigung der Situation nötigen Reformen durchzuführen, selbst wenn dies zugunsten europäischer und nicht US-amerikanischer Gläubiger geschähe. In den folgenden Jahren zögerten die Vereinigten Staaten nicht, den neuen Leitsatz anzuwenden.

Anfangs machte sich das Gewicht des US-amerikanischen Eingreifens am deutlichsten im karibischen und mittelamerikanischen Raum bemerkbar; Mittelamerika hatte in der zweiten Hälfte des 19. Jahrhunderts große strategische Bedeutung erlangt, weil es von einer der wichtigsten Verkehrslinien zwischen der atlantischen und der pazifischen Küste Nordamerikas durchquert wurde. Auch die politische Expansion spielte im karibischen und mittelamerikanischen Raum eine herausragende Rolle: Der zweite Unabhängigkeitskrieg Kubas von 1896 mündete 1898 im spanisch-amerikanischen Krieg; der Vertrag von Paris machte die USA zu Herren über Puerto Rico und zur beherrschenden Macht in Kuba. Weitere Interventionen der Vereinigten Staaten folgten: 1917, 1918 und 1925 in Panama; Besetzung der Republik Haiti durch die US-Marines von 1915 bis 1934; Besetzung der Dominikanischen Republik von 1916 bis 1924; Besetzung Nikaraguas durch die US-Marineinfanterie von 1912 bis 1925; und in Mexiko: Landung nordamerikanischer Truppen in Veracruz (1914) und Strafexpedition unter General Pershing nach Chihuahua (1916).

Die Panama-Frage ist ein aufschlußreiches Beispiel dafür, wie die USA ihre Vormachtstellung im karibischen Raum ausbauten. Nachdem das Kanalbauprojekt des Franzosen de Lesseps gescheitert war, gründeten die Gläubiger eine »Neue Kanalgesellschaft« und verkauften ihre Konzession an die Vereinigten Staaten, die ihr Interesse an der Übernahme des Projekts bekundet hatten. 1903 unterzeichnete Kolumbien einen Vertrag, der die von der Neuen Kanalgesellschaft zuvor erworbenen Rechte bestätigte und bestimmte, daß demjenigen

Land, das den Kanal bauen würde, ein zehn Meilen breiter, von Ozean zu Ozean reichender Landstreifen abgetreten werden sollte. Der kolumbianische Senat weigerte sich, den Vertrag zu ratifizieren, und am 3. November rief eine von lokalen Agenten der Neuen Kanalgesellschaft angeführte Revolution die Unabhängigkeit der Republik Panama aus. Am 6. November erfolgte die Anerkennung der neuen Republik durch die Vereinigten Staaten; am 18. November unterzeichnete der amerikanische Außenminister Hay ein Abkommen mit Bunau-Varilla, dem Chefingenieur der Neuen Kanalgesellschaft, der nun Panamas Vertreter in Washington wurde. Dieses Abkommen enthielt im wesentlichen die Bestimmungen, die der kolumbianische Senat zurückgewiesen hatte: Als Gegenleistung für dauernde Hoheitsrechte über die zehn Meilen breite Kanalzone, die sich von der Hauptstadt Panamas bis zu dessen wichtigstem Hafen am Atlantik erstreckte, gewährten die USA eine jährliche Subvention und garantierten seine Unabhängigkeit – eine Aufgabe, mit deren Erfüllung sie schon während der Revolution am 3. November begonnen hatten, als ihre Kanonenboote bereitstanden, um eine mögliche Landung kolumbianischer Truppen zu unterbinden.

Nach dem Ersten Weltkrieg dehnten die Vereinigten Staaten ihre bislang im karibischen Raum konzentrierte Präsenz rapide nach Südamerika aus. Die am Pazifik gelegenen Länder wurden völlig in die nordamerikanische Ökonomie eingegliedert, und an der Atlantikküste gerieten Brasilien, ja sogar Uruguay und Argentinien unter den Einfluß der USA.

Die Expansion der Vereinigten Staaten trug neue und markante Züge. Die US-Investitionen waren offenbar weniger eng mit den Konsumbedürfnissen der metropolitanen Macht verquickt und stärker auf die lokalen Märkte ausgerichtet, als es die britischen Investitionen gewesen waren. Dies minderte keineswegs die Bedeutung der Investitionen in Branchen, die mit dem nordamerikanischen Markt verwoben waren, wie z. B. der Bergbau und der Plantagenanbau von Südfrüchten. Ein weiteres Moment, das hervorgehoben zu werden verdient, war der monopolistische und oligopolistische Charakter der großen US-Unternehmen, die die Produktionszentren zu okkupieren begannen. Häufig war die verfügbare Finanzmasse eines dieser Großunternehmen um ein Vielfaches größer als der Etat vieler lateinamerikanischer Staaten. Überdies unterstützte die Außenpolitik der USA die Interessen der nordamerikanischen Firmen.

Ein letztes Beispiel mag eine Vorstellung davon vermitteln, wie der Vormarsch der US-amerikanischen Interessen in Lateinamerika sich vollzog: »Die Banane, die allmählich als Exportware Bedeutung erlangt hatte, wurde lokal angebaut und in ausländischen Handelsschiffen zur Atlantikküste der Vereinigten Staaten transportiert. Im Jahre 1901 unterzeichnete die Regierung von Guatemala, die eine Interessenvertretung der lokalen Plantagenbesitzer darstellte, ein Abkommen mit der United Fruit Company über den regelmäßigen Transport ihrer Bananenproduktion. Am 31. August des Vorjahres hatte sie bereits mit der ›Central American Improvement Company‹ eine vertragliche Vereinbarung über die Fertigstellung einer Eisenbahnlinie ausgehandelt, die den Atlantischen mit dem Pazifischen Ozean verbinden sollte, um den Überlandtransport der nationalen Produktion zu erleichtern. Die erste liberale Regierung hatte 1874 mit dem Bau der Eisenbahn begonnen und 136 Meilen fertiggestellt. Für die verbleibenden 61 Meilen überließ Guatemala der Company die Kontrolle der Eisenbahn auf 99 Jahre, die Hafenanlagen von Puerto Barrios und einen Streifen Land für Werksanlagen zu beiden Seiten der Bahnlinie; zudem gewährte sie ihr Steuerfreiheit und gestattete die freie Einfuhr von Baumaterialien. Die Firma beendete den Eisenbahnbau im Jahre 1908. Aufgrund einer Serie von komplizierten Verhandlungen begann nun [. . .] die Transportgesellschaft, ihre eigenen Bananen zu produzieren und zu vermarkten, und drängte dadurch die lokalen Pflanzer nach Norden; als die International Railways of Central America (eine Tochtergesellschaft der United Fruit Company) das gesamte nationale Eisenbahnsystem übernahm, vervollständigte die United Fruit Company auf der anderen Seite den Prozeß der Monopolisierung der Bananenproduktion und des nationalen Transportwesens.«[31]

31 E. Torres, *Procesos* . . ., a.a.O. S. 45 f.

Dieser Denationalisierungsprozeß war in der Geschichte der lateinamerikanischen Länder weder homogen, noch vollzog er sich reibungslos. Auf die Unabhängigkeitserklärungen folgte in allen politischen Gebilden der Region eine Periode erbitterter Kämpfe unter den verschiedenen lokalen Gruppen. Aus diesen Kämpfen – die in die Geschichte der lateinamerikanischen Nationen als Periode der »Anarchie« eingingen – gingen die oben erwähnten Bündnisse hervor, die nationalen Märkte und die territorialen Grenzen, welche die herrschenden Gruppen festlegten, um die Legitimität oder Effektivität der von ihnen errichteten Ordnung zu bekräftigen. In einem Anfangsstadium von Unterentwicklung und Abhängigkeit erneuerten die Gruppen, die die »Unabhängigkeit schmiedeten«, ihre Verbindungen zum Weltmarkt und zu anderen lokalen Gruppen.

Ohne den Verlauf dieses Prozesses in den verschiedenen im 19. Jahrhundert konstituierten Staaten detailliert darzustellen, lassen sich die Lage und die ihr innewohnenden Erfolgschancen folgendermaßen kennzeichnen:

a) Das Verhältnis des von England beherrschten weltkapitalistischen Systems zur Peripherie beruhte auf dessen Bedarf an den Rohstoffen der Peripherie. Die britische industrielle Expansion war nicht unbedingt darauf angewiesen, Produktionskapital in der Peripherie zu investieren; vielmehr ging es ihr um die Sicherung ihrer eigenen Versorgung mit Primärprodukten. Deshalb war der europäische Kapitalismus des 19. Jahrhunderts im Verhältnis zu Lateinamerika ein Handels- und Finanzkapitalismus. Investitionen wurden hauptsächlich in die Sektoren gelenkt, zu deren Entwicklung den lokalen Ökonomien die Kompetenz fehlte, z. B. in das Transportwesen. Dabei flossen selbst in diesen Sektor keine Direktinvestitionen; vielmehr operierte man mit Anleihen, für die der Staat bürgte, um öffentliche Arbeiten zu finanzieren. Obzwar das dominante Zentrum faktisch die Vermarktung der peripheren Produktion kontrollierte, ersetzte es nicht die lokale ökonomische Klasse, die ihre Produktionsgrundlage aus der Kolonialzeit ererbt hatte. Die einzige wichtige Ausnahme war der Bergbau; doch selbst in diesem Bereich gab es ein Nebeneinander von lokalen Eigentümern und ausländischen Investoren.

b) Da das neue hegemoniale Zentrum die Ausweitung der lokalen Produktion nicht nur nicht hemmte, sondern in manchen Fällen sogar anregte, brachte das Ende des Kolonialpaktes eine Stärkung der nationalen Produzentengruppen, sofern diese ein System von Bündnissen mit der »lokalen Oligarchie« zum Zwecke der Konsolidierung eines Nationalstaates aufbauen konnten. Die Bedingungen hierfür waren sowohl aufgrund der »Marktlage« gegeben, in der diejenige Gruppe die entscheidende Rolle spielte, welche die Hafenanlagen, den Hauptproduktionssektor usw. kontrollierte, als auch aufgrund der Fähigkeit bestimmter Teile der herrschenden Klasse, ein politisches Kontrollsystem zu errichten. Eine nationale Administration und eine nationale – nicht regionale oder personale – Armee waren die entscheidenden Voraussetzungen für den Aufbau eines Staatsapparates und die Umwandlung von *de facto*-Macht in *de jure*-Regierung; diese Prozesse wurden zu verschiedenen Zeiten und mit gewissen Unterschieden von Portales in Chile, von Rosas in Argentinien und vom Herrscherhaus in Brasilien, um nur drei Beispiele zu nennen, durchgesetzt.

In wirtschaftlicher Hinsicht hing der Erfolg der nationalen Ökonomien in dieser Situation ab von *1.* der Verfügbarkeit eines Primärprodukts, das geeignet war, den aus der Kolonialzeit ererbten Exportsektor zu sichern, umzugestalten und auszubauen, *2.* einem reichlichen Angebot an Arbeitskräften und *3.* der Verfügbarkeit von Ländereien, die als Privateigentum verteilt werden konnten. Die zwei letztgenannten Produktionsfaktoren (Arbeit und Boden) waren unerläßlich für die direkte Kapitalbildung, da sie Unternehmern gestatteten, Kapital ohne Rücksicht auf »Sparbeschlüsse« zu akkumulieren.

Unter diesen Umständen ist leicht zu begreifen, daß die Expansion der Exportwirtschaft auf lokaler Ebene mehr ein politisches als ein ökonomisches Problem war. Um die Verfügbarkeit von Boden und Arbeit zu gewährleisten, mußten die lokalen herrschenden Gruppen sich mit Grundbesitzern verbünden, die für das Exportsystem marginal waren. Diese Grundbesitzer, die auf ihren unproduktiven Latifundien »Ordnung« hielten, verstärkten nicht nur die schwache politische Administration der Exportgruppe, sondern sorgten auch für ein stetiges Angebot an Arbeitskräften, indem sie kleinbäuerlichen Pächtern, Einwanderern und freigelassenen Sklaven den Erwerb von privatem Grund und Boden verwehrten.

Hier offenbart sich das Verhältnis zwischen der aus Vertretern der Exportwirtschaft zusammengesetzten »modernen« Gruppe und der »traditionellen« Gruppe. Obwohl die erste ein nationalstaatliches System etablierte, um ihre eigenen Interessen zu befördern, verbündete sie sich auch mit der zweiten, um eben diese ihre Interessen abzusichern. Freilich verschwanden mit diesem Bündnis nicht die Differenzen zwischen den beiden Gruppen; die lokalen Oligarchien kämpften mehr als einmal gegen die exportorientierten Gruppen um einen größeren Einkommensanteil.[32] Die nationale Herrschaftsstruktur läßt sich nur begreifen, wenn man die exportorientierten Gruppen – Plantagen- und Minenbesitzer, Vertreter von Handel und Banken – in der vitalen Rolle sieht, die sie zwischen der zentralen Ökonomie und den »traditionellen« Agrarkreisen spielten. Dieses Bündnis fand seinen deutlichen Niederschlag in dem Doppelcharakter der nationalen politischen Institutionen, die nicht nur den Interessen der vom Exportsystem selbst geschaffenen »Modernisierungs«-Gruppen zu dienen hatten, sondern auch denen der regionalen Oligarchien, die sich gewöhnlich allen Bestrebungen, den herrschenden Paternalismus in eine effizientere Bürokratie zu verwandeln, widersetzten. Die politischen Gegensätze zwischen den herrschenden Klassen dauerten bis in das 20. Jahrhundert hinein an, so lange, bis mit dem Erfolg des Exportmodells der Integration in die Weltwirtschaft neue Gruppen zur nationalen Ökonomie mehrerer Länder hinzukamen: Vertreter der städtischen Industrie, des städtischen Handels und des Dienstleistungssektors. In der Folgezeit begann die Mittelschicht, politische Reformen zu betreiben, die einen Ausgleich zwischen den divergierenden Interessen der herrschenden Gruppen herbeiführten.[33]

32 Dies war beispielsweise im Farrapos-Krieg der Fall, als die Viehzüchter und Produzenten von gedörrtem Rindfleisch im südlichen Brasilien gegen das Kaiserreich kämpften, sowie in den Schlachten zwischen den argentinischen Provinzen und Buenos Aires.

33 Die Divergenzen nahmen tendenziell ab, als die »Volksmassen« die politische Bühne betraten und die etablierte Ordnung bedrohten.

Die geschilderte Situation setzt klar definierte Bedingungen für die Integration des politischen und ökonomischen Systems voraus, die sich folgendermaßen kennzeichnen lassen:

Erstens: Kontrolle der Produktion geschieht in einer Peripherie-Nation im doppelten Sinne: a) Da Weltmarktanreize davon abhängen, welche »nationale Politik« im Hinblick auf die Exportprodukte verfolgt wird, unterliegen Investitionsentscheidungen der internen Entscheidung darüber, ob die Produktion erweitert oder eingeschränkt werden soll. b) Das bedeutet: Kapital beginnt und endet im internen Wirtschaftssystem.[34] Die zweite Kontrollbedingung, die mit der ersten (Investitionspolitik) zusammenhängt, ist eine Grundvoraussetzung für eine relative Autonomie der Produktionsentscheidungen, denn sie ermöglicht die Existenz lokaler Unternehmergruppen.

Zweitens: Die Vermarktung der Exportprodukte hängt gleichwohl von Bedingungen (Preisen, Kontingenten usw.) ab, die auf dem Weltmarkt von denjenigen gesetzt werden, welche die Vermarktung in den zentralen Ökonomien kontrollieren.

Drittens: Die Fähigkeit der lateinamerikanischen Länder, sich als abhängige, aber in der Entwicklung begriffene Ökonomien in den Weltmarkt zu integrieren, steht in engem Zusammenhang mit der Fähigkeit der lokalen Produzenten, ihre politischen und ökonomischen Bindungen sowohl intern als auch extern neu zu orientieren. a) Extern wird der Verhandlungsspielraum von den Finanz- und Handelskreisen der zentralen Ökonomien und deren lokalen Agenten bestimmt; das bedeutet, daß der Vermarktungsapparat der lokalen Ökonomien so umorientiert werden muß, daß »koloniale Interessen« ausgeschaltet und die neuen dynamischen Zentren des Kapitalismus begünstigt werden, wodurch sich eine Veränderung der internationalen politischen Bündnisse ergibt. b) Intern wird aufgrund von Kämpfen und Bündnissen mit den Oligarchien, die auf eine zweitrangige Position im Exportsektor verwiesen oder vom Exportsektor ausgeschlossen werden,

34 Wie oben erläutert, beruhte dieser Produktionstyp auf direkter Kapitalbildung, was der einzige Weg war, eine national kontrollierte Wirtschaft zu entwickeln. Vgl. Celso Furtado, *Development and Stagnation in Latin America: A Structural Approach*, New Haven 1965.

eine »nationale Ordnung« errichtet und ein Nationalstaat geschaffen. So kommt es zu einer Allianz zwischen der – in der Soziologie so bezeichneten – modernen »Plantage« mit ihren Handels- und Finanzgruppen und der traditionellen »Hazienda«. Vom Ende der Periode der »Anarchie« (1850) bis zur Krise des außengerichteten Wachstumsmodells (1930) bildeten diese beiden soziostrukturellen Grundformen die Stützen der gesellschaftlichen und politischen Organisation der Länder, die über die nationale Kontrolle ihrer Exportwaren in den Weltmarkt integriert waren.

5.4. Enklaven-Wirtschaften

Nicht immer vermochten die lokalen ökonomischen Gruppen die Kontrolle über ihre Produktion zu behalten. Unter bestimmten Umständen wurde die Wirtschaft der lateinamerikanischen Länder so in den Weltmarkt integriert, daß die Produktion in den Zentren des Primärsektors direkt vom Ausland kontrolliert wurde. Diese Situation trat unter Bedingungen und mit sozialen und ökonomischen Auswirkungen ein, die, je nach dem, welchen Grad der Diversifikation und Expansion die nationalen Ökonomien in der Anfangsphase erreichten, verschieden waren.

a) Augenscheinlich ging die Herausbildung von Enklaven in den lateinamerikanischen Ökonomien in den meisten Fällen so vor sich, daß national kontrollierte Wirtschaftssektoren allmählich verdrängt wurden, weil sie in der Produktion von Waren, die Technologie, Vermarktungssysteme und hohe Kapitalinvestitionen erforderten, nicht konkurrenzfähig waren.

b) Der andere Extremfall war die Herausbildung von Enklaven als unmittelbare Folge der Expansion der zentralen Ökonomien; dies geschah in denjenigen Ländern, in denen die lokalen Gruppen ihre Produktion nur marginal in den Weltmarkt zu integrieren vermochten, wie beispielsweise in den kontinentalen Ländern der Karibik.

c) In beiden Fällen kam es jedoch dazu, daß die enklavengestützte wirtschaftliche Entwicklung, ungeachtet der Aktivitäten lokaler Gruppen, die Lebenskraft der zentralen Ökonomien und das Wesen des Kapitalismus zum Ausdruck brachten. Ebenfalls für beide Fälle gilt, daß die Enklaven-Produzenten dem nationalen Wirtschaftssystem – wenngleich auf unterschiedliche Weise – eine Ordnung einpflanzten und ihm gemeinsame Merkmale aufprägten. Seit die lokale Produktion nicht mehr ohne ausländische Technologie und ohne ausländisches Kapital expandieren konnte[35] bzw. seit sie den internationalen Vermarktungssystemen untergeordnet wurde, begann die Bedeutung der lokalen Produzenten für die Entwicklung der nationalen Ökonomie zu schwinden; es war ihnen dadurch weitgehend verwehrt, ein autonomes System staatlicher Autorität und Ressourcenverteilung aufzubauen. Zu einer unerbittlichen Verschärfung dieser Situation kam es, als die Beziehungen zwischen Peripherie und Zentrum eine neue Ausrichtung im weltkapitalistischen System erfuhren – dann nämlich, als die Finanz- und Handelskontrolle, die die Kennzeichen des europäischen Kapitalismus bis zum Ende des 19. Jahrhunderts gewesen waren, durch Formen wirtschaftlicher Tätigkeit ersetzt wurden, die darauf hinausliefen, daß Investitionen zum Zwecke der Kontrolle jener Produktionssektoren in der peripheren Welt eingesetzt wurden, die als aktuell oder potentiell wichtig für die zentralen Ökonomien galten. Auf dieselbe Zeit bezieht sich auch die Feststellung, daß das neue beherrschende Zentrum der Welt, die Wirtschaft der Vereinigten Staaten, aufgrund seiner gewaltigen Investitionen und seiner relativen Autonomie in bezug auf viele Primärprodukte es den lateinamerikanischen Ökonomien, die über den US-amerikanischen Markt mit dem Welthandel verbunden waren, schwer machte, so stark zu expandieren wie in der Zeit, als sie mit dem europäischen Importsystem verknüpft waren.

Aus der über die Expansion ausländischer Enklaven vermittelten Eingliederung des Exportsystems der lateinamerikanischen Länder in den Weltmarkt ergab sich für die lokale Ökonomie die wirtschaftliche Konsequenz, daß ein »moderner Sektor« entstand, der gewissermaßen eine technologische und finanzielle Verlängerung der zentralen Ökonomien dar-

---

35 Hier muß daran erinnert werden, daß die Ausweitung der nationalen Produktion hauptsächlich von direkten Kapitalinvestitionen zur Nutzung des Bodens und der verfügbaren Arbeitskraft abhängt.

stellte. Sofern die lokalen Ökonomien um diesen Produktionstyp herum organisiert waren, beruhte der relative Erfolg des Exportsystems auf einer hochspezialisierten Wirtschaft mit großen Überschüssen. In diesem Fall schuf das außengerichtete Wachstum nicht immer einen Binnenmarkt, denn es führte zur Einkommenskonzentration im Enklaven-Sektor.

Es gibt zwei Untertypen von Enklave: die Bergbau-Enklave und die Plantagen-Enklave. Sie unterscheiden sich insofern, als ihre jeweilige Technologie und ihre Produktionsbedingungen unterschiedliche Folgen für den Einsatz von Arbeitskräften, das Produktivitätsniveau und das Volumen der erforderlichen Kapitalinvestitionen haben. Während die Plantagen-Enklave viel Arbeitskraft einsetzt und mit wenig Kapital auskommen kann, setzt die Bergbau-Enklave wenig Arbeitskraft ein und braucht viel Kapital. Für beide Fälle gilt jedoch, daß die Enklave die Einkommensverteilung innerhalb der nationalen Ökonomie tendenziell verschlechtert. In dem Maße, wie die Produktion in der Bergbau-Enklave erweitert wird, werden qualifizierten Arbeitskräften höhere Löhne gezahlt, ohne daß dies dem Teil der Wirtschaft, der am Binnenmarkt orientiert ist, Nutzen bringt. Wenn, auf der anderen Seite, die landwirtschaftliche Enklave expandiert und ihre Produktion modernisiert, nimmt sie verfügbaren Boden in Besitz – was Auswirkungen auf die Subsistenzwirtschaft, ja sogar auf die Produktion für den Binnenmarkt hat – und braucht keine höheren Löhne zu zahlen, weil sie vor allem ungelernte Arbeitskräfte verwendet, die in der Regel reichlich vorhanden sind.

Eine Enklaven-Wirtschaft hat andere politische und soziale Konsequenzen als das Entwicklungsmodell, das auf der nationalen Kontrolle der Produktion beruht. Die Bündnisse zwischen Gruppen und Klassen, die die Enklave möglich gemacht haben, verstärken auch die Hauptmerkmale, die bei diesem Entwicklungstyp in der lokalen Herrschaftsstruktur und der Verbindung zum externen Sektor zu finden sind.

Der Prozeß der Herausbildung von Enklaven vollzog sich in zwei verschiedenen Situationen der lateinamerikanischen Wirtschaft. In der einen verlor eine bereits existierende nationale Gruppe die Kontrolle über den Exportsektor und gliederte sich selbst über die Enklave in den Weltmarkt ein; in der anderen war es so, daß – obwohl es neben Enklaven »traditionelle Oligarchien« gab – die Entwicklung von Großfertigung praktisch die unmittelbare Folge der Enklave war. Aus nationaler Sicht ging es in beiden Fällen darum, die Grundlagen und Bedingungen für die Kontinuität der lokalen Herrschaftsstruktur zu schaffen und den Rahmen für die Beteiligung der lokalen Herrschaftsträger an dem neuen Produktionstyp, den die Enklaven darstellten, abzustecken. Für beide Fälle gilt auch, daß die lokalen politischen Bündnisse auf doppelte Weise gebunden waren: einmal an die externen Investoren, zum anderen intern, insofern eine Gruppe, allein oder im Bündnis mit anderen, ein hinlänglich starkes und stabiles Macht- und Herrschaftssystem errichten konnte, um mit dem externen Sektor die Bedingungen auszuhandeln, unter denen die wirtschaftliche Ausbeutung der Enklaven national akzeptiert werden würde. Die Chancen für eine relative Autonomie des internen Sektors gegenüber dem externen Sektor waren in den zwei genannten, für die Herausbildung von Enklaven typischen Fällen verschieden.

Da, wo bereits eine bedeutende lokale Exportwirtschaft existierte, konnten die führenden nationalen Gruppen sich auf andere Produktionssektoren zurückziehen und eine aggressivere Politik bei Konzessionen in Fragen der Steuerentrichtung, der obligatorischen Reinvestition von Gewinnen usw. verfolgen – Konzessionen, die zu verschiedenen Zeitpunkten der Geschichte unterschiedlich groß waren, je nach den jeweiligen Marktbedingungen und dem Grad der politischen Einigkeit der lokalen herrschenden Klassen. Wo jedoch nur »traditionelle« Oligarchien existierten, hatten sie wenig Möglichkeiten, sich gegen die externen Sektoren zur Wehr zu setzen, und wurden häufig zu Gruppen umfunktioniert, die auf patrimoniale Weise an die Enklaven-Wirtschaft gebunden waren, da die nationale Administration von dem Einkommen abhängig wurde, das der extern kontrollierte Sektor erwirtschaftete.

Konnten nationale herrschende Gruppen die Produktion wenigstens teilweise unter ihrer Kontrolle behalten und innerhalb des Systems selbst Formen des Bündnisses und der Konfrontation mit den externen Sektoren etablieren, dann war die historische Entwicklung durch andere Ausprägungen der Bedingungsfaktoren in der Situation außengerichteten Wachstums mit nationaler Produktionskontrolle gekennzeichnet. Die nationalen Handels- und Finanzgruppen spielten in diesem Falle eine besonders hervorragende Rolle, indem sie als Bindeglied zum externen Sektor fungierten, während Plantagen- und Minenbesitzer insofern an Bedeutung verloren, als ihre wirtschaftliche Tätigkeit sich darauf beschränkte, die Nachfrage des Binnenmarktes zu befriedigen. Zudem war es oft möglich, Teile der herrschenden Klassen auf Tätigkeiten auszurichten, die eher politischer und administrativer als ökonomischer Natur waren; denn das System von Bündnissen zwischen Gruppen und Klassen stärkte häufig die Lenkungsfunktion des Staates und schuf dadurch eine gewichtige Bürokratie, die mit den aus dem Enklaven-Sektor stammenden Steuern unterhalten wurde. In den Fällen, in denen das über Enklaven funktionierende Exportmodell besonders erfolgreich war, entstand im Umkreis der öffentlichen Verwaltung eine bürokratische Mittelschicht. Es war – neben dem Import- und Finanzsektor – diese öffentliche Verwaltung, aus der in denjenigen lateinamerikanischen Ländern, die diesem Entwicklungsmuster folgten, die »traditionelle« Mittelschicht hervorging, d. h. eine Schicht, deren Ursprung nicht in der Expansion eines modernen Industriesektors lag.

In den Ländern, in denen es an einer Produzentenschicht fehlte, die zur Neubestimmung ihrer Position innerhalb der von den Enklaven geforderten Wirtschaftsstruktur imstande war, spielten – wie wir gesehen haben – die lokalen herrschenden Gruppen gezwungenermaßen eine sekundäre Rolle in der Produktion. In diesem Fall wurden die oben beschriebenen Konturen verwischt, so daß es schien, als bestünde die Gesellschaft lediglich aus einer Masse von Lohnempfängern – deren Zahl davon abhing, ob es sich um eine Bergbau- oder eine Agrarwirtschaft handelte – und einer kleinen Oligarchie, die den bürokratischen und militärischen Apparat kontrollierte, sowie aus einem unproduktiven Latifundien-System, das seinerseits indirekt von der nämlichen Oligarchie und direkt von den lokalen *»caciques«* (Ortsgewaltigen) kontrolliert wurde.

In drei Punkten zusammengefaßt, ist der Zusammenhang zwischen ökonomischem und politischem System in den über Enklaven in den Weltmarkt integrierten Wirtschaften – läßt man die fortgesetzte Existenz nationaler Gruppen mit einer gewissen wirtschaftlichen Bedeutung beiseite – folgendermaßen darzustellen:

a) Die Produktion bildete in zweifacher Hinsicht eine direkte Verlängerung der zentralen Ökonomie: einmal, weil die Investitionsentscheidungen vom externen Sektor kontrolliert wurden, zum anderen, weil die Steuern und Löhne, die das investierte Kapital hervorbrachte, kaum innerhalb der abhängigen Nation zirkulierten, bevor sie das Volumen des der zentralen Ökonomie für Investitionen zur Verfügung stehenden Kapitals anschwellen ließen.

b) Obwohl es keine echten Verbindungen mit der lokalen Ökonomie in dem Sinne gab, daß der Subsistenz- oder der Agrarsektor mit dem Binnenmarkt gekoppelt gewesen wären, gab es Verbindungen mit der abhängigen Gesellschaft, und zwar über solche Kanäle wie das Machtsystem, das die Bedingungen für Konzessionen festlegte.

c) Bezogen auf den Weltmarkt, wurden Wirtschaftsbeziehungen nur im Bereich der zentralen Märkte hergestellt.

IV. Entwicklung und sozialer Wandel in der Übergangsperiode

Die lateinamerikanischen Ökonomien, die über einen der beiden oben erörterten Grundtypen (nationale Kontrolle des Produktionssystems oder Enklaven-Wirtschaft) in den Weltmarkt integriert wurden, konnten ihre Produktion unter den Bedingungen einer lebhaften Auslandsnachfrage ausdehnen und erreichten ein gewisses Maß an Diversifikation. Zugleich wurde die Struktur ihrer Gesellschaften allmählich differenziert. Neben jenen gesellschaftlichen Gruppen, die in unmittelbarem Zusammenhang mit der Exportwirtschaft standen, wuchsen neue heran; so erhielt die Konfrontation der ökonomischen und politischen Interessen neue Aspekte.

Wie wir in den vorangegangenen Kapiteln gesehen haben, wäre es falsch anzunehmen, daß es im 19. Jahrhundert, als das auf dem Export von Primärgütern beruhende Entwicklungsmodell sich konsolidierte, lediglich drei Bereiche wirtschaftlicher Tätigkeit, Ackerbau, Viehzucht und Bergbau, gab und damit auch nur drei soziale Schichten.* Die Existenz der Exportwirtschaften führte nicht nur zur Entstehung wichtiger Finanz- und Handelsgruppen, sondern auch zur Herausbildung der Ansätze einer städtisch-industriellen Gesellschaft. Die sozialen Bewegungen, Orientierungen und politischen Allianzen, die das Exportsystem im 19. Jahrhundert ermöglichten, prägten die Strategien solcher Gruppen wie *latifundistas,* Agrarkapitalisten, Minenbesitzer, Kaufleute und Bankiers, die auf unterschiedliche Weise mit der Produktion verbunden waren. Die Veränderungen, die sich in der Zeit vollzogen, die wir die »Übergangsperiode« nennen, sind ein deutliches Zeichen dafür, daß die Unterschiedlichkeit der Gruppen und die Verschiedenartigkeit der Beziehungen zwischen ihnen von strategischer Bedeutung waren. Unter

---

* A. d. Ü.: Im Original ist hier und in entsprechenden Zusammenhängen stets von »Sektoren« die Rede. Zur Problematik dieses Begriffs, den wir in der deutschen Übersetzung jeweils mit »Gruppen«, »Schichten« oder »Klassen« übertragen, vgl. *Fischer Weltgeschichte: Süd- und Mittelamerika II,* hrsg. und verfaßt von Gustavo Beyhaut, Frankfurt/Main 1965, S. 229.

»Übergangsperiode« verstehen wir hier den historisch-strukturellen Prozeß der im Zuge der Diversifikation der Exportwirtschaft erfolgenden Herausbildung jener gesellschaftlicher Gruppen, die man unter dem eher ungenauen Begriff »Mittelschicht« zusammenfaßt. Wie sich diese Schicht bildete und welche Konsistenz sie im besonderen annahm – Ansätze einer Industriebourgeoisie mit den entsprechenden technisch qualifizierten Berufen, zivile und militärische Bürokratie, Angestellte (white-collar workers) etc. –, hing von der Art der Organisation des Exportsystems in jedem einzelnen Land ab. Es läßt sich jedoch allgemein sagen, daß die neuen gesellschaftlichen Gruppen während der ersten drei Jahrzehnte des 20. Jahrhunderts sämtlich mehr oder weniger bedeutend wurden.

Wir gehen in diesem Buch von der Hypothese aus, daß die sozialen Integrationsmechanismen und die Typen von sozialer Bewegung, aufgrund derer das politische Leben und das Profil der lateinamerikanischen Gesellschaften differenziert wurden, in Ländern mit nationaler Kontrolle des Exportsystems natürlich nicht dieselben Merkmale trugen wie in Ländern, in denen letztlich die Enklaven-Wirtschaft in der Phase des außengerichteten Wachstums überwog. In manchen Ländern reagierten die für die Wirtschaft verantwortlichen lokalen Gruppen auf die Enklave mit einer Politik des ökonomischen Rückzugs, um einen Teil des Produktionssystems unter Kontrolle zu behalten, und des gleichzeitigen politischen Vormarsches der nämlichen Agrar- oder Handels- und Finanzbourgeoisie in Form von Vereinbarungen mit der Enklave. In Ländern, in denen das Exportsystem schwach war, konnten die nationalen Gruppen die Politik der Selbstbeschränkung und des Sich-Arrangierens mit internationalen Investorengruppen nicht effektiv durchsetzen und wurden so zu bloßen Agenten ausländischer Unternehmen. Ihr wirtschaftlicher Spielraum wurde dadurch auf die regionale Kontrolle der Agrar- und Bergbauproduktion für den Binnenmarkt reduziert. Neue und wichtige Unterschiede ergaben sich in der Enklaven-Wirtschaft durch die Präsenz des englischen Kapitalismus oder das Übergewicht der US-amerikanischen Investitionen sowie durch die Mitwirkung der Mittelschicht im Machtspiel. Diese Momente wirkten sich wiederum unterschiedlich auf die lateinamerikanischen Länder aus, als sie anfänglich versuchten, ihre Wirtschaft aufzubauen, indem sie dem Wachstum des externen Sektors die Belebung des Binnenmarktes hinzufügten; daneben war es natürlich die Dynamik der gesellschaftlichen Gruppen, die die Differenzierung ermöglichte und prägte.

Die Merkmale, die für jede Situation der Unterentwicklung und Abhängigkeit kennzeichnend sind, waren selbstverständlich in beiden Fällen beobachtbar: sowohl in den Ökonomien, in denen die Produktion national kontrolliert werden konnte, als auch in den Enklaven-Wirtschaften. Und diese Merkmale bilden den Hintergrund der »peripheren Situation«. Es ist wichtig, daran zu erinnern, daß die Wirtschaftskrise im außengerichteten Wachstumsmodell ein Ergebnis des plötzlichen Rückgangs der Auslandsnachfrage infolge der Depression und der Neuordnung des Weltmarktes war. Auch wurde – wie zahlreiche Studien über Industrialisierung in Lateinamerika gezeigt haben – die Inlandsproduktion von Gütern, die ehedem importiert werden mußten, durch dieselben Faktoren und durch die zwei Weltkriege in erhöhtem Maße angeregt.

Ohne die Bedeutung der Weltwirtschaftskrise für die lateinamerikanischen Ökonomien leugnen zu wollen, kommt es uns jedoch darauf an hervorzuheben, daß der politische Zerfall der »oligarchischen« Herrschaft schon vor der Krise eingesetzt hatte, und daß die Form, in der das soziopolitische System reorganisiert wurde, sich nach zwei verschiedenen Ordnungen der sozialen und politischen Ausrichtung unterschied: einer sozioökonomischen Ordnung vom Enklaven-Typ und einer Ordnung, in der die lokale Finanz- und Agroexport-Bourgeoisie die Produktion kontrollierte. In diesen zwei Grundsituationen bot die interne Differenzierung der gesellschaftlichen Gruppen in jedem einzelnen Land Lateinamerikas verschiedene Möglichkeiten für die – immer noch durch das Exportsystem vermittelte – Bildung neuer Bündnisse unter den sozialen Schichten. Der wechselnde Erfolg dieser Bündnisse erklärt den Fortbestand der »verfaßten (exportorientierten) Ordnung« ebenso wie das Moment und die Formen des Übergangs vom »Exportsystem« zu Gesellschaften, in denen Gruppen wie die städtische Bourgeoisie und die »Mittelklassen«, die mit dem Binnenmarkt verbunden waren, steigende Bedeutung erlangten.

Um aufzuweisen, in welcher Form die neuen politischen Bündnisse auftraten und wie die interne soziopolitische Machtkrise mit der (davon unterschiedenen) Weltwirtschaftskrise zusammenhing, wollen wir nun einen allgemeinen Überblick geben, der helfen soll, den sozialen Wandel, der die Krise des oligarchischen Exportsystems kennzeichnete, zu verstehen.

1. Die Übergangsperiode in Gesellschaften mit nationaler Produktionskontrolle

Die Existenz einer bedeutenden »bürgerlichen« Schicht war ein Unterscheidungsmerkmal der Gesellschaften, in denen die Produktion sich unter nationaler Kontrolle befand. Bei diesem Typ von Gesellschaft beruhte das herrschende Bündnis, das den Aufbau eines Nationalstaates – sowie eines Produktionssystems als legitimer Gesellschaftsordnung – garantierte, auf einer expandierenden Kapitalistenklasse, welche die Produktion, einen Teil der Vermarktung und, in manchen Ländern, die interne Finanzierung der Wirtschaft organisierte. Zur Errichtung einer nationalen Ordnung war die Kapitalistenklasse auf ein komplexes System von Bündnissen mit Eigentümern von wenig produktiven Latifundien und mit Bürokraten und Militärs angewiesen, und sie durfte nie vergessen, daß sie ihre Herrschaftsposition ihrer Verbindung zum externen Sektor verdankte. In Ländern dieses Typs wurde eine nationale Bourgeoisie geschaffen.[36] Zusammen mit den Bündnissen, die nicht nur mit denjenigen politischen Kräften geschlossen wurden, welche die Hazienda-Struktur repräsentierten, sondern

36 Der Begriff »Bourgeoisie« hat in diesem Zusammenhang eine Bedeutung, die sich historisch u. a. deshalb von der der europäischen Bourgeoisie unterscheidet, weil die Rolle der Stadt als Stützpunkt der politischen Macht und als Zentrum der wirtschaftlichen Tätigkeit in den beiden Fällen nicht dieselbe war. Wir gebrauchen den Begriff hier, um den Charakter von – zumeist mit dem ländlichen Raum verbundenen – »kapitalistischen Produzenten« bzw. »kapitalistischen Unternehmern« im Gegensatz zu »Feudalherren« oder zur »landbesitzenden Oligarchie« hervorzuheben. Wenngleich die letzteren in diesen Ländern eine wichtige Rolle spielten, waren sie doch stets den kapitalistischen Unternehmern untergeordnet; auch muß betont werden, daß die Begriffe »Lehnsherrschaft« oder »Feudalismus« hier nicht angemessen sind.

auch mit externen Gruppen, war es die Existenz eben dieser kapitalistischen Unternehmerschicht und ihrer Differenzierungsformen, die in der Übergangsperiode verschiedene strukturelle Möglichkeiten eröffnete.

Die Krise dieses politischen Systems, die durch den Druck der neuen, vom Exportsystem geschaffenen gesellschaftlichen Gruppen verursacht wurde, prägte sich je nach Form und Intensität zweier zusammenwirkender Prozesse anders aus: 1. in dem Prozeß der Konsolidierung bestimmter Typen von Herrschaft mit dem Ziel, die Zukunft des Exportsystems zu sichern; 2. in dem Prozeß der Diversifikation der Produktion, dank derer allmählich eine städtisch-industrielle Ökonomie entstand, während innerhalb der Exportwirtschaft selbst parallele Sektoren entwickelt wurden.

In diesem Zusammenhang lassen sich wenigstens zwei spezifische Situationen der Durchsetzung von Herrschaft in diesen Ländern unterscheiden:

Erstens: In bestimmten Fällen oder Perioden baute eine Gruppe aus dem exportorientierten Agrarbereich (»agro-commercial-exporting sector«) das Finanzsystem auf, monopolisierte die Außenbeziehungen, indem sie die Zölle kontrollierte oder eine strategische Position auf dem Auslandsmarkt eroberte, und setzte auf diese Weise ihre Herrschaft nicht nur über die Nation im allgemeinen, sondern über die anderen Produzentengruppen im besonderen durch. Dies waren die günstigsten Bedingungen für die Herausbildung einer internen Herrschaft als Ausdruck einer Klassenlage. Die dominante Gruppe des Exportsystems wurde die Bourgeoisie, die dem Rest der Elite ihre eigene Ordnung aufprägte und damit eine »Klasseneinheit« bewies, in deren Rahmen sie – wenngleich nicht ohne Ausgrenzungskonflikte – die Interessen der übrigen, die »herrschende Klasse« ausmachenden Gruppen wahrte: der regionalen Bourgeoisie sowie der *latifundistas* und der mit ihnen verbundenen Bürokratengruppen. Ein Beispiel hierfür war die Herrschaftsposition der Bourgeoisie von Buenos Aires in Argentinien.

Zweitens: In anderen Fällen erreichte die führende Gruppe nicht die »Klasseneinheit«, welcher sie bedurfte, um als unbestrittene Repräsentantin eines alleinigen Herrschaftssystems auftreten zu können. In dieser Situation war, da es keine eindeutig hegemoniale Gruppe innerhalb der herrschenden Klasse gab, eine Konföderation oder eine stillschweigende Übereinkunft unter den Agroexportgruppen geboten. Zwar etablierten diese kein System wechselnder Machtablösung zur Kontrolle des Staates – denn eine einzelne Gruppe hätte stark genug sein können, die zentralen Machtmechanismen formal zu kontrollieren –; aber sie zogen dem Einfluß des Staates im Innern Grenzen und sicherten so die Autonomie der Provinz-Machtzentren. Daher mußte es zwangsläufig zu einem Machtkampf unter den kapitalistischen Exportgruppen kommen, der es anderen Teilen der verbündeten Gruppen erlaubte, an Boden zu gewinnen. Nationale oder regionale Herrschaft wurde nur durch eine aktivere Mitwirkung der *latifundistas* und der lokalen Bourgeoisie sowie der mit ihnen verbundenen Militärs und Bürokraten garantiert. So erschien in solchen Situationen (im Gegensatz zu den zuvor beschriebenen Fällen) die oligarchische Gruppe der *latifundistas* als die herrschende, wodurch der bürgerlich-kapitalistische Charakter des Herrschaftssystems verschleiert wurde. Ein Beispiel hierfür bietet Brasilien vor 1930.

In einzelnen und besonderen Fällen konnten diese beiden Situationen stärker ausgeprägt sein. In der ersten Situation konnte die »Exportgruppe«[37] infolge der Schwäche der differenzierten Gruppierungen innerhalb des Herrschaftsbündnisses ein effektives »Klassenmonopol« errichten. Ihre Expansionskraft stellte entweder alle übrigen Gruppen in den Schatten oder versetzte sie in eine untergeordnete Position anstatt in die Lage, sich zu verbünden. Da diese Situation in Lateinamerika gerade in den Ländern mit der schwächsten Ökonomie eintrat, war ein derartiges »Klassenmonopol« nicht Ausdruck einer starken Bourgeoisie. Tatsächlich stützte es sich auf die Agroexportgruppe, die von Großgrundbesitzern beherrscht wurde und folglich die Wesensmerkmale der oligarchischen Gruppe der *latifundistas* mit denen der kapitalistischen Exportgruppe verknüpfte. Dies galt insbesondere in

---

37 Mit »Exportgruppe« meinen wir in diesem Kapitel diejenige gesellschaftliche Gruppe, die sich aus Pflanzern, Viehzüchtern und Minenbesitzern einerseits und am Auslandsmarkt orientierten Kaufleuten andererseits zusammensetzte. Je nach dem, welche Bedeutung Ackerbau, Viehzucht oder Bergbau in der Ökonomie eines Landes hatten, überwog der eine oder andere Produktionstyp.

Mittelamerika, wo die Länder zudem wegen der zunehmenden Unterordnung ihrer Ökonomie unter das Enklaven-System daran gehindert waren, eine eigenständige nationale Politik zu verfolgen.

In der zweiten Situation – der des Machtkampfes zwischen den verschiedenen Gruppierungen innerhalb der herrschenden Klasse – wurde aufgrund einer ausdrücklichen (nicht stillschweigenden) Übereinkunft über die interne Aufteilung der Einflußsphären ein »Gleichgewicht« erreicht. In diesem Fall hatte der Staat im wesentlichen die Funktion, die Nation nach außen zu vertreten; im Innern bildeten die administrativen Kader der gegnerischen »Parteien« durch sektorale oder regionale Aufteilung der Einflußsphären innerhalb des Staatsapparates eine nationale Staatsbürokratie. Diese Situation trat in Lateinamerika nicht nur in Ländern ein, in denen der Machtkampf zu einem Bündnis führte, in welchem die oligarchischen Gruppen der *latifundistas* eine wichtige Rolle spielten (wie in der Liberalen und Konservativen Partei Kolumbiens), sondern auch in Ländern wie Uruguay, die bereits im 19. Jahrhundert mit der »Modernisierung« ihrer Ökonomie begonnen hatten. In Uruguay zeitigte das Gleichgewicht zwei Formen der Herrschaft; die eine, die Herrschaft der Colorado-Partei mit ihrer aktiven kapitalistischen Exportgruppe, kam der erstgenannten, in der die »Klasseneinheit« unter einer eindeutig bürgerlichen Gruppe gewahrt wurde, sehr nahe.

Auf der anderen Seite wurden die Formen des Übergangs, die uns hier interessieren, auch durch den Grad der Diversifikation der nationalen Produktion bedingt. Faßt man das Problem rein ökonomisch, so lassen sich drei Situationen definieren, die sich auf die Herausbildung neuer gesellschaftlicher Gruppen und die Festigung der oben erwähnten Herrschaftsformen auswirkten. Bezogen auf die zwei relevanten Dimensionen – Anwesenheit oder Abwesenheit paralleler Exportsektoren und Diversifikation der Ökonomie durch Produktion für den Binnenmarkt –, gab es unter den Ländern mit nationaler Produktionskontrolle folgende drei Fälle:

a) Das Exportsystem beruhte auf einem einzigen Produkt (Monokultur), und es gab keine Diversifikation durch Produktion für den Binnenmarkt (Beispiel: Mittelamerika).

b) In einem Exportsystem mit geringer oder fehlender Diver-

sifikation wurden Produktionssektoren für den Binnenmarkt geschaffen oder aufrechterhalten (Beispiel: Uruguay
und Argentinien vor dem Weizen-Boom).

c) Das Exportsystem wurde diversifiziert, wodurch parallele
Exportsektoren entstanden und die Herausbildung eines
auf den Binnenmarkt ausgerichteten Produktionssektors
ermöglicht wurde (Beispiel: Brasilien).[38]

Nun halten wir diese Information – die eine »ökonomisti-
sche« Interpretation von Gesellschaft darstellt – in einer Deu-
tung der strukturellen Möglichkeiten sozialen Wandels freilich nicht für ausschlaggebend. Im Mittelpunkt unserer eigenen Interpretation steht vor allem das Erkenntnisinteresse,
wie das Herrschaftssystem konstituiert wurde – ausgehend
von den ökonomischen Bedingungen und eingedenk der Tatsache, daß die Anwesenheit oder Abwesenheit paralleler Exportsektoren das Ergebnis der Herrschaft einer Gruppe oder
Klasse gewesen sein könnte, die dem gesamten System ihre
Kontrolle aufgezwungen hat, sei es direkt oder durch eine
»Konföderation« der Exportgruppen, die die Produktionskontrolle unter sich ausmachen.

Die Anwesenheit oder Abwesenheit paralleler Exportsektoren wirkte sich – unabhängig davon, wer sie kontrollieren
mochte – auf die interne Diversifikation der Wirtschaft über
die Formen der gesellschaftlichen Arbeitsteilung aus. Dies
wiederum hatte Folgen für die Struktur nicht nur des Binnenmarktes, sondern auch der neuen gesellschaftlichen Gruppen,
woraus eindeutig hervorgeht, daß die ökonomischen Bedingungsfaktoren des Exportsystems für eine soziologische Erklärung nicht ausreichen. Denn die neuen gesellschaftlichen
Gruppen waren nicht schlicht das mechanische Resultat einer
»Wirtschaftsstruktur«; vielmehr versuchten sie, diese Struktur
als Mittel zur Durchsetzung oder Aufrechterhaltung ihrer
besonderen Herrschaftsform zu entwickeln oder zu verändern.

Aus sozio-historischen Gründen, die mit der Herausbildung
des nationalen Marktes zusammenhängen, könnte die dominante Exportgruppe ihre Kontrolle über die nationale Pro-

38 Wir haben hier konkrete historische Situationen beschrieben und nicht theoretisch mögliche Kombinationen, wie sie in einer formalen Analyse, die eine umfassendere »Typologie« erfordern würde, vorgestellt werden würden.

duktion über die Durchsetzung einer monoproduktionellen Ökonomie erlangt haben, oder sie könnte gezwungen gewesen sein, sich mit anderen regionalen Exportgruppen zu verbünden. In kleinen Ländern, in denen die Nation sich als Ergebnis des Handelns einer dominanten, homogenen sozioökonomischen Gruppe herausbilden konnte, war es für eine einzelne Exportgruppe leichter, die Herrschaft zu erringen, als in großen Ländern, wo die Grenzen der nationalen Produktion unter dem Gesichtspunkt regionaler Bündnisse bestimmt werden mußten. Gewöhnlich war es jedoch so, daß eine dominante Agroexportgruppe versuchte, ein Monopol auszuüben, und zwar mit Hilfe eines monoproduktionellen Systems, das ihr die nahezu absolute politische Kontrolle sicherte.

Ökonomisch gesehen, hing es von der Größe des Landes ab, ob das Exportsystem die Herausbildung eines auf den Binnenmarkt bezogenen Produktionssektors zuließ oder nicht. Deshalb trugen die diversifizierten Exportwirtschaften, die über die Schaffung paralleler Exportsektoren eine bestimmte Größe erreichten, automatisch zur Entstehung binnenmarktbezogener Produktionssektoren bei. Die für den Binnenmarkt bestimmte Produktion war in der Übergangsperiode der Exportwirtschaft eine reine Funktion des Wachstums eben dieser Wirtschaft. Die Ausweitung der Exportwirtschaft belebte die Inlandsnachfrage, weil sie eine Agrarindustrie erforderte und weil die Komplexität der Exportproduktion in jedem Falle neue inländische Konsumenten heranwachsen ließ. Da die ländlichen Arbeitskräfte eine sehr geringe Konsumkapazität besaßen, lag es nicht an ihrer Zahl, sondern an der gesellschaftlichen Teilung der in der landwirtschaftlichen Produktion eingesetzten Arbeit, daß die Inlandsnachfrage stieg.[39] Es war die kapitalistische Entwicklung der Landwirtschaft, die die »Hazienda« zwang, eine gewisse Spezialisierung ihrer Produktion vorzunehmen und die traditionelle Organisation

39 Sofern er in erheblichem Maße zur Entwicklung eines Binnenmarktes beitrug, beschränkte sich der erweiterte Konsum auf den Konsum der zu Kapitalisten gewordenen Produzenten selbst. Er stand auch im Zusammenhang mit den neuen städtischen Zentren (sprich: neuen Märkten), die durch die Kapitalisierung der Landwirtschaft und den darauf folgenden Niedergang der Hazienda geschaffen worden waren.

ihrer Arbeit, die sie zu einer unabhängigen Wirtschaftseinheit gemacht hatte, aufzugeben. Dadurch wuchs den städtischen Zentren ein größerer Markt für ihre wirtschaftlichen Tätigkeiten zu, und in den Cities bildeten sich neue gesellschaftliche Gruppen: Handwerker, kleine Geschäftsleute, freie Berufe, der Dienstleistungssektor mit Transportbetrieben, Banken, Bildungs- und anderen öffentlichen Einrichtungen usw. Die städtisch-industriellen sozialen Schichten, bestehend aus städtischer Bourgeoisie und Arbeiterklasse, gingen ursprünglich aus der Erweiterung der »Exportgruppe« hervor und wurden mit deren Interessen identifiziert.

Diese historisch-strukturellen Bedingungen erklären den Mechanismus der Herausbildung der städtisch-industriellen Gruppen und den Grad der durch die Ausdehnung der Exportwirtschaft erzeugten internen gesellschaftlichen Differenzierung. Das Wachstum dieser Kräfte hing jedoch davon ab, wie einig und differenziert die Agroexportgruppen waren und ob Bündnisse zwischen einem Teil dieser Gruppen und den neu entstehenden sozialen Schichten zustande kamen. In Ländern, in denen die dominanten Gruppen sich zusammenschlossen und ein Machtmonopol errichteten, hatte die Krise des oligarchischen Herrschaftssystems nicht die gleichen Konsequenzen wie in Ländern, in denen es eine solche Einheit nicht gab und in denen die nicht-dominanten Gruppen des Agroexportsektors mit den neuen gesellschaftlichen Gruppen kooperierten, um der politischen Führung einen neuen und breiteren sozialen Rahmen zu geben. In den zuletzt genannten Ländern konnten die neuen gesellschaftlichen Gruppen dank ihrer Beteiligung am Staatsapparat Bündnisse mit jenen Teilen der oligarchischen Exportgruppen schließen, die die wirtschaftliche Unterstützung öffentlicher Investitionen suchten.

Unter Berücksichtigung der bereits erwähnten strukturellen Bedingungsfaktoren folgt nun eine knappe Darstellung einiger typischer Beispiele des Übergangs in Gesellschaften mit nationaler Produktionskontrolle, d. h. der Versuche der Mittelklasse, Machtbündnisse einzugehen.

1.1. Integration der Mittelschichten in die Führung der Export-Bourgeoisie. Der Fall Argentinien

Die Entwicklung des Land- und Viehwirtschaftssektors der Exportwirtschaft in Argentinien erweiterte auch Produktionssektoren, die mit dem Binnenmarkt verbunden waren, und förderte insbesondere – vor dem Hintergrund der politischen Struktur, die die nationale Organisation unter der Vorherrschaft von Buenos Aires annahm – das Wachstum der städtischen Bevölkerung.[40] Die Dynamik des sogenannten »außengerichteten Entwicklungsmodells« (Export) der argentinischen Ökonomie erzeugte also auf gesellschaftlicher Ebene eine Differenzierung breiter Bevölkerungsgruppen in »Mittelschichten«; dazu gehörten vor allem jene, die in der staatlichen (zivilen und militärischen) Administration beschäftigt waren, freie Berufe, Angestellte im Verwaltungs- und Kontrollapparat der Exportunternehmen, aber auch jene, die in Industrie- und Dienstleistungsbetrieben arbeiteten, die am Binnenmarkt orientiert waren.

Es versteht sich von selbst, daß die neuen sozialen Gruppen (auf politischer Ebene) und die auf den Binnenmarkt bezogenen Wirtschaftsaktivitäten (auf ökonomischer Ebene) den Agroexportgruppen und den Unternehmen der Exportwirtschaft untergeordnet waren. Vorab die lokale Bourgeoisie, die Eigentümer von Latifundien mit niedriger Produktivität und die eingewanderten Weizen-Farmer der Küstenprovinzen waren den Exportgruppen sozial und politisch offen untergeordnet; doch galt dies gleichermaßen für die Agrar-, Handels- und Industriebourgeoisie in den im Landesinnern gelegenen Provinzen. Der Zusammenschluß der verschiedenen Gruppen unter der Führung der land- und viehwirtschaftlichen Exportgruppe konnte wohl deshalb erfolgen, weil die Machtposition

---

40 1869 hatte Argentinien 1 727 076 Einwohner, 1895 waren es 3 954 911 und 1914 schon 7 885 327; das entspricht einer Zuwachsrate von 127,7 Prozent im ersten und von 99,4 Prozent im zweiten Zeitraum. »Das Wachstum der städtischen Bevölkerung erreichte zwischen 1895 und 1914 seine mittlere Stärke. In diesem Zeitraum stieg der Urbanisierungsindex um 0,77 jährlich, während er im vorherigen Zeitraum bei 0,43 gelegen hatte.« Gustavo Beyhaut, zitiert von Robert Cortes Conde, *Problemas del crecimiento industrial de la Argentina, 1870-1914*, in: *Desarrollo Económico* (Buenos Aires), Band 3, Nr. 12 (April-September), S. 156-157.

der letzteren im Staatsapparat die Einheit der herrschenden Gruppen dokumentierte.

Dieser Prozeß, der sich verhältnismäßig rasch vollzog – er begann mit dem Sturz von Rosas im Jahre 1852 und wurde endgültig besiegelt mit der Politik von Präsident Roca nach 1880 –, schlug sich im politisch-ideologischen Bereich als Konflikt zwischen Zentralismus (d. h. der Idee der nationalen Einheit) und Föderalismus nieder. Die exportorientierten Viehzüchtergruppen von Buenos Aires, die den Föderalismus verfochten hatten, weil sie in ihm die Chance zur Durchsetzung ihrer Interessen gegenüber den übrigen Provinzen sahen, mußten schließlich jedoch die Verfassung der argentinischen Konföderation von 1853 akzeptieren. Diese Verfassung war das Werk von Alberdi, der aus der im Landesinnern gelegenen Provinz Tucumán stammte und der liberalen Generation von 1837 angehörte, und sie brachte die neue politische Realität zum Ausdruck: einen autoritären Zentralismus. Sie gestattete die Aufteilung der Einflußsphären unter den Provinzen oder, genauer gesagt, unter den lokalen *caudillos* ebenso wie den Erwerb von Grundeigentum durch Enteignung indianischer Ländereien, und sie billigte die Einwanderung von Arbeitskräften. Diese drei Punkte bildeten die Grundlage der von den herrschenden Gruppen gemeinsam vertretenen Ideologie. Mit der Wahl von Mitre, dem Gouverneur der Provinz Buenos Aires, zum Präsidenten der Konföderation im Jahre 1862 wurde Buenos Aires als die politisch bestimmende Kraft der Nation »zentralistisch« anerkannt. (Zuvor gab es eine kurze Regierungszeit von Urquiza, dem Gouverneur von Entre Ríos, der 1852 Rosas vertrieben und im Verein mit uruguayischen *caudillos* Buenos Aires besetzt hatte und der unterstützt wurde von Brasilien und den englisch-französischen Interessentengruppen, die sich der Politik Rosas', den Handel von Ausländern auf dem Paraná-Fluß zu verbieten, widersetzten.)

Inzwischen war die lateinamerikanische Ökonomie infolge bedeutender Wandlungen wieder in den Weltmarkt eingegliedert worden und hatte neue Impulse empfangen. Diese ökonomische Expansion, die seit den fünfziger Jahren bis zur Krise von 1873 nahezu ohne Unterbrechung voranschritt, begünstigte die Entstehung neuer gesellschaftlicher Gruppen im Gebiet des Rio de la Plata. Der politische Zusammenhalt beruhte auch nach Roca auf Exporten, Einwanderung, Investitionen des ausländischen Kapitals und Auslandsanleihen für die Provinzen und für die Nation. Die achtziger Jahre des 19. Jahrhunderts waren eine Periode der Expansion und bescheidener Fortschritte in der Säkularisation.[41] Dieses System funktionierte unter der oligarchischen Kontrolle von Buenos Aires – in dem Sinne, daß die Exportinteressen tonangebend waren –, ohne daß es Versuche gegeben hätte, die politischen Mitwirkungsrechte zu erweitern, geschweige denn ein durch freie Wahlen garantiertes parlamentarisches System zu etablieren.

So entstand eine neue Opposition, die vielfältige Bündnispartner umfaßte: die städtischen Mittelklassen der Küstenprovinzen, insbesondere der Provinz Buenos Aires; die ländliche Mittelklasse der eingewanderten Weizen-Farmer; die Vieh-Rancher, die nicht mit den Viehmästern und Eigentümern von Fleischkonservenfabriken verbunden waren; und schließlich jene Teile der Oberschicht der im Landesinnern gelegenen Provinzen, die dadurch, daß die Elite von Buenos Aires die politische Führung in der Konföderation übernommen hatte, zur Zweitrangigkeit verurteilt worden waren.

Die politischen Aktivitäten der neuen Schichten und der marginalisierten Gruppen der alten herrschenden Klassen begannen mitten im Herzen des oligarchischen Systems mit einem Aufstand gegen Präsident Juárez Celman im Jahre 1890. Obwohl der Aufstand niedergeschlagen wurde, trat Celman zugunsten von Vizepräsident Carlos Pellegrini zurück. Dies war der Anfang der radikal-bürgerlichen Opposition, der Unión Cívica Radical.[42]

Ziel der oppositionellen Aktivitäten der neuen Gruppen war die Beteiligung am Machtbündnis zum Zweck der Wiederherstellung der »öffentlichen Moral« und zur Erweiterung der

---

41 Tatsächlich förderten Roca und nach ihm die Celman-Regierung die Säkularisation und regionale Integration auf der nationalen Machtebene, indem sie die regionalen Gerichte durch ein anderes, stärker integriertes Justizsystem ersetzten. Diese politische Modernisierung brachte freilich kein repräsentatives Wahlsystem.

42 Vgl. Silvia Sigal und Ezequiel Gallo, *La formación de los partidos contemporáneos: la Unión Cívica Radical, 1880-1916*, in: *Desarrollo Económico*, Band 1, Sondernummer über Lateinamerika (April-September 1963), S. 173-230. Der folgende Abriß über Radikalismus und andere Punkte stützt sich auf diesen Artikel.

Machtbasis. Über dieses Programm hinaus waren die neuen Gruppen Verfechter des Föderalismus, von dem sie sich eine stärkere Einbeziehung der einst prosperierenden, nun jedoch aus dem nationalen Entscheidungssystem ausgeschlossenen Provinzen erhofften. Da sie keinen Zugang zum oligarchischen politischen System hatte, vollzog sich innerhalb der Opposition ein Wandel vom Reformismus zur Rebellion; doch ihre Versuche, auf diesem Wege an die Macht zu gelangen, wurden 1893 und 1904 vereitelt. Wiederum triumphierte das alte System über die in sich gespaltenen neuen Gruppen. Mitre, der sich erneut um das Amt des Präsidenten bewarb, diesmal als Kandidat für »nationale Einheit« und mit der Parole der »erweiterten Beteiligung«, wurde politisch ausgespielt von Roca, der sich an die Spitze des »situationalistischen« Blockes gestellt und für die Fortsetzung der auf betrügerischen Wahlen beruhenden konservativen Herrschaft entschieden hatte. Diese Politik, die von der Allianz mit der Provinz-Beamtenschaft abhing, erwies sich als zunehmend unfähig, auf die Forderungen der Massen – der bereits beschriebenen neuen Gruppen und der städtischen Arbeiterschaft, die unter den Einfluß des Anarchosyndikalismus geriet – einzugehen; so kam es im Jahre 1912 dazu, daß Präsident Sáenz Peña der Verkündung des Wahlgesetzes zustimmte, das seinen Namen tragen sollte und das allgemeine und freie Wahlen garantierte. In der darauf folgenden Wahl wurde Hipólito Yrigoyen, der Führer der Unión Cívica Radical, zum Präsidenten gewählt.

Die Wahl Yrigoyens signalisierte den Sieg eines Machtbündnisses, in welchem sich die Masse der Wählerschaft erheblich von der sie führenden Elite unterschied. Zu dieser Elite zählten diejenigen Schichten, die von dem zuvor herrschenden System marginalisiert worden waren: die Farmer der Küstenprovinzen (Santa Fe, Córdoba, Entre Ríos), die im Zuge der Erweiterung des Welthandels die Produktion gesteigert und die Einwanderung intensiviert hatten; die Gruppen, die mit der traditionellen land- und viehwirtschaftlichen Produktion und dem traditionellen Handel verbunden waren und die am herrschenden politischen System nicht mitgewirkt hatten; und schließlich die Mittelklassen – sowohl die Bürokraten als auch diejenigen Schichten, welche durch das Wachstum von

Dienstleistungs- und Gewerbebetrieben in den Städten entstanden waren, die sich infolge der Ausdehnung der landwirtschaftlichen Produktion vergrößerten. Ferner verstärkte die ökonomische und soziale Differenzierung von Buenos Aires das Gewicht der Mittelklasse.

So wahr es ist, daß der bürgerliche Radikalismus sich weitgehend darauf stützte, daß die marginalisierten Gruppen der traditionellen Klassen und die Klassen, die niemals herrschende gewesen waren, aber mit der Steigerung der Weizenproduktion im Küstengebiet und mit der Expansion der Exportwirtschaft gegen Ende des 19. Jahrhunderts Macht gewannen, in die Machtkartelle aufgenommen wurden, so wahr ist es auch, daß der Radikalismus im Jahre 1916 Ausdruck eines Paktes zwischen Mittelschichten und herrschenden Klassen war. Der Charakter des Programms der Radikalen läßt darauf schließen, daß die Gruppen, die die Unión Cívica Radical ausmachten, sich nicht »auf der Basis ähnlicher sozialer und wirtschaftlicher Probleme« zusammengetan hatten, »sondern daß ihr einziger gemeinsamer Nenner die Tatsache war, daß sie von der politischen Macht ausgeschlossen waren«.[43] Daher war es leicht, das Bündnis »nach oben« auszudehnen, um die wirtschaftlichen Forderungen der Vertreter von Landwirtschaft, Viehzucht und Export mitaufzunehmen.[44]

Jedenfalls vereinigte die Politik der Radikalen dank ihrer Fähigkeit, Wähler zu mobilisieren, in ihrem Machtsystem sowohl Teile der Mittelklassen und der städtischen Unterschichten als auch die regionalen Agroexport- und die städtischen Industriegruppen. Die charakteristischen Merkmale des Programms der Radikalen erlaubten es der Regierung auch, Vertreter der alten herrschenden Schichten miteinzubeziehen, die stark genug blieben, gegen den wachsenden Druck »von unten« vorzugehen. Als es zu einem Streik der Arbeiter in den Fleischkonservenfabriken kam, setzte die Regierung der Radikalen die Marine zum Schutze der ausländischen

43 Sigal und Gallo, a.a.O., S. 184.
44 Vgl. den Artikel von Peter Smith, *Los radicales argentinos y la defensa de los intereses ganaderos, 1916-1930*, in: *Desarrollo Económico*, Band 7, Nr. 25 (April-Juni 1967), S. 795-830, der über die Beteiligung von Vieh-Ranchern, Farmern und Exporteuren an den radikalen Regierungen Auskunft gibt. Diese Beteiligung nahm in der zweiten Regierung von Yrigoyen (1928-1930) ab.

Fleischkonserven-Interessen ein, obwohl diese im Gegensatz zu den nationalen Interessen der Vieh-Rancher standen. Unter Ausnutzung der nachteiligen Auswirkungen, die die Wirtschaftskrise von 1918 auf die Regierung der Radikalen hatte, schlug die Agrar- und Viehexportgruppe der sie unterstützenden nationalen Agrarbourgeoisie und der von Furcht vor der Bewegung der Massen ergriffenen städtischen Bourgeoisie einen neuen Weg des allmählichen Übergangs im Sinne der Interessen der Produktion vor. Diese Politik begann als Reaktion gegen die Studentenproteste, die in der Universitätsreform von Córdoba gipfelten, und gegen die Arbeiter unter Führung des regionalen argentinischen Gewerkschaftsverbandes (Federación Obrera Regional Argentina), der deutlich vom Anarchosyndikalismus beeinflußt war. In der »Blutwoche von Buenos Aires« vom Januar 1919 schlug die Regierung Yrigoyen die Streiks der Arbeiter gewaltsam nieder.

Der Yrigoyenismus, der die Wählerstimmen der Massen angezogen, sie aber nicht via Gewerkschaftsapparat dirigiert hatte, wurde innerhalb der Unión Cívica Radical von einem nicht-personalistischen (d. h. nicht-populistischen) Radikalismus abgelöst, der im Jahre 1922 zur Wahl von Marcelo de Alvear in das Präsidentenamt führte. Die neue Politik brachte insofern eine Stabilisierung der Elite-Mitglieder des radikalen Bündnisses, als das Yrigoyen-Modell der erweiterten politischen Mitwirkung, das die Massen mobilisiert hatte, ohne sie zu kontrollieren, verworfen wurde.

Die Integration der gesellschaftlichen und wirtschaftlichen Gruppen in das neue System sah folgendermaßen aus: Eine bedeutende Rolle wurde denjenigen Gruppen zugewiesen, die im nationalen Bereich als Vertreter ausländischer, insbesondere britischer, Interessen wirkten und sowohl den argentinischen Staat als auch die nationale Wirtschaft mit den externen Sektoren verbanden; die nationale Exportbourgeoisie wurde – direkt oder stellvertretend – wieder in ihre Führungsrolle innerhalb der Regierung eingesetzt. Der Erfolg dieser Gegenoffensive beruhte nicht zuletzt auf der wirtschaftlichen Blüte des Exportsystems. Solange das Exportsystem gut funktionierte, brauchten die Mittelklassen und die städtische Bourgeoisie nicht das Risiko einzugehen, sich offen für eine Wirtschaftspolitik auszusprechen, die sie von der Agroexport-

Bourgeoisie unabhängig gemacht hätte. Es ist jedoch bezeichnend, daß Yrigoyen versuchte, den Grundstein für diese Unabhängigkeit zu legen. Er schuf die staatseigene Erdölgesellschaft Yacimientos Petroliferos Fiscales, er versuchte, die Eisenbahn zu nationalisieren, und er nutzte die nach dem Ersten Weltkrieg eingetretenen günstigen Bedingungen zur Erweiterung der Textilindustrie und der Metallurgie. Mit der vereinten Unterstützung der »Radikalen« und einzelner Teile der regionalen herrschenden Gruppen, vor allem der Weinproduzenten von Mendoza und San Juan, konnte Yrigoyen 1928 Alvear ablösen und wieder das Amt des Präsidenten übernehmen. Doch die Geschlossenheit der etablierten Agrarexportordnung bewirkte erneut den Zusammenbruch des von der Regierung Yrigoyen angestrebten Bündnisses; zudem wurde diese zweite Regierung Yrigoyen dadurch geschwächt, daß sie außerstande war, die politische Bedrohung der Gewerkschaften, die unzufrieden waren mit einer Wirtschaftspolitik, welche die Bourgeoisie begünstigte, durch Förderung des Binnenmarktes in Schranken zu halten. Im Anschluß an den Militärputsch von General Uriburu im Jahre 1930 kam es zu einer Allianz von »Konservativen«, »Anti-Personalisten« und »Unabhängigen Sozialisten«, die den »Übergang« insofern repräsentierten, als sie das Machtsystem für Modernisierungen öffneten. (Die Unabhängigen Sozialisten De Tomasso und Pinedo führten technische Elemente in die Regierungspolitik ein.) Die neuen Machthaber lehnten es jedoch ab, mit den neuen Gruppen zu kooperieren, wenn sie den Eindruck hatten, daß diese Massenbewegungen repräsentierten, und sie konnten ihre Position mit der Androhung, das Militär einzusetzen, und mit Appellen an »Patriotismus« so lange halten, bis zu dem Druck der Mittelschichten der Druck der Massenbewegung (des Peronismus) hinzukam.

1.2. Integration der »traditionellen« Mittelschichten und Krise der oligarchisch-bürgerlichen Herrschaft. Der Fall Brasilien

Die Besonderheit der Übergangsperiode in Brasilien bestand in der Schwäche der Klassenstruktur. In Wirklichkeit beruhte die Modernisierung der Exportwirtschaft in erster Linie auf der Abschaffung der Sklaverei und in zweiter Linie auf der Umwandlung Brasiliens in eine Republik. Das Kaiserreich war nicht nur eine symbolische, sondern eine tatsächliche Garantie der auf Sklavenwirtschaft und patrimonialistischer Herrschaft fundierten regionalen Interessen. Bis 1860/1870 waren die Zuckerinteressen des Nordostens und die Interessen der Kaffeepflanzer im Zentrum des Landes (in Minas, in der Provinz Rio de Janeiro und in dem an São Paulo grenzenden Teil des Parahiba-Flußgebiets) im Spiel der regionalen Bündnisse die politisch vorherrschenden. Dennoch wurden die lokalen Interessen der Sklavenhalter, die große Ländereien im Süden und besonders im Nordosten sowie in den für das Zentrum der Macht marginalen Provinzen besaßen, respektiert – wenn auch nicht konfliktlos. Es wurde eine politisch geschickte und gesellschaftlich wichtige Bürokratie aufgebaut, die – dank dem mäßigenden Einfluß des Kaisers – nicht nur die lokale Autonomie der Pflanzeraristokratie, sondern auch den Nationalstaat schützte. Der Staat wachte über die »allgemeinen Interessen«, d. h. über die Interessen der Zucker- und Kaffeeproduzenten, unter der Voraussetzung, daß diese die lokalen Machtzentren unterstützten und achteten.

In dieser Situation blieb die »oligarchische Herrschaft«, wiewohl sie eine reale und politisch wirksame Basis hatte, daran interessiert, politische Bündnisse zu schließen – freilich stets im Namen der nationalstaatlichen Interessen. Trotz des ausgesprochen elitären Charakters des Herrschaftssystems erlaubte das formale politische Kräftespiel zwischen den zwei Parteien – der Liberalen und der Konservativen Partei – gerade den zur herrschenden Oligarchie zählenden Gruppen, fortschrittliche politische Ideen aus Europa oder Nordamerika zu übernehmen. Es wäre falsch, die politische Bedeutung der »progressiven Strömungen« zu unterschätzen, nur weil sie von der nationalen Wirklichkeit einer sklavokratischen Gesellschaft weit entfernt zu sein schienen. Der Übergang im System der politischen Kontrolle wurde im Gegenteil ganz entscheidend von nonkonformistischen Gruppen innerhalb der »Oligarchie« bestimmt.

Die Herausbildung einer bürgerlich-kapitalistischen gesellschaftlichen Situation innerhalb des »Agroexportsystems«

deutete sich erstmals an, als die Kaffeepflanzer von São Paulo die Sklaven durch eingewanderte Arbeitskräfte zu ersetzen begannen, also hauptsächlich nach 1870. Der Zusammenbruch des Sklavensystems und der Sturz des Kaisertums (1889) – die Republikanische Partei war schon vorher gegründet worden – waren Ausdruck dieser neuen Realität und ließen zugleich die Solidarität der »traditionellen städtischen Mittelklasse« mit den *fazendeiros* erkennen. In einer »Plantagen«- und sklavokratischen Wirtschaft konnte die soziale Differenzierung natürlich nur gering sein und war es auch. Obwohl die Einführung freier Lohnarbeiter in der Kaffeewirtschaft eine erhöhte Arbeitsteilung und die Stärkung der städtischen Wirtschaft bedeutete, hatte dieser Prozeß bis zum Ersten Weltkrieg keine erheblichen Auswirkungen auf die soziale Schichtung. Dennoch machte sich der Druck »neuer gesellschaftlicher Gruppen« seit der Abschaffung der Sklaverei (1888) und der Umwandlung Brasiliens in eine Republik (1889) deutlich bemerkbar. Anfangs ging er von Gruppen aus, die zwar Teil der traditionellen oligarchischen Schichten waren, innerhalb dieser Schichten jedoch wenig Gewicht besaßen. Sie waren Angehörige der zivilen Bürokratie, hauptsächlich jedoch des Militärapparats (der nach dem Krieg mit Paraguay von 1865-1870 gestärkt worden war), oder sie spielten eine untergeordnete Rolle im nationalen Herrschaftszusammenhang, wie Rechtsanwälte, Kongreß-Abgeordnete, Parteifunktionäre und lokale Führer weniger wohlhabender Provinzen. In der Frage der Abschaffung der Sklaverei und der Gründung der Republik schlossen sich diese Gruppen, die man nur sehr vage als »Mittelschicht« bezeichnen konnte, den Kaffeepflanzern von São Paulo und einigen Produzenten im Süden, die keine Sklaven hielten, an, um die »kaiserliche Oligarchie« zu entmachten. Unter der »florianista«-Politik[45], in der die Präsenz neuer Gruppen eindeutig festgelegt war, gab es zunächst sogar eine anti-oligarchische Radikalisierung, die freilich nach der Durchsetzung der föderalistischen republikanischen Regierungsform unter der Verfassung von 1891 rasch erstickt wurde. Diese Verfassung war Ausdruck des Systems lokaler

---

45 Dies war die Politik, die Marschall Floriano Peixoto einleitete, der in der Zeit der »Alten Republik« Anfang der neunziger Jahre in Brasilien Präsident wurde.

Allianzen unter der Herrschaft der Agroexport-Kapitalisten des zentralen Südens, schloß jedoch die Agroexportgruppen anderer Regionen nicht aus, schon gar nicht die Eigentümer großer, wenig produktiver Ländereien. Da die Großgrundbesitzer sehr zahlreich waren, vermochten sie dem System einen oligarchisch-traditionellen Stempel aufzudrücken, obwohl es seit dem 19. Jahrhundert eigentlich in den Händen der kapitalistischen Produzenten und Exporteure des zentralen Südens gelegen hatte.

Mit der allmählich voranschreitenden Differenzierung in der städtischen Wirtschaft, die durch den Ersten Weltkrieg beschleunigt wurde, kamen städtische Protagonisten hinzu – freie Berufe, Beamte und Angestellte und bestimmte Teile der Arbeiterklasse –, die der anti-oligarchischen Reaktion eine neue Bedeutung verliehen. Die bestimmenden Kräfte dieser Reaktion waren jedoch nach wie vor, auch in den zwanziger Jahren, junge Militärs, deren Verhalten und Ideologie sich nur vor dem Hintergrund der früheren anti-oligarchischen Reaktion erklären ließ, die in den marginalen und vom wirtschaftlichen Abstieg betroffenen Teilen der regionalen Oligarchien selbst ihren Ursprung hatte.

Die Brüchigkeit der oligarchisch-kapitalistischen Herrschaft, die sich auf regionale Bündnisse zwischen ausschließlich herrschenden Gruppen gestützt hatte, wurde mit der Revolution von 1930 offenkundig. Der Zusammenbruch begann damit, daß die oligarchischen Gruppen selbst sich über der Frage, wer die nationale Macht kontrollieren sollte, entzweiten. Als ein Teil der regional herrschenden Gruppen das System der politischen Bündnisse ausweitete, um sich selbst gegen die national herrschenden Oligarchien durchzusetzen, wurde der Weg frei für die neuen städtischen Gruppen. Diese gingen sofort daran, den dominanten Teil des alten oligarchischen Bündnisses – die Kaffeepflanzer von São Paulo und Minas – so lange unter Druck zu setzen, bis eine neue Übereinkunft über die Kontrolle der Macht zustande kam.

Tatsächlich vertrat das liberale Bündnis von Vargas die Interessen regionaler Gruppen wie der Vieh-Rancher im Süden und der Eigentümer von Zuckerplantagen im Nordosten, mit denen die »städtischen Mittelschichten« sich gegen die dominierenden Kaffeepflanzer, die durch die Weltwirtschaftskrise von 1929 geschwächt worden waren, zusammengeschlossen hatten. Die alten herrschenden Gruppen widersetzten sich natürlich diesem neuen Bündnis, jedoch ohne Erfolg: Sie unterlagen, wurden politisch isoliert und wirtschaftlich geschwächt.

Die Politik Vargas' schuf eine neue ökonomische Basis, die die städtische Mittelschicht und kleine Teile der Unterschicht stärkte, ohne die Agrarexportgruppe wirtschaftlich zu behindern. Ein paar Jahre später bemühte sich Vargas, die Unterstützung der ehedem herrschenden Gruppen, einschließlich der Kaffeepflanzer, zurückzugewinnen, um ein neues Machtkartell herzustellen, das die städtische Unterschicht langsam integrierte, während es die ländliche Unterschicht ausschloß. Mit Hilfe hoher öffentlicher Investitionen in Infrastrukturmaßnahmen und mit verstärkten staatlichen Kontrollen gelang es dieser Politik, das Beschäftigungsniveau und damit den Binnenmarkt und die nationale Industrie aufrechtzuerhalten.

An die Stelle der alten oligarchisch-kapitalistischen Allianz trat eine zentralistische Politik, die, unter Respektierung der lokalen Agroexport-Interessen, die notwendige städtische ökonomische Basis für eine Industrie- und Handelsbourgeoisie schuf und darüber hinaus eine soziale Differenzierung in Teilen der neuen »Mittelklasse« und der Arbeiterklasse ermöglichte. Eine reale Beteiligung der Arbeiter-Unterschichten an den Machtbündnissen gab es in der ersten Regierung Vargas (1930-1940) freilich nicht. Zwar ist es richtig, daß Vargas von Anfang an die Bedeutung der industriellen Expansion, insbesondere der Eisen- und Stahlproduktion, unterstrichen hatte und ein nationalistisches, ständisches Programm vertrat. Aber man darf nicht vergessen, daß er mit diesen zwei Grundsätzen seiner Politik weltweiten Trends gehorchte. Die Anwesenheit oligarchischer Delegierter in der Verfassunggebenden Versammlung von 1934, die Ausarbeitung des Bergbau-Gesetzes im selben Jahr und die Gründung des Nationalrats für Erdöl im Jahre 1938 hatten natürlich ihr eigenes Gewicht, aber sie waren auch Reflexe der internationalen Szene, auf der sich der Zweite Weltkrieg ankündigte: mit der Notwendigkeit einer autarken nationalen Wirtschaft und der Idee eines Ständestaates. Vargas' Politik, die damals durch Stützung des Kaffeepreises, Aufrechterhaltung des Beschäftigungsniveaus und Stärkung des binnenmarktorientierten Industriesektors gekennzeichnet war, war eher eine Ad-hoc-Reaktion auf Marktbedingungen als ein Versuch, die ökonomische Basis des Machtsystems zu verändern. Trotzdem gab es in diesem Machtsystem anstelle der vertriebenen oligarchischen Gruppen Vertreter der städtischen Mittelschichten und der Handels- und Industriebourgeoisie. Der Staatsstreich von 1937, durch den der *Estado Novo* (Neuer Staat) geschaffen wurde, bildete den Höhepunkt einer Periode der Unterdrückung, die auf den Versuch der Allianz der Nationalen Befreiung (in der radikale zivile und militärische Vertreter der städtischen Mittelschicht und Angehörige der Kommunistischen Partei sich zusammengeschlossen hatten) im Jahre 1935, das politische System »nach unten« zu öffnen, gefolgt war. Die doppelgleisige Politik, die Vargas danach betrieb, bestand darin, die Durchsetzung der politischen Interessen der konservativen Kräfte zu vereiteln und ihnen zugleich die Beteiligung an der Macht anzubieten. So erklärte er etwa die faschistische Partei der »Integralistas« für illegal, nachdem er ihre stillschweigende Unterstützung akzeptiert hatte; er benutzte die Vertreter der Bourgeoisie von São Paulo und Minas Gerais, um eine Politik der Repression einzuleiten und fortzusetzen; und er trug seinen alten Feinden in den Reihen der geschlagenen Oligarchie Regierungsämter an. Obwohl er dabei weit von den Interessen der Arbeiterklasse entfernt war, setzte er die nationalistische Politik, die der industriellen Entwicklung zugute kam (Stahlwerk Volta Redonda), fort, ja intensivierte sie sogar, und er förderte eine aktive Industrialisierungspolitik mit Hilfe des fälschlicherweise so bezeichneten Außenhandelsrates.

Nach 1943 baute Vargas eine moderne Arbeitsgesetzgebung aus und nahm eine Neubestimmung seiner Politik vor. Die brasilianischen Arbeiterorganisationen, die – wie die argentinischen und chilenischen auch – um die Jahrhundertwende unter dem Einfluß von Anarchisten und Syndikalisten europäischer Schule gegründet worden waren, wurden während Vargas' erster Amtszeit aufgelöst; ihre Wiederbelebung fand unter staatlicher Lenkung statt und erfaßte ein neues Proletariat. Die Arbeiter von São Paulo, die hauptsächlich italienische Einwanderer gewesen waren, wurden nun, nach der Industrialisierung der dreißiger Jahre, von anderen abgelöst, von »Binnenwanderern«, die die politische Bühne unter der Vormundschaft des brasilianischen Staates betraten. Es gab also immer noch keine Mitwirkung der Massen. Die politische Integration in die Machtbündnisse galt lediglich für einige Teile der Mittelschicht und die neuen Gruppen der Bourgeoisie, die, wenngleich auf die Produktion für den Binnenmarkt ausgerichtet, die Massen von den Entscheidungszentren ausschlossen.

1.3. Integration der Mittelschicht in das Machtbündnis. Die Demokratisierung Uruguays

Die Wirtschaftsstruktur Uruguays war exportorientiert und schloß zwei wichtige Gruppen ein: die *hacendados*, die die Produktion de facto kontrollierten, und die Kaufleute, die unmittelbar mit dem Export zu tun hatten. Diese beiden Gruppen waren stark miteinander verflochten; es war keineswegs ungewöhnlich, daß Kaufleute Ranch-Eigentümer und Ranch-Eigentümer Kaufleute wurden. Und gerade wegen dieses engen Zusammenhangs konkurrierten die beiden Gruppen häufig um die politische Macht und versuchten Übergriffe auf die wirtschaftliche Domäne des jeweils anderen.

Die Struktur der traditionellen Parteien, der Blanco-Partei und der Colorado-Partei, war weitgehend von diesem Verhältnis geprägt. Beider Mitgliederschaft war ähnlich, doch waren bei den Blancos die Rancher wichtiger als die Kaufleute, und bei den Colorados war es umgekehrt. Das bedeutete, daß, obwohl beide Parteien wirtschaftlich am Export orientiert waren, die Blancos den Produktionsbereich, d. h. die Hazienda, verteidigten, während die Colorados für Vermarktung und damit für außengerichtete Entwicklung plädierten.

Der Kampf um die Macht bekundete sich in häufigen politischen Krisen, die erst ein Ende nahmen, als die Militärregierung Latorre (1876–1880) Maßnahmen zur Gründung einer stabileren politischen Allianz zwischen den beiden Parteien ergriff. Vertreter der Colorados und der Blancos, von denen keiner eine wirklich herausragende Persönlichkeit war, wechselten sich in der Latorre-Regierung ab; gleichzeitig begann die Periode der wirtschaftlichen Interessenvertretung durch den Verband der Farmer und die Handelskammer. Unter Latorre wurde das Wachstum der Exportwirtschaft durch immer engere Bindungen an England gefördert. Hinzu kamen zwei weitere wichtige Faktoren: der Einsatz einer fortgeschritteneren ländlichen Technologie (Stacheldrahtzäune, wissenschaftlich angeleitete Viehzucht u. a.) sowie eine Politik, die die Einwanderung von Europäern begünstigte. Diese Faktoren, die die gesellschaftliche Arbeitsteilung beschleunigten, trugen auch zur Verstädterung und zu größerer Differenzierung der sozialen Schichtung bei.

Bald darauf traten die Mittel- und Unterschichten allmählich aus ihrer politischen Bedeutungslosigkeit heraus und rückten in den Mittelpunkt der Politik von Batlle, die eine ganze Serie von wirtschaftlichen, politischen und sozialen Reformen brachte. In der sozialen Zusammensetzung der Parteien ergaben sich allerdings keine wesentlichen Veränderungen. Batlle versuchte zunächst, die Colorado-Partei unter Kontrolle zu bekommen, indem er unter den städtischen Mittel- und Unterschichten sowie bei den Farmern um Parteimitglieder und Sympathisanten warb. Sein nächstes Ziel war die Kontrolle des Staates, doch dazu mußte er nicht nur die Mittel- und Unterschichtenvertreter, sondern die gesamte Partei mit ihrer komplexen Mitgliederstruktur mobilisieren. Diese »Macht«, wenn man es so nennen kann, war freilich in hohem Grade unsicher. José Batlle y Ordoñoz hatte seine politische Laufbahn als *caudillo* der Colorados und Führer der Truppen begonnen, die die ländlichen *caudillos* der Blancos vernichtend schlugen. Nachdem er 1903 Präsident der Republik geworden war, übertrug der die Politik, mit der er ehedem die Colorado-Partei beherrscht hatte, auf den Staat. Er baute den Staatsapparat aus und legte die Bürokratie in die Hände derjenigen gesellschaftlichen Gruppen, die ihn unterstützt hatten.

Er ging jedoch noch weiter. Anknüpfend an die Tradition von Varela, der unter Latorre mit dem Aufbau eines weltlichen Bildungswesens begonnen hatte, vergrößerte er die Zahl der Schulen. Er modernisierte die politischen Institutionen und unternahm, insbesondere in seiner zweiten Amtszeit nach

1911, Schritte in Richtung auf eine »soziale Demokratie«. Durch seine Arbeitsrechtsreformen wurden Renten und Pensionen eingeführt und der Ausbau der Gewerkschaften gefördert. Noch wichtiger war wohl seine Wirtschaftspolitik, die durch protektionistische Maßnahmen und den Versuch, ein staatliches Vertriebs- und Versicherungsmonopol zu schaffen, gekennzeichnet war. Nach 1920 nahm er ein Transportprogramm in Angriff, mit dessen Hilfe das Land sich aus seiner Abhängigkeit von den englischen Eisenbahninteressen befreite. Es versteht sich von selbst, daß zu Veränderungen dieses Ausmaßes mehr gehörte als ein Kampf zwischen der Allianz der Mittelschichten und der Agrarbourgeoisie. In dem Maße, wie Uruguay seine Bindungen an Großbritannien lockerte, geriet es in Abhängigkeit von den Vereinigten Staaten.

Die Verfassung von 1917 öffnete den durch die Politik Batlles integrierten neuen Schichten die Tür zur politischen Entscheidungsgewalt. Batlle kontrollierte zwar die Colorados, weil er die Mittelklasse und Teile der Unterschichten in sie integriert hatte; aber er konnte die übrigen Schichten nicht aus der Partei ausschließen. Er hatte mit Hilfe seiner Partei zwar einen politischen Sieg errungen; aber er konnte die Blancos nicht völlig von der realen Macht fernhalten. Die Verfassunggebende Versammlung von 1919 nahm den Teil des Batlle-Vorschlages an, der die Gründung einer kollegialen Exekutive vorsah. Fortan hatte die Blanco-Minderheit eine Stimme in Verwaltungsentscheidungen, wenn auch die Entscheidung über politische und militärische Belange dem Präsidenten vorbehalten blieb. Die folgende Periode der politischen Stabilität war mithin nicht auf ein Machtmonopol einer gesellschaftlichen Gruppe oder Schicht zurückzuführen, sondern auf ein vielschichtiges System von Bündnissen und Machtbereichen, das wegen des komplizierter gewordenen sozioökonomischen Gefüges nun unerläßlich war.

Die Struktur der Bündnisse unter den verschiedenen gesellschaftlichen Gruppen, welche die beiden Parteien vertraten, und die Absprachen, die zwischen den Parteien zustande kamen, trugen dazu bei, daß der Staat zu einem das Bündnis verkörpernden System wurde. Noch wichtiger war, daß das Bündnis sich in einer staatlichen Wirtschaftspolitik ausdrückte (Verstaatlichungen, Schaffung von Steuerämtern, Dienstleistungen usw.), die weder Klasseninteressen ignorierte, noch eine Schicht zum Nachteil anderer Schichten bevorzugte.

1.4. Oligarchische Herrschaft und die Schwäche der Mittelschicht. Der Fall Kolumbien

Kolumbien wies ebenfalls eine Herrschaftsstruktur auf, in der die Zweiparteienpolitik nicht einen Querschnitt durch die Gesellschaftsstruktur erkennen ließ, sondern einen ständigen Kampf zwischen Teilen der herrschenden Klasse darstellte: zwischen den Handels- und Exportgruppen mit ihren jeweiligen Plantagen-Verbindungen. Es wäre falsch zu meinen, der Kampf zwischen Liberalen und Konservativen im 19. Jahrhundert sei Ausdruck eines Konflikts zwischen Landadel und kapitalistischer Bourgeoisie gewesen. Die Konservative Partei wurde von Familien aristokratischer Abstammung ebenso unterstützt wie von den Kaufleuten und Plantagenbesitzern aus Antioquia, denen gewöhnlich bescheinigt wird, eine wichtige Rolle bei der Modernisierung der kolumbianischen Produktion gespielt zu haben. Zu den Liberalen gehörten im 19. Jahrhundert Gruppen, die die zwei Gesichter des Landes zeigten: die Großgrundbesitzer der kolonialen patrimonialistischen Vergangenheit und die fortschrittlichen Exporteure der Tabak- und Kaffeewirtschaft sowie Kaufmannsgruppen.

Trotz der Heftigkeit der politischen Auseinandersetzung gelang es der florierenden Agroexport-Bourgeoisie immer wieder, die streitenden Parteien zu vorübergehenden Kompromissen zu bewegen. Konservativer Katholizismus und liberaler Agnostizismus fügten sich der Effektivität und Dynamik einer Plutokratie, die erste Ansätze zur Entwicklung einer industriellen Wirtschaft erkennen ließ. Unter dem Liberalen Rafael Núñez sah die Verfassung von 1886 den ausdrücklichen Machtpakt zwischen den zwei ideologischen Polen ein und derselben Klasse vor.

An der Karriere von Rafael Núñez läßt sich dieser Prozeß ablesen. Die Tradition der Liberalen Partei, die insbesondere während der Amtszeit von Präsident Mosquera ausgesprochen radikal war, trat für Freihandel, Vertreibung der Jesuiten, Freiheit der Religion, Abschaffung der Sklaverei und für Föderalismus ein. Núñez begann seine Laufbahn als Mitglied des extremsten Flügels der Liberalen, der »gólgota« genannt wurde. Als er 1880 Präsident wurde, änderte er seine Haltung und wurde zum progressiven Pragmatiker. Nun hielt er es für unerläßlich, der desintegrierenden Wirkung des Föderalismus, der das Leben der Provinzen mit der Gewaltsamkeit seiner Lokalpolitik spaltete, Einhalt zu gebieten und dazu die Macht des Präsidenten zu stärken. Durch Integration der Produzenten und Kaufleute brachte es die Núñez-Regierung zuwege, Ordnung und Fortschritt zu repräsentieren; fortan verlieh sie dem kolumbianischen Konservativismus nicht nur Ausdruck, sondern übernahm auch seine Führung.

So kam in Kolumbien ein politisches Arrangement zustande, das die gesamte herrschende Klasse, deren rückständigste und wirtschaftlich fortschrittlichste Gruppen, umfaßte und dem es sogar gelang, die ländliche Schicht und die Provinz-Mittelschicht einzubeziehen.

Alle folgenden Reaktionsversuche waren, obwohl sie sich innerhalb des Machtsystems abspielten, gewaltsam (1884-1885; 1895; 1899-1903; der Tausend-Tage-Krieg), und sie scheiterten allesamt. Die innere Politik verfiel immer mehr, bis es zum völligen Zusammenbruch der nationalen Struktur des Landes kam, dessen Höhepunkt die Sezession des Panama-Isthmus im Jahre 1903 bildete.

Anfang des 20. Jahrhunderts trat dank der binnenmarktbezogenen Investitionen der kolumbianischen Bourgeoisie eine Erholung der industriellen Wirtschaft ein. Es wurde so nicht nur das städtische Wachstum im ersten Viertel des Jahrhunderts gefördert, sondern auch die soziale Differenzierung beschleunigt. Das »Kleinbürgertum« nahm zu, und im Gefolge der einsetzenden Industrialisierung und der ausländischen Ausbeutung von Erdöl und Bananen entstand eine städtische und agrarische Arbeiterklasse.

Erstmals machte sich die politische Präsenz anderer Klassen bemerkbar, trotz des »oligarchischen Paktes«, der je nach der politischen Interessenlage geschlossen oder gelöst, gegenüber den anderen Klassen aber stets aufrechterhalten wurde. Freilich handelte es sich immer noch um eine indirekte »Präsenz«, die ein Echo auf »Liberalisierungstendenzen« von Teilen der herrschenden Klassen war. Jedenfalls wuchs der Protest der unteren Volksschichten in dem Maße, wie die Wirtschaft prosperierte, und die wirtschaftliche Prosperität stieg mit der Abfindung, die Kolumbien von Panama erhielt; sie erreichte ihren Höhepunkt unmittelbar vor der Weltwirtschaftskrise. Die Arbeitskämpfe und Proteste der Arbeiter der United Fruit Company und der Tropical Oil Company signalisierten, wenngleich sie häufig gewaltsam unterdrückt wurden, die entstehende Komplexität der Wirtschafts- und Gesellschafts-struktur des Landes und erzeugten die Impulse, die die ko-lumbianische Politik erschüttern sollten.

Die politische Polarisierung, die die neue Differenzierung der Gesellschaft widerspiegelte, offenbarte sich zuerst unter Rafael Uribe innerhalb der Liberalen Partei selbst. Fast alle sozialistischen Führer der zwanziger Jahre kamen aus den herrschenden Klassen. Diese Führer wurden später vom Zweiparteien-Spiel wieder aufgesogen; nur wenn die herr-schenden Klassen sich politisch spalteten, konnten Gruppen, die nicht zu den herrschenden gehörten, am Machtkampf teilnehmen. Typischer- und tragischerweise sollte der *Gaita-nismus* (so bezeichnet nach Eliecer Gaitán, dem führenden Kopf des linken Flügels der Liberalen Partei, der unter den städtischen Arbeitern breite Unterstützung gewann und 1948 einem Attentat zum Opfer fiel) zum Symbol dieser Situation werden. Nachdem sie sich um Reformen bemüht hatten und erfolglos geblieben waren, versuchten es die städtischen Mit-tel- und Unterschichten mit jeder erdenklichen Form des Protestes, von der Kritik an der verfaßten Ordnung bis zu einem gewaltsamen und vereitelten Aufstand gegen diese Ord-nung. Die relative Differenzierung der gesellschaftlichen Gruppen und der monolithische Charakter der oligarchisch-bürgerlichen Klassen versperrten den Mittelschichten den Zu-gang zur Macht und gewährleisteten die Aufrechterhaltung des oligarchischen Paktes, ohne daß diese politische Immobili-sierung notwendigerweise ökonomische Stagnation nach sich zog. Deshalb wurde – im Unterschied zu anderen Ländern mit ähnlichen Merkmalen, die eine erhebliche nationale Bourgeoi-sie besaßen und in denen außerdem die Mittel- und Unter-schichten auf Beteiligung an der Macht drängten – die Entwicklung in Kolumbien ausgelöst und gelenkt von der Bourgeoisie, die die »nationale Front« anführte.

1.5. Wirtschaftskrise, politische Krise und Industrialisierung

Die verschiedenen historisch-strukturellen Bedingungen, die wir in den vorangegangenen Abschnitten kurz skizziert haben, erklären, warum das politische Agroexport-System in manchen Ländern trotz der Weltwirtschaftskrise von 1929 stabil blieb und warum die etablierte Ordnung in anderen Ländern geändert wurde. Sie erklären auch die unterschiedliche Ausprägung und Dauer des historischen Übergangs in Ländern, in denen die Herausbildung der städtisch-industriellen Schichten die Schwierigkeiten der Übergangsperiode vergrößerte. Der Fortbestand des oligarchischen Exportsystems in Ländern wie Kolumbien selbst nach 1929 und bis zum Ende des Zweiten Weltkrieges wird verständlich, wenn man bedenkt, daß es keine bedeutende Diversifikation des Exportsystems gab und daß kein bedeutender Produktionssektor für den Binnenmarkt entwickelt wurde.

Andererseits zeigen sich bei einer vergleichenden Analyse der politischen Krisen in Argentinien und Brasilien deutliche Unterschiede. Obwohl die durch die städtisch-industrielle Expansion jener Zeit geschaffenen neuen Schichten in Brasilien schwächer waren als in Argentinien, galt für Brasilien zugleich, daß die Einheit der herrschenden Klassen brüchiger war. Als sich jedoch die Möglichkeit eines politischen Übergangs zugunsten der nicht-oligarchischen Exportgruppen eröffnete, fehlte der Arbeiterklasse und den Unterschichten allgemein die Kraft, ihren Forderungen hinreichend Nachdruck zu verleihen, wie es in Argentinien gelungen war.

In der Interpretation, die wir hier geben, liegt also der Akzent auf den politischen Bedingungen, die eine Stärkung des Binnenmarktes begünstigten, und – in Einklang mit dem methodologischen Ausgangspunkt unserer Arbeit – auf der Formel, daß die Faktoren, die den in den verschiedenen Ländern verfolgten Typ von Entwicklung »erklären«, die soziale Differenzierung und, damit zusammenhängend, das

Machtgleichgewicht zwischen den gesellschaftlichen Gruppen waren – nicht die Diversifikation der Wirtschaft in der Periode der außengerichteten Expansion. Um Mißverständnisse zu vermeiden, wollen wir jedoch betonen, daß ökonomische Faktoren eine wichtige Rolle bei dem neuen, durch die Industrialisierung und die Herausbildung eines Binnenmarktes gekennzeichneten Entwicklungstyp spielten. Wir haben in diesem Kapitel bereits den plötzlichen Rückgang der Auslandsnachfrage erwähnt, das Problem, trotz der Krise in der Exportwirtschaft das Beschäftigungsniveau zu halten, sowie die Tatsache, daß der Erste Weltkrieg zwar die Unterbrechung des traditionellen Zustroms von Importen, nicht aber eine entsprechende Verringerung der Exporte verursachte.

In manchen Ländern gelang es den Agroexportgruppen, die Weltwirtschaftskrise schlicht dadurch zu überstehen, daß sie zu klassischen ökonomischen Mitteln griffen: In Argentinien war dies eine vom Staat initiierte ständische Organisation der Exportinteressen; in Mittelamerika war es eine orthodoxe Währungspolitik zur Stützung des Goldwertes, selbst um den Preis von Arbeitslosigkeit. Sobald die Depression auf dem Weltmarkt vorüber war, setzte sich bei den Agroexportgruppen die Ansicht durch, daß sie es zu wirtschaftlicher Blüte bringen könnten, wenn sie einen industriellen Sektor aufbauten (und sei es auch nur als zusätzliches Hilfsmittel) und den Binnenmarkt in begrenztem Maße ausdehnten. Die Schwierigkeit liegt nun darin zu erklären, welche Gründe für sie bei der Wahl zwischen den Alternativen ausschlaggebend waren.

Unsere Hypothese lautet, daß die Entwicklung nach der Weltwirtschaftskrise von 1929 einen völlig anderen Charakter annahm und daß dieser grundlegende Wandel zurückzuführen war auf den Druck, den die neuen sozialen Schichten auf das politische System ausübten, sowie auf die Reaktion der mit dem Exportsektor verbundenen Gruppen in den bestehenden Konflikten. Die politischen Folgen der Weltwirtschaftskrise hingen mithin davon ab, welches Herrschaftssystem in einem Land jeweils bestimmend war. In manchen Fällen bedeutete die Krise lediglich eine Stärkung der oligarchischen Herrschaft, die sich häufig obrigkeitsstaatlich-militärischer Mittel bediente, um die Unruhen zu unterdrücken, die ein Ergebnis der restriktiven Währungspolitik waren, welche die Fähigkeit des Produktionssektors, Arbeitskräfte aufzunehmen, verminderte. Dies war z. B. in Argentinien der Fall, wo die Agroexportgruppen die Auswirkungen der Weltwirtschaftskrise dazu nutzten, ihre Herrschaftsposition, obschon nur vorübergehend, zu festigen. Es entspricht auch den Tatsachen, daß die Agroexportgruppen viel von ihrer privilegierten Position als Vermittler für den externen Sektor verloren, während die direkten Vertreter des Kapitalismus der zentralen Länder an Einfluß gewannen.

Sofern das System der oligarchischen Herrschaft zu einem Mehr-Klassen-System ausgeweitet werden konnte, vollzog sich ein stärkerer Wandel der Entwicklungsformen. In solchen Fällen hatte die der Industrialisierung vorausgehende Wirtschaftskrise anscheinend eine automatische Auslöserfunktion für die Konsolidierung des Binnenmarktes und den damit verbundenen teilweisen Zusammenbruch der oligarchischen Herrschaft; und eben dies war auch die Theorie, die hinter der industrialistischen Ideologie stand.

In Wirklichkeit wies der historische Prozeß keine derartigen Automatismen auf, nicht einmal in den hochindustrialisierten Ländern. Man kann einer solchen mechanistischen Interpretation sehr leicht die Grundlage entziehen, wenn man mit Hilfe einer politischen Analyse nachweist, wie die herrschenden gesellschaftlichen Gruppen sich nach der Weltwirtschaftskrise verbündeten und zusammenarbeiteten, um ihr eigenes Herrschaftssystem durchzusetzen und die Produktion nach ihren Vorstellungen zu organisieren. Sowohl in den lateinamerikanischen Ländern, die industrialisierten, als auch in jenen, in denen keine Industrialisierung stattfand und deren Exportwirtschaft einen entsprechenden relativen Bedeutungszuwachs erlebte, hing der unterschiedliche Gang der Entwicklung davon ab, in welcher Form die sozialen Klassen und Gruppen – »traditionelle« oder »neue« – ihr Kräftepotential aktivierten. Klassenmäßige Interessenverbände wie politische Parteien und Gewerkschaften, Kontrolle der staatlichen Organe, politische Bündnisse und politische Einstellungen – das sind die historischen Pluszeichen, ohne die unverständlich bleibt, warum der soziale Wandel sich jeweils spezifisch ausprägte, obwohl die Wirtschaftsfaktoren für sämtliche Länder Lateinamerikas die gleichen waren, insofern sie alle abhängige

Gebiete der zentralen Ökonomien darstellten. Selbstverständlich muß bei dieser Interpretation berücksichtigt werden, welchen Komplexitätsgrad die gesellschaftliche Arbeitsteilung in der Periode der außengerichteten Expansion in einem Land jeweils erreichte, denn daraus ergaben sich strukturelle Einschränkungen für die Herausbildung neuer sozialer Schichten und für deren Handlungschancen.

Die vergleichende Analyse des in den dreißiger Jahren erreichten Diversifikationsgrades in der Struktur der argentinischen und der brasilianischen Produktion läßt unzweifelhaft den Schluß zu, daß ökonomische Unterschiede in der Politik der industriellen Entwicklung und des Aufbaus eines Binnenmarktes zweitrangig waren. Obwohl Argentinien anfänglich größere Fortschritte in seiner Produktionsstruktur machte, war seine Industrialisierungspolitik in den dreißiger Jahren weniger effektiv als die Brasiliens; Brasilien konnte dank seinem soziopolitischen Rahmen zehn Jahre früher einen Binnenmarkt herstellen als Argentinien.

2. Die Übergangsperiode in Enklaven-Wirtschaften

In Ländern, in denen die Wirtschaftstätigkeit von einer Enklave bestimmt wurde, nahm die Geschichte einen anderen Verlauf. Hier müssen nicht nur die Unterschiede, die sich aus dem jeweiligen Typ von Enklave – Bergbau- oder Landwirtschaftsenklave – ergaben, berücksichtigt werden, sondern auch der Grad der Diversifikation im nationalen Wirtschaftssektor sowie der politische Prozeß, über den die gesellschaftlichen Gruppen, die diesen Sektor kontrollierten, den Staat aufbauten und ihr Verhältnis zueinander, zu untergeordneten Schichten und zu den externen, die wirtschaftlichen Enklaven bildenden Gruppen bestimmten.

»Enklaven« wurden um die Jahrhundertwende in die lateinamerikanische Ökonomie eingepflanzt, zu einer Zeit, als die nationalen Gruppen, die sich politisch äußerten, sich bereits in den Machtpositionen eingerichtet hatten und folglich auch die wichtigen Wirtschaftssektoren kontrollierten. Wie in den vorangegangenen Beispielen von Gesellschaften mit nationaler Produktionskontrolle, so nahm auch hier die

Dynamik des Übergangs verschiedene Formen an: Je nach dem, wie hoch der Grad der Diversifikation in der Produktionsstruktur eines Landes war, hatten die Klassen und Schichten unterschiedliche Handlungsmöglichkeiten. In Ländern mit Enklaven-Wirtschaft war die Herrschaftsstruktur der unmittelbare Ausdruck der politischen Unterordnung der Arbeiter und Bauern unter die herrschenden Klassen; in Ländern, in denen die nationalen Produzenten überwogen, hatte dagegen das ökonomische Verhältnis größeres Gewicht, wenngleich die Herrschaft natürlich sowohl politischer als auch ökonomischer Natur war. In der Herrschaftsstruktur der Länder mit Enklaven-Wirtschaft geschah die ökonomische Ausbeutung indirekt, d. h. über das politische Verhältnis vermittelt. Die nationalen herrschenden Gruppen waren eher als politisch herrschende Klasse an ausländische Unternehmen gebunden denn als »Unternehmerschicht«, und es waren die ausländischen Unternehmen, die direkte Wirtschaftsbeziehungen zu der Klasse der Arbeiter und Bauern herstellten. Ihre wirtschaftliche Schwäche zwang die nationalen Machtgruppen also dazu, eine exklusivere Herrschaftsform zu bewahren, denn sie konnten nur über ihre Verbindungen zum Enklaven-Sektor an der Macht bleiben, und die Festigkeit dieser Verbindung hing davon ab, inwieweit sie in der Lage waren, eine innere Ordnung aufrechtzuerhalten, die der Enklave die Versorgung mit den zur wirtschaftlichen Ausbeutung benötigten Arbeitskräften und natürlichen Ressourcen garantierte.

Dieselben Umstände hatten zur Folge, daß Arbeiter und Bauern – obwohl (oder gerade weil) vom politischen Machtspiel ausgeschlossen – sich in den Zentren des aktuellen oder potentiellen Protestes konzentrierten. Daher war es für die Mittelschichten schwerer, integriert zu werden, denn sie mußten die »Unterschicht« als Stoßtruppen benutzen, um diesen Typ des exklusiven politischen Systems aufzubrechen – ein Experiment, das die gesamte Herrschaftsstruktur erschüttern konnte. Falls die nationale Ökonomie im übrigen aus irgendeinem Grunde expandierte und eine Integration der Mittelschichten in gewissem Umfang zuließ, setzte sich die Herrschaftsstruktur dem Risiko nachdrücklicher Forderungen der Unterschichten nach ebensolcher Integration aus.

Die Form der Herrschaft vor der Integration der Mittelschichten ließe sich folgendermaßen beschreiben: Es gab eine klare Vorherrschaft der oligarchischen Gruppen der Großgrundbesitzer, deren ökonomische Basis der wenig produktive Latifundienbetrieb mit einem vorzugsweise regionalen oder inneren Markt war. Die gesellschaftlichen Produktionsverhältnisse folgten dem Muster der traditionellen Hazienda (Beispiele sind Mexiko, Venezuela oder Bolivien); die Herrschaft wurde hauptsächlich über die bäuerlichen Massen ausgeübt, denn andere soziale Schichten erlangten innerhalb des national kontrollierten Produktionssystems keine Bedeutung. Folglich spielte sich das formale politische Spiel auf nationalstaatlicher Ebene unter den oligarchischen Gruppen ab, die zwar miteinander um bessere Verbindungen zur »Außenwelt« konkurrierten, gegenüber anderen gesellschaftlichen Gruppen im Innern jedoch eine feste Front bildeten. Unter diesen Bedingungen beschränkten sich die Mitwirkungsbestrebungen der Mittelschichten notwendigerweise auf Versuche, in den geschlossenen Kreis einzubrechen. Zu diesem Zweck mobilisierten sie dort, wo die Hazienda-Wirtschaft die eigentliche nationale Machtbasis darstellte, die Bauern; wo die Oligarchie deutlicher als Vermittlerin für die Enklave auftrat, schlugen sie einen nationalistischen Ton an; und wo die Enklave eine Bergbau-Enklave war, mobilisierten sie weitere, nicht-bäuerliche Bevölkerungsgruppen.

Andere historische Konstellationen ergaben sich dort, wo die Herrschaft nicht eine rein oligarchische war, sondern in unterschiedlichem Ausmaß auch die Präsenz bürgerlicher Gruppen einschloß. Diese Gruppen wahrten ihre wirtschaftliche und politische Position gegenüber der Enklave mit Hilfe einer Politik der Selbstbeschränkung. Die Bourgeoisie konnte nicht nur dadurch als ökonomische Klasse erstarken, daß sie die Entwicklungschancen im Handels- und Finanzsektor nutzte, was hauptsächlich in Bergbau-Enklaven wie Chile der Fall war, sondern auch – freilich nicht ohne Schwierigkeiten – indem sie bestimmte Agrarbereiche kontrollierte, die eine eher kapitalistische Bodennutzung zuließen, wie es bei den Plantagenbesitzern entlang der peruanischen Küste der Fall war. Unter diesen Umständen bewirkte die Entwicklung der Binnenwirtschaft eine komplexere gesellschaftliche Arbeitsteilung und das Wachstum der Städte. Infolgedessen kamen in dem Maße, wie die Mittelschicht an Zahl wuchs, zu den Arbeitern und Bauern der Enklave und der Hazienda neue städtische Unterschichten hinzu. Der Staat verkörperte diese größere Komplexität: Er war die Spitze der auf der Hazienda beruhenden Macht, und er formte eine Bürokratie, mit deren Hilfe die Interessen der oligarchischen und der bürgerlichen Gruppen gegenüber der Enklave abgestimmt wurden. Als Organ jenes Bündnisses von Oligarchie und Bourgeoisie erlangte der Staat auch eine gewichtigere Funktion bei der Umverteilung der aus der Enklaven-Wirtschaft stammenden Steuern sowie bei der Förderung der nationalen Wirtschaftstätigkeiten. Überdies gehörten die wichtigsten Teile der »Mittelschicht« direkt zum Staatsapparat.

Die Mittelschichten sahen sich in ihren Bemühungen um ihre Integration einem differenzierteren Herrschaftssystem gegenüber, dessen Struktur hauptsächlich von den Beziehungen der Oligarchie und der Bourgeoisie zur Enklave geprägt wurde. Sie trafen auf eine vielschichtigere Zusammensetzung der Beherrschten – der Bauern auf Haziendas oder Plantagen, der Arbeiter in der Landwirtschafts- oder Bergbau-Enklave und der unteren Volksklassen in den Städten –, und sie erkannten, daß diese für eine Politik der Zusammenarbeit mit ihnen mobilisiert werden konnten. Die politischen Alternativen der Mittelschicht erstreckten sich auf eine Vielfalt von Allianzen: von der Möglichkeit, aus einem Streit der Herrschenden untereinander Kapital zu schlagen und als Verbündeter einer der streitenden Gruppen integriert zu werden, wie es in Chile der Fall war, bis hin zu der Möglichkeit einer revolutionären Bewegung der Arbeiter und Bauern, wie die peruanische Volkspartei APRA (Alianza Popular Revolucionaria Americana) sie auszulösen versuchte.

Schließlich gab es den Fall, daß die Großgrundbesitzer ihre Wirtschaftstätigkeit so veränderten, daß eine Form der landwirtschaftlichen Ausbeutung entstand, die mit dem Hazienda-System brach, ohne notwendigerweise eine städtisch-industrielle Ökonomie zu schaffen. In dieser Situation wurden die Bauern, die nicht in die Enklave eingegliedert waren und die auch nicht der landwirtschaftlichen Ausbeutung durch nationale Kapitalisten unterlagen, in eine Art Subsistenzwirtschaft hineingedrängt, wie es z. B. im Zuge der kapitalistischen Expansion der Landwirtschaft in Mittelamerika geschah. Die Mittelschicht blieb wegen der begrenzten gesellschaftlichen Arbeitsteilung zahlenmäßig klein und konnte nur insofern integriert werden, als die Enklaven- und Exportwirtschaft einen Dienstleistungssektor hervorbrachte, der groß genug war, sie aufzunehmen; im übrigen konnte sie versuchen, die Bauern gegen das bestehende Herrschaftssystem zu mobilisieren. Die Alternative zu dieser Situation war die allmähliche Umgestaltung der nationalen Landwirtschaft mit dem Ziel, den Boden aufzuteilen und dadurch mittleren und kleinen Grundbesitz zu schaffen, wie es bis zu einem gewissen Grade in Costa Rica der Fall war.

2.1. Integration der Mittelschicht durch Sturz der herrschenden Oligarchie: Mexiko, Bolivien, Venezuela

In Ländern, in denen die oligarchische Herrschaft auf der Existenz einer Bergbau-Enklave und auf sehr traditionellen Verhältnissen in den ländlichen Gebieten beruhte, konnte die Mittelschicht nur dann die effektive Beteiligung an der Macht erringen, wenn sie die Unterstützung der Masse der Bauern und des Volkes gewann, um eine Revolution durchzuführen, wie es in Mexiko, Bolivien und, in geringerem Maße, in Venezuela geschah.

Dieser Prozeß trug in Mexiko und Bolivien unterschiedliche Merkmale, und zwar nicht nur aus Gründen der Chronologie, sondern vor allem wegen der Rolle der Bauern in der revolutionären Bewegung.

Unter der diktatorischen Regierung des Generals Porfirio Díaz (1876-1911) – einer Ära, die als »Porfiriat« bezeichnet wird – gewann *Mexiko* viel von seiner wirtschaftlichen Dynamik zurück, was vor allem der wiederaufgenommenen Ausbeutung seines Silber-Reichtums, der hauptsächlich im Norden des Landes lag (Bája California, Chihuahua und Durango), zu verdanken war, aber auch der Entfaltung des Kupfer-Bergbaus in den El Boleo-Minen, die den Franzosen gehörten, sowie in den Cananea-Minen, die US-amerikanisches Eigentum waren. In derselben Ära begannen britische und US-amerikanische Unternehmen, im Golf von Mexiko Erdöl zu fördern und als Rohöl zu vermarkten. 1910 befanden sich drei Viertel der mexikanischen Minen in ausländischem Besitz, und das seit 1884 geltende Bergbau-Gesetz gewährte den Besitzern das private Eigentum an den unterirdischen Ressourcen. Mit der Expansion des Bergbaus schritt auch die industrielle Entwicklung in gewissem Umfang voran: Es entstanden Blei- und Kupfer-Gießereien, ein Eisen- und Stahlwerk in Monterrey, Textilfabriken, die Baumwolle und Wolle verarbeiteten, Betriebe der Nahrungsmittelproduktion usw. Doch dieser Industriesektor war zu schwach, um den Inlandsbedarf zu decken. Und der Handel wurde weitgehend von den Vereinigten Staaten kontrolliert, die z. B. in großem Stil in das mexikanische Eisenbahnsystem investiert hatten. Der Politik von Díaz lag die Absicht zugrunde, die britischen, französischen und US-amerikanischen Kapitalinteressen gegeneinander auszuspielen; doch die Durchdringung Mexikos mit US-Kapital war bereits so weit fortgeschritten, daß ihr nur schwer zu begegnen war.

Die Entwicklung in der Landwirtschaft trug besondere Merkmale. Die »Reform«-Gesetze von 1856 wurden weiterhin zum Zwecke der Landenteignung angewendet; hinzu kam die Tätigkeit der sogenannten Vermessungsgesellschaften, die unter einem 1876 verkündeten Besiedlungsgesetz operierten. Aufgabe dieser Gesellschaften sollte es sein, brachliegendes Land zu vermessen und ausländische Siedler nach Mexiko zu holen, die dieses Land bearbeiten sollten; ihre Kosten sollten gedeckt werden, indem man ihnen ein Drittel des vermessenen Landes übertrug; der Rest wurde zu Billigpreisen an Politiker und ausländische Spekulanten verkauft. Das zwischen 1881 und 1889 unentgeltlich erworbene – d. h. das den »Vermessungsgesellschaften« übertragene Drittel – und das zu Schleuderpreisen verkaufte Land umfaßte schätzungsweise 27,5 Millionen Hektar bzw. 13 Prozent des gesamten Bodens der Republik. Außerdem war der Konzentrationsgrad des Grundeigentums enorm hoch: In Chihuahua erwarb ein Vertreter einer »Vermessungsgesellschaft« allein 7 Millionen Hektar, ein anderer ergatterte in Oaxaca 2 Millionen; in Durango entfielen auf zwei »Geometer« 2 Millionen, und in Bája California kamen vier solcher Personen zu 11,5 Millionen Hektar Land. Auf diese Weise wurden acht Individuen zu Eigentümern von 22,5 Millionen Hektar mexikanischen Bodens.[46]

Als es kein ungenutztes Land mehr zu vermessen gab, raubte man den Indianern ihre Gemeindeländereien mit der Begründung, ihr Eigentumstitel sei zweifelhaft, und zwang sie zur Arbeit als Tagelöhner.

Trotz der Landenteignung funktionierte die Agrarökonomie auf vielfältige Weise weiter. Nach wie vor gab es zahlreiche wenig produktive Latifundienbetriebe, vor allem solche, die Getreide anbauten (damals mußte Mexiko Weizen und Mais einführen); zur gleichen Zeit wurden andere landwirtschaftliche Bereiche wie Zucker-, Kaffee-, Sisal- und Tabak-Plantagen sowie Vieh-Ranches modernisiert und begannen sogar zu exportieren.

Überdies begann sich der Prozeß der Verstädterung in den nördlichen Bundesstaaten, die die wichtigsten Produktionszentren bildeten, auszuwirken; die Gesamtbevölkerung aller Städte mit mehr als 20 000 Einwohnern wuchs von 1895 bis 1910 um 44 Prozent.

Die Mittelschichten, die nicht im Produktionsprozeß standen und geringe Aussichten hatten, in höhere Regierungsämter aufzusteigen, waren ebenfalls erheblich gewachsen, was sich daraus schließen läßt, daß die mexikanischen Schulen im Jahre 1910 rund 900 000 Schüler hatten, obwohl 75 Prozent der Bevölkerung des Landes Analphabeten waren.

Trotz ihrer starken Abhängigkeit vom Ausland gelang es der Wirtschaft in der Ära des »Porfiriats«, eine Diversifikation herbeizuführen, die sich in der Sozialstruktur ausdrückte, in der sich Merkmale von Rückständigkeit und Entwicklung miteinander verbanden.[47] Im übrigen war der Staat unter dem »Porfiriat« politisch exklusiv. Zwar hatte er vielen Gruppen als Vehikel zum Aufstieg gedient, doch schloß er andere von der politischen Macht aus. Die alte Hazienda blieb das wirksamste Instrument, die Bauern im Stand des Gehorsams zu

46 Vgl. Jesús Silva Herzog, *Breve historia de la revolución mexicana*, Mexiko 1960, S. 16-17.
47 Zu einer Analyse der sozialen Differenzierung und ihrer Bedeutung in der Revolution vgl. Manuel Villa, *El surgimiento de sectores sociales medios y la revolución mexicana*, Santiago 1970.

halten, und weil Díaz die Unterstützung der *hacenderos* brauchte, konnte er den neuen Gruppen nicht den Zugang zur politischen Macht gestatten, obwohl diese sich unter seiner Regierung erst herausgebildet hatten. Diese neuen Schichten wurden nicht zuletzt dadurch in ihren Entfaltungsmöglichkeiten eingeschränkt, daß Díaz eine oligarchische Machtform aufrechterhalten mußte.

Das politische System des »Porfiriats« war das der Kooptation. Wenn die neuen Gruppen – insbesondere die neue Bourgeoisie und Teile der Mittelschichten – politisch repräsentiert sein wollten, mußten sie ein Wahlsystem installieren, das nicht ausschließlich von der Regierung kontrolliert wurde. Die Parole, derer sich Díaz selbst zu Beginn seiner Karriere bedient hatte, wurde nun gegen ihn gewendet: »Keine Wiederwahl und echtes Stimmrecht!« Die Starrheit des Porfirista-Regimes ließ keine andere Möglichkeit als die einer revolutionären Bewegung offen, und dazu mußten die neuen Gruppen die Bauern als Verbündete gewinnen, um sie als »Armee« gegen den Unterdrückungsapparat der Oligarchie zu schicken.

Die Revolution setzte Kräfte frei, die von ihren Initiatoren nicht vorhersehbar gewesen waren. Gegen die Diktatur von Porfirio Díaz standen die Bauerntruppen von Villa und Zapata, deren vage Zukunftsbilder häufig in Widerspruch zu den Vorstellungen der mit ihnen verbündeten Mittelschicht und Bourgeoisie gerieten. Ebenfalls mit im Spiel waren die ausländischen Kapitalinteressen, allen voran die der Vereinigten Staaten. Die Verbündeten der Revolution kehrten sich bald gegeneinander. Der 1911 zum Präsidenten gewählte Madero mußte sich mit dem Bauernführer Zapata und dessen Anhängern aus dem Süden auseinandersetzen: Zapata hatte den Plan von Ayala verkündet, um dem Agrarprogramm von Madero, das lediglich die Wiederherausgabe des unrechtmäßig in Besitz genommenen Landes vorsah, einen revolutionären Gehalt zu geben. Im Jahre 1913 ließ General Huerta, der mit ehemaligen Porfiristas im Bunde war und den US-Botschafter zum Komplizen hatte, Madero ermorden und ergriff selbst die Macht. Gegen ihn erhoben sich Zapata, Villa und Obregón, der die Farmer des Bundesstaates Sonora anführte und der einem weiteren Gegner Huertas, Carranza, den Führungsanspruch

streitig machte. Die Politik der Vereinigten Staaten favorisier-
te Carranza, dem Wilson zur selben Zeit, als er die Besetzung
von Veracruz durch US-Truppen anordnete, Waffen lieferte.
Nach der Niederwerfung Huertas änderten sich die Konflikt-
fronten unter den Siegern erneut: Nun standen Villa und
Zapata auf der einen gegen Carranza und Obregón auf der
anderen Seite. Obregón mobilisierte Arbeiter- und Bauern-
Unterstützung für Carranza, und die Arbeiter, die in früheren
Schlachten nicht sehr viel Gewicht gehabt hatten, stellten
»rote Bataillone« auf. Villa und Zapata wurden geschlagen,
und Carranza wurde Präsident.

Im Jahre 1917 wurde eine neue Verfassung verkündet, die das
Prinzip, daß Land, Wasser und Bodenschätze der Nation gehören, wiederherstellte. Der bäuerliche Gemeindebesitz *(ejido)*
wurde für unveräußerlich erklärt, den Arbeitern wurde das Or-
ganisations- und Streikrecht zugestanden. Doch blieb all dies
nicht viel mehr als Papier. Die Agrarreform beschränkte sich auf
die Aufteilung von nur 18 000 Hektar Land; es gab Unterdrük-
kung; 1919 wurde Zapata ermordet; das Arbeiterzentrum »Casa
del Obrero Mundial« wurde geschlossen, seine Leiter wurden
eingekerkert oder ermordet. Carranza bekam Schwierigkeiten
mit den USA wegen der Erdölförderungsrechte. 1920 bewaffneten sich Obregón und Calles gegen Carranza, und als dieser zu
fliehen versuchte, wurde er aus dem Hinterhalt erschossen. Obregón wurde im selben Jahr zum Präsidenten gewählt, 1924 von
Calles abgelöst, 1928 wiedergewählt, gleich darauf jedoch ermordet. In den folgenden sechs Jahren löste ein Präsident den
anderen ab, und alle waren sie gefügige Werkzeuge von Calles.
Die Stützen des Systems waren diejenigen Bauern, die Nutznie-
ßer der Agrarreform gewesen waren, der nationale Gewerk-
schaftsbund CROM (Confederación Regional de Obreros Me-
xicanos), der von der Regierung subventioniert wurde, und die
von Calles gegründete Partei, die nach einer ganzen Reihe verschiedener Benennungen schließlich den Namen »Partido Revolucionario Institucional« (PRI) erhielt.
Aber die Revolution hatte es nicht geschafft, das Land aus
den Fesseln der Abhängigkeit vom Auslandskapital zu befrei-
en. In dem Maße, wie die Forderungen der Arbeiter und
Bauern zunahmen, vertiefte sich die Instabilität des Regimes.

Unter der Regierung von Präsident Cárdenas (1934–1940) wurden radikale Veränderungen eingeleitet. Sein Bündnis mit den Volksklassen bedeutete, daß die Agrarreform ernsthaft vorangetrieben wurde, daß mehr *ejidos* geschaffen wurden und daß ein starker Gewerkschaftsapparat aufgebaut wurde, der den alten, durch Korruption beschädigten Apparat ablöste. Außerdem nahm Cárdenas ein durchgreifendes Nationalisierungsprogramm in Angriff, dessen wichtigstes Ziel die Verstaatlichung des mexikanischen Erdöls war. Mit diesen Maßnahmen sicherte er dem Regime die Zustimmung der breiten Masse des Volkes. Das System war insofern ungewöhnlich, als es einerseits die Macht des Staates stärkte, andererseits eine private Form der wirtschaftlichen Macht neben der des Staates etablierte.

In *Bolivien*[48] begann der politische Zerfall der Oligarchie mit dem Fiasko des Chacokrieges (1932-1935). Erstmals wurden die Indianer als bedeutende Bevölkerungsgruppe ernstgenommen, und es bestand sogar bis zu einem gewissen Grade die Möglichkeit, sie in die Nation zu integrieren. Unter den Mittelschichten, die sich aus jungen Offizieren des Chacokrieges, Universitätsintellektuellen und einigen wenigen kleinen politischen Gruppen zusammensetzten, breitete sich mehr und mehr Unzufriedenheit mit der Herrschaft der Oligarchie aus. Diese Gruppen fanden einen kampfbereiten Verbündeten in der Arbeiterschaft des Zinnbergbaus, und ihre Allianz führte zur Gründung der Nationalrevolutionären Bewegung (Movimiento Nacionalista Revolucionario = MNR). Die Bauernbewegung – dies sollte angemerkt werden – hatte seit 1936 ihre eigenen, radikaleren Aktionsformen entwickelt und wurde zunächst nicht in die MNR eingegliedert. Unter der Kriegsregierung von Peñaranda wurde das bolivianische Zinn – das Fundament der Exportwirtschaft – zum Schmelzen in die Vereinigten Staaten geschickt; darüber hinaus wurden US-amerikanische Unternehmen Erdölkonzessionen gewährt.

48 Als eine gute Zusammenfassung der bolivianischen Revolution und ihres sozialen Hintergrundes vgl. den Artikel von Richard W. Patch, *Bolivia: U. S. Assistance in a Revolutionary Setting*, in: R. N. Adams, O. Lewis u. a., *Social Changes in Latin America Today*, New York 1960, S. 108 f.

Diese Vorgänge bewirkten eine sprunghafte Verstärkung der anti-oligarchischen Bewegung in den Städten, die nationalistisch gesinnt und mit faschistischer Ideologie durchsetzt war. Gleichzeitig nahmen die Arbeiterunruhen zu; sie gipfelten 1942 in der blutigen Niederschlagung eines Minenarbeiterstreiks in Catavi. 1944 hob ein Militärputsch, bei dem auch die Mehrheitspartei MNR ihre Hand im Spiel hatte, den Major Villarroel in das Präsidentenamt. Zur gleichen Zeit betrat die trotzkistische Partei, »Partido Obrero Revolucionario«, die politische Szene. Die Zinngrubenunternehmer und ihre ausländischen Teilhaber blockierten die reformistischen Ansätze der Villarroel-Regierung, die sich außerstande sah, die wirtschaftlichen und sozialen Versprechungen, die sie ihren Arbeiter-Verbündeten gemacht hatte, einzulösen. Der Sturz der Villarroel-Regierung beendete vorläufig die Gefahr für den Bestand der oligarchischen Herrschaft.

Nach dem gescheiterten Versuch, die Herrschaftsstruktur mit Hilfe des von der Villarroel-Regierung (1944-1946) repräsentierten Bündnisses zwischen Militärs und Arbeitern aufzubrechen, unternahmen die Mittelschicht und die Zinnminenarbeiter abermals einen Vorstoß zur Beseitigung der Oligarchie und des Enklaven-Systems, diesmal unter Einbeziehung der breiten Masse der in der Hauptstadt lebenden Bevölkerung. In der Folgezeit ging es daher vor allem um die Forderung nach Verstaatlichung der Bergwerke, ja, es konnte den Anschein haben, als ob der von städtischer Mittelschicht und Minenarbeitern getragene Radikalismus den landwirtschaftlichen Sektor aus seiner Politik ausklammerte.[49] Doch die Dynamik der Bauernbewegung zwang die Mittelklasse, die Agrarreform in ihr politisches Programm mitaufzunehmen. Obwohl die Bauern sich nicht aktiv in das Machtspiel einschalteten, wurden sie nach der Revolution von 1953 und unter dem ersten nachrevolutionären Präsidenten Paz Estenssoro zu einer wichtigen Stütze der Politik der Mittelklassen.

49 Zu einer Untersuchung der Zusammenhänge zwischen Agrarreform und Revolution in Bolivien vgl. Flavio Machicado Saravia, *Ensayo crítico sobre la reforma agraria: una interpretación teórica del caso boliviano*, Santiago 1966 (vervielfältigte Dissertation für das Wirtschaftsministerium).

In *Venezuela* gipfelte der Streit zwischen den regionalen Oligarchien in einem Militärregime, das zwar die lokale Macht der Oligarchien nicht antastete, ihnen jedoch nicht gestattete, ihre internen Fehden um die Führung fortzusetzen.

Der unter der Herrschaft der Militärs geschlossene Pakt mit den Mineralölgesellschaften veränderte das traditionelle Bild der venezuelanischen Gesellschaft. Die Entwicklung der Städte begünstigte die Herausbildung einer starken Mittelklasse, und die Erdöl-Enklave ließ die ersten großen Arbeiter-Ballungsgebiete entstehen.

Die Mittelklasse organisierte eine Opposition gegen das Regime, die sich auf die städtischen Mittelschichten und die Erdölarbeiter stützte. Daß diese Allianz allein eine reale Bedrohung für das herrschende System darstellen könnte, war unwahrscheinlich; da es keine Möglichkeit gab, Wahlen abzuhalten, blieb die gewaltsame Aktion die einzige Alternative. Aber auch dieses Projekt stieß auf Schwierigkeiten, denn die Mittelklasse saß in den Städten, und ihre Verbündeten, die Erdölarbeiter im Gebiet des Golfs von Maracaibo, waren durch große Entfernungen von diesen Zentren getrennt. Überdies schwand die Unterstützung der städtischen Unterschichten in dem Maße, wie die Erdölförderung Gewinne abwarf, die der Staat in Caracas umverteilen konnte.

Die einzige Alternative, die den Mittelschichten verblieb, bestand darin, Konflikte innerhalb des Machtapparates, insbesondere zwischen den Militärs, auszunutzen, um einen Putsch zu schüren. Der Staatsstreich unter General Medina Angarita, der unter der Bedingung unterstützt wurde, daß er die demokratischen Freiheiten wiederherstellen würde, war das Ergebnis dieser Strategie. Nach dem Sturz Angaritas durch das Heer war der Weg frei für Wahlen: 1945 übernahm die Mehrheitspartei »Acción Democrática«, die das Bündnis zwischen Mittelschicht und Erdölarbeitern verkörperte, unter Rómulo Betancourt die Regierung und leitete die ersten Maßnahmen zu einer grundlegenden Veränderung der traditionellen Machtstruktur ein. Eine Bodenreform wurde in Angriff genommen, der Erdöl-Enklave wurden bessere Bedingungen abgerungen. 1947 wurde Rómulo Gallegos von der Acción Democrática zum Präsidenten der Republik gewählt. Doch die Macht der Acción Democrática währte nicht lange; eine der entscheidend am Sturz des vorangegangenen Regimes beteiligten Kräfte, das Militär, kehrte sich 1948 gegen diese Regierungspartei und setzte nach einer Übergangszeit eine autoritäre Regierung mit Pérez Jiménez (1952-1958) an der Spitze ein, deren Grundlage die Profite aus ihren Geschäftsbeziehungen mit der Enklave waren.

Die Ära Pérez Jiménez fiel mit einem Boom der Erdölexporte zusammen, der das Wachstum von Caracas beschleunigte. Ausländische Kapitalisten investierten nicht nur in Erdöl, sondern steckten auch hohe Kapitalsummen in binnenmarktorientierte Handels- und Industrie-Aktivitäten. Diese Aktivitäten riefen breite Volksschichten auf den Plan, die entschlossen waren, ihren eigenen Forderungen Nachdruck zu verleihen. In dem Maße, wie die Opposition ihre Basis verbreiterte und schließlich die Mittelschichten, die städtischen Unterschichten und die Erdölarbeiter umfaßte, stiegen die Erfolgschancen für einen Generalstreik und Volksaufstand, nicht zuletzt deshalb, weil sie auf die mindestens stillschweigende Unterstützung der Bauern zählen konnte, die sich noch gut an das während der kurzen Regierungszeit der Acción Democrática eingeleitete Bodenreformprogramm erinnerten. Nach der Vertreibung von Pérez Jiménez im Jahre 1958 kehrte die Acción Democrática an die Macht zurück; aber infolge der veränderten Orientierung der ausländischen Investitionen, die nun auch in andere Bereiche als den Erdölsektor gelenkt wurden, gerieten Teile der siegreichen Mittelschichten über der Frage ihrer Beteiligung an den neuen Aktivitäten in unversöhnlichen Gegensatz zueinander. Dieser Gegensatz bewirkte schließlich den endgültigen Zusammenbruch der einstigen Allianz.

2.2. Zugang der Mittelschicht zum oligarchisch-bürgerlichen Herrschaftssystem

a) Erfolgreiche Bemühungen um Beteiligung an der Macht: Chile

In Chile lag die Kontrolle des Staates und damit die Kontrolle der von der Enklave erwirtschafteten Gewinne in den Händen

der lokalen Oligarchie und einer Handels- und Finanzbourgeoisie, die nicht nur wichtige Wirtschaftsbereiche besetzt hielt,
sondern auch die Funktion eines Juniorpartners oder, in
manchen Fällen, eines Agenten der ausländischen Unternehmen wahrnahm, die den Enklaven-Sektor ausbeuteten. Zur
gleichen Zeit entstand in den Städten eine Mittelschicht von
Selbständigen und Beamten, bildete sich ein Proletariat heraus, das unmittelbar mit der Salpeter-Enklave verbunden oder
in damit zusammenhängenden Bereichen, im Hafen- und
Transportgewerbe, beschäftigt war. Schließlich gab es eine
städtische Volksmasse, die zwar überwiegend aus Handwer-
kern bestand und noch kein Industrieproletariat darstellte,
deren Bedürfnisse in der Politik jedoch beachtet werden
mußten.

Die Salpeter-Wirtschaft blieb auch nach 1884, nachdem sie
in die Hände des britischen Kapitals gekommen war, die
Haupteinnahmequelle Chiles, und während des Ersten Weltkrieges nahmen die Exporte beträchtlich zu. In dieser Periode
begann das US-amerikanische Kapital das britische zu verdrängen. Ein technologischer Grund dafür war, daß das Gug-
genheim-System der Salpetergewinnung es ermöglichte, gerin-
gerwertigen Kalkstein zu verwenden als das britische Shanck-
System. US-Banken übernahmen nun die Rolle des Gläubi-
gers des chilenischen Staates, die zuvor von den britischen
Finanziers gespielt worden war. Nach dem Ersten Weltkrieg
beherrschte der US-Handel den chilenischen Markt. Obwohl
die allgemeine Lage die Veränderung des Außenhandels begünstigte, war dies die Zeit der Verschuldung, der Inflation
und des nicht konvertierbaren Papiergeldes. Spekulation und
Verhandlungen mit dem Staat waren an der Tagesordnung.
Die Bevölkerungsgruppen, die von der Innenpolitik am stärksten betroffen waren, waren die proletarischen Gruppen, deren Forderungen mit Repression beantwortet wurden – mit
dem Massaker unter den Arbeitern der Salpeterminen von
Iquique, mit der Ermordung von Arbeitern und der Auflösung der Gewerkschaftsorganisation in Punta Arenas und mit
gewaltsamen Aktionen in Santiago und Valparaiso. Die Lage
verschlechterte sich Ende des Ersten Weltkrieges erheblich,
weil nicht nur die Nachfrage nach Salpeter zurückging, sondern künstliches Nitrat auf den Markt kam. »Die Salpeter-

Einnahmen sanken von 110 Millionen im Jahre 1918 auf 40 Millionen in den Jahren 1921 und 1922.«[50]

Das politische Machtsystem wurde 1920 ebenfalls erschüttert. Obwohl die dominanten nationalen Gruppen sich mit dem Staat die Macht teilten, trugen sie neben ihren Konflikten mit den proletarischen Schichten ständig Machtkämpfe in den eigenen Reihen aus.

Der auf den Ersten Weltkrieg folgende Rückgang der Auslandsnachfrage hatte beträchtliche negative Auswirkungen auf die Enklaven-Wirtschaft sowie – vermittelt über die Verbindungsmechanismen von Banken, Binnenhandel und Import-Export-Handel – auf die Wirtschaft insgesamt. Das dadurch entstandene Machtungleichgewicht mußte wieder korrigiert werden. Eine Korrekturmöglichkeit bestand darin, die Bindungen an England zu lockern und engere Beziehungen zu den Vereinigten Staaten zu knüpfen, die nunmehr als der ökonomische Mittelpunkt erschienen. Dazu war es erforderlich, eine neue soziale Schicht in das Machtsystem zu integrieren. Dies geschah mit der Eingliederung der städtischen Mittelschicht durch ein Wahlbündnis. So wurde ein neues politisches Gleichgewicht im Sinne einer Legalität hergestellt, die nicht nur das »Recht auf Eigentum an einem Teil des Landes« rechtfertigte, sondern auch das »Recht auf die eigene Wahlstimme« legitimierte. In diesem als »Alessandrismus« bekannten Bündnis der zwanziger Jahre konnte die städtische Mittelklasse, indem sie im Staatsapparat mitwirkte, einen Anteil an den Gewinnen erwerben, die der Staat aus der Enklaven-Wirtschaft zog, die nunmehr hauptsächlich vom US-Kapital kontrolliert wurde. Anfangs stellten die Mittelschichten die Vorteile einer Enklaven-Wirtschaft nicht in Frage. Ihr Hauptinteresse galt nicht so sehr der Herstellung einer neuen ökonomischen Basis, die ihnen ein gewisses Maß an Autonomie verleihen oder es ihnen erlauben würde, mit den bestehenden nationalen Wirtschaftsgruppen zu konkurrieren; vielmehr ging es ihnen vor allem darum, den Staat als die von ihnen verwaltete Organisation zu stärken.

Obwohl die unteren Volksklassen zusammen mit der Mittelklasse mobilisiert wurden, sahen sie in der Präsenz der

[50] Aníbal Pinto, *Chile, un caso de desarrollo frustrado*, Santiago 1959, S. 63.

Mittelklasse im Staatsapparat, in Stimmrechten usw. niemals mehr als politische Vorteile, während ihr eigentliches Kampffeld die Wirtschaft selbst war. Vermutlich lag hier der Grund dafür, warum die Masse des Volkes zwar das neue Bündnis unterstützte, selbst aber nie als ständiger, zuverlässiger Koalitionspartner in Betracht kam. Das Wirtschaftssystem mit seinen dauernden Schwankungen war nicht durch politische Programme allein mit den Interessen der Volksmassen in Einklang zu bringen. Die Folge waren ernste Konflikte innerhalb der herrschenden Klassen sowie Spannungen zwischen den herrschenden Klassen und der Masse des Volkes.

In ihrem Wettstreit um die Kontrolle des Staates verfielen die verschiedenen Gruppen – insbesondere die Oligarchien mit ihrer dominierenden Position im parlamentarischen System – häufig auf ein »Regime des starken Mannes« als den letzten Ausweg; ursprünglich waren es die neuen Mittelschichten, die auf eine stärkere Exekutive drängten.

Die Krise in der Enklaven-Wirtschaft erschütterte das Gleichgewicht, das durch die Einbeziehung der Mittelklassen in den Machtapparat hergestellt worden war. Die erste Regierung des proamerikanischen Alessandri wurde 1924 von einer Militärjunta gestürzt, deren Mitglieder – Altamirano, Nell und Benett – probritisch orientiert waren, die jedoch eine schlichte Rekonstruktion der einstigen, von England bestimmten Verhältnisse nicht wagen konnte. Zur Zeit des Staatsstreiches repräsentierte die Armee, insbesondere in den Rängen der kommandierenden Offiziere, große Teile der Mittelklasse, die sich jetzt anschickten, Einfluß zu nehmen. (Ein typischer Vertreter dieser Gruppe war Oberst Carlos Ibáñez.) Eine Rückkehr zur oligarchischen Herrschaft war also ausgeschlossen; aber der Kampf zwischen den verschiedenen Fraktionen der Mittelschicht und der Bourgeoisie, deren Bündnisse und Gegensätze sich in der Führung von Alessandri und Ibáñez ausdrückten, verhinderte die Herstellung stabiler Verhältnisse. Der einzige Punkt, in dem Einigkeit herrschte, war die Absicht, die Beziehungen zu den Vereinigten Staaten enger zu gestalten.

Da kein Versuch unternommen worden war, eine neue Wirtschaftsstruktur zu schaffen, fehlte dem System die nötige Dynamik, um der Arbeitslosigkeit Herr zu werden. Man versuchte es mit Notmaßnahmen wie der Förderung von öffentlichen Arbeiten, doch sie scheiterten allesamt, weil sie gewaltige Ausgaben und eine hohe Verschuldung des Staates bedeuteten, die weder für die Bourgeoisie noch für die lokale Oligarchie akzeptabel waren. Als wirtschaftliche Maßnahmen trugen sie im übrigen wenig dazu bei, die Masse der Arbeitslosen und die vom Verlust ihres Arbeitsplatzes bedrohten Menschen zu beschwichtigen.

Das politische Handeln richtete sich generell auf die Unterdrückung der radikalisierten städtischen Mittelklasse (Studenten) und der organisierten Arbeiterschaft. Die Regierungen, die verzweifelt versuchten, ihre Schwierigkeiten durch neue Bündnisse mit der lokalen Oligarchie zu überwinden, fanden keine Unterstützung. Aus den vielfältigen Machtkämpfen ging 1931 sogar eine Sozialistische Republik Chile hervor, die freilich nur 12 Tage währte.

Die beste Methode, der Krise zu begegnen, bestand in der Praxis darin, das politische Bündnis der traditionellen Machtgruppen durch Eingliederung kleiner, vornehmlich der am wenigsten radikalisierten Teile der städtischen Mittelklasse wiederherzustellen; und eben dies geschah in der zweiten Regierung von Arturo Alessandri im Jahre 1932. In der Folgezeit war die Wirtschaftspolitik progressiver, wenn auch gewiß nicht populistisch. Die Inflation wurde dazu benutzt, die nationalen Agrar- und Industriegruppen mit Krediten auszustatten; doch gab es für die Arbeiter keinerlei Ausgleich im Sinne einer Anhebung der Reallöhne. Die Gegensätze zwischen den verschiedenen gesellschaftlichen Gruppen wurden deshalb immer schärfer; es kam zu Gewaltakten rechts- und linksgerichteter Gruppierungen und bewaffneter Milizverbände. Aber in dem Maße, wie die städtische Mittelklasse sich von den Auswirkungen der Weltwirtschaftskrise zu erholen begann, konnte sich auch wieder daran denken, in den staatlichen Machtapparat einzutreten. Als die Wirtschaftskrise abflaute, war es auch den proletarischen Gruppen möglich, gemeinsame Sache mit den »politischen Programmen« von Teilen der Mittelklasse zu machen und eine Politik der Umverteilung zu akzeptieren. Außerdem – und dies war gewissermaßen ein Nebenprodukt ihrer früheren Kämpfe – waren sie mittlerweile hinreichend organisiert, um als Verbündete und nicht bloß als »Arbeitermasse« wahrgenommen zu werden; ihre erstmalige Beteiligung an der Macht im Rahmen der Volksfront von 1938 drückte diesen Wandel aus.

b) Gescheiterte Bemühungen um Beteiligung an der Macht: Peru

Das Exportsystem wurde unter der konservativen Regierung Balta in Form von Verträgen eingeführt, in die der damalige peruanische Finanzminister Nicolás Piérola eintrat. Der aus der Aristokratie von Arequipa im Süden des Landes stammende Piérola verschaffte 1869 der Dreyfus-Gesellschaft ein Monopol an den Guano-Exporten und durchbrach damit das traditionelle System der Vergabe von Konzessionen zur Guano-Ausbeutung an lokale Kaufleute. Die Aristokratie von Lima, die sich hauptsächlich aus Kaufleuten und Eigentümern von Zucker- und Baumwollplantagen im Küstengebiet zusammensetzte, mußte ihren Gewinn vorübergehend ausländischen Interessen überlassen. Auf die Guano-Konzession folgten ein Eisenbahnprogramm, das die britischen Interessen begünstigte, sowie Anleihen für die peruanische Regierung, die durch zukünftige Guano-Verkäufe abgesichert und dazu benutzt wurden, öffentliche Ausgaben zu finanzieren sowie das Einkommen aus ausländischer Wirtschaftstätigkeit in Peru über den Staat auf die dominanten lokalen Gruppen umzuverteilen. In der Folgezeit kam es nicht nur zu erhöhten Eisenbahninvestitionen unter der Leitung des US-amerikanischen Einwanderers Henry Meiggs, der später Teilhaber von Finanzinstituten der Vereinigten Staaten, Englands und Frankreichs wurde, sondern auch zur verstärkten Ausbeutung der mineralischen und agrarischen Ressourcen Perus durch Gesellschaften wie Grace und Gildemeister. Umverteilungspolitik und Korruption des Staates begünstigten die Geschäfte einer wachsenden Schicht von Spekulanten, Bürokraten, Angestellten (»white collar workers«), Militärs usw.

Die Antwort Limas auf diese Politik war die *civilista*-Bewegung unter Führung von Manuel Pardo, der 1872 Präsident wurde. Die Weltwirtschaftskrise des folgenden Jahres brachte die *civilista*-Regierung in eklatante Schwierigkeiten. Manuel Pardo wurde von General Prado abgelöst, dessen Regierung über die Expansion der Salpeterindustrie wachte und dann 1879 wegen der Kontrolle der Salpeterlager in den Pazifik-krieg mit Chile eintrat. Aus diesem Krieg ging Peru als verarmtes und mehr denn je von den Engländern beherrschtes Land hervor. Die Dreyfus-Gesellschaft wurde von einem britischen Unternehmen verdrängt, und die Kontrolle des Salpeters ging ebenfalls in britische oder in chilenische Hände über; Eisenbahnen, Häfen und Zölle erlebten dasselbe Schick-sal. Es gab eine Periode des militärischen *caudillismo*, bis Piérola, der vom *civilismo* befehdet worden war, nach einem blutigen Bürgerkrieg im Jahre 1895 selbst das Militär von der Macht vertrieb.

Als Piérola, dank seinem Sieg über den Militarismus ein *caudillo* mit breiter Zustimmung der städtischen proletari-schen Gruppen, an die Macht zurückkehrte, modernisierte er den Staat, d. h. er rüstete ihn für eine neue Einschaltung der Exportwirtschaft in den Weltmarkt über die von den Englän-dern kontrollierte Enklave. Obwohl es formal ein liberal-re-präsentatives Modell war, begünstigte das herrschende politi-sche System in erster Linie die Plantagenbesitzer des Küsten-gebiets, die Kaufleute in Lima und die Großgrundbesitzer der Sierra. Die britisch kontrollierte Enklave gestattete den natio-nalen Produzenten und Zwischenhändlern eine Beteiligung an den Einnahmen, die die – von diesen ebensosehr wie von den Engländern forcierte – Ausbeutung der Bodenschätze und der lokalen Arbeiter abwarfen.

Nach der Weltwirtschaftskrise von 1873 und dem Desaster des Pazifikkrieges gründete sich die Ausweitung neuer Sekto-ren der Exportwirtschaft auf die Entfaltung der Enklaven-Wirtschaft. Seit Anfang des 20. Jahrhunderts begann die Prä-senz der Vereinigten Staaten spürbar zu werden. Die Kupfer-produktion, die von praktisch Null im Jahre 1857 innerhalb von sechs Jahren auf 10 000 Tonnen im Werte von rund einer halben Million Pfund gestiegen war[51], wurde von den Verei-nigten Staaten übernommen und als moderne Produktionsein-heit betrieben. Obwohl die nationalen Unternehmer, die an den britischen Kapitalismus alten Stils gewöhnt waren und in

---

51 Diese und die folgenden Daten entstammen dem bereits zitierten Buch von E. Yepes del Castillo.

der *civilismo*-Partei ihr politisches Sprachrohr hatten, die US-amerikanischen Unternehmer dazu zu zwingen versuchten, sie als Teilhaber zu akzeptieren, geriet sowohl das peruanische Kupfer als auch der peruanische Zucker zunehmend unter die Kontrolle großer ausländischer Firmen. Die Zuckerfabrik bedrohte den Zuckerpflanzer, und die mächtigen Bergbau-Interessen ruinierten den kleinen Minenbesitzer. Die lokalen Unternehmer, die gewöhnlich in einer für den Markt relativ bedeutungslosen Position oder den Ausländern unterlegen waren, verlagerten ihre Aktivitäten auf Banken, Dienstleistungs- und Industriebetriebe. Diese Aktivitäten konzentrierten sich überwiegend in Lima, der einzigen Stadt, die mit 319 409 Einwohnern, 259 ausländischen Residenzen und dem Hafen Callao im Jahre 1903 einigermaßen bedeutend war.

Das politische Vorgehen der neuen Piérola-Regierung unterschied sich insofern von dem der Balta-Piérola-Ära von 1869, als die alten Handels- und Finanzkreise von Lima in das Bündnis mit der Enklave aufgenommen wurden. Zwar öffnete dieses politische Modell, das die neue Phase des *civilismo* prägte, den Mittelklassen nicht den Weg zu stärkerer Beteiligung an der Macht, doch war es bis zu einem gewissen Grade erfolgreich bei den städtischen Massen, die nun aufgrund der Expansion der Enklaven-Exportwirtschaft zunahmen.

Die Kennzeichen der Wirtschaftspolitik des *civilismo* des 20. Jahrhunderts waren Übernahme der Goldwährung, ökonomischer Liberalismus und striktes Festhalten an den Exportinteressen. Das Bergbau-Gesetz wurde in dem Sinne geändert, daß es die private Aneignung erlaubte; der Verwaltungsapparat wurde im Sinne der Bergbau-Exportinteressen rationalisiert, und die Gesetze über Handel und Bankwesen wurden reformiert. Kurz: Die peruanische Wirtschaft wurde in das neue Modell der Exportenklave integriert.

Die Dynamik der Exportwirtschaft hielt den Folgen der Öffnung des Panama-Kanals im Jahre 1914 und des Ersten Weltkrieges stand. Das peruanische Kupfer fand in den Vereinigten Staaten seinen Markt, der peruanische Zucker wurde in Südamerika verkauft, und die Absatzchancen für die peruanische Baumwolle stiegen. Die USA drangen immer tiefer in die Wirtschaft Perus ein: Ihre Investitionen in diesem Land stiegen von 6 Millionen Dollar im Jahre 1897 auf 63 Millionen

Dollar im Jahre 1914. Zwischen 1913 und 1917 verdoppelten sich die US-Investitionen in Peru von 30 auf 60 Millionen Dollar, während die britischen Investitionen im gleichen Zeitraum von 33 auf 18 Millionen Dollar zurückgingen.

Die Begleiterscheinungen dieser Expansion waren: Enteignung der Ländereien der Kleinbauern, insbesondere im Küstengebiet, damit die Enklaven sich ausdehnen konnten; Zerfall der Subsistenzwirtschaft mit Einführung des Kapitalismus; Zentralisierung der Wirtschaftstätigkeiten in Lima. Die Folgen davon waren: Verstädterung ohne Industrialisierung; eine Einwanderungswelle; ein Nebeneinander von ländlicher und städtischer Armut bei prosperierendem Export. Die indianische Wirtschaft der Hohen Sierra blieb unangetastet – außer in den Bergbaugebieten, in denen sich ein paralleler Prozeß von Enteignung und Proletarisierung vollzog. Das System des »enganche« (wörtlich: Anspannen von Tieren; d. Üb.) und andere Formen der Zwangsarbeit sicherten der kapitalistischen exportorientierten Ausbeutung in Peru die Grundlage, und die Unterdrückung der Arbeiter rundete die Mischung der Zutaten für den »Fortschritt« ab.

Eben diese Dynamik der Enklaven-Wirtschaft mit ihren sozialen Konsequenzen – Verarmung und damit einhergehende Proletarisierung der ländlichen und städtischen Bevölkerung – legte den Keim für den Protest der Massen. Im Unterschied zu dem soziopolitischen Prozeß, der sich in den Ländern vollzog, in denen die Enklaven-Wirtschaft bereits im 19. Jahrhundert Gestalt annahm, drängten die Massen in Peru auf die Durchsetzung ihrer Forderungen, bevor das politische System den Mittelschichten Zugang zur Macht ermöglichte. Die steigenden Preise für Grundnahrungsmittel, die Verlängerung der Arbeitszeit und anderes mehr lösten, insbesondere nach 1905, Streiks aus, und zwar nicht nur in Lima und Callao (z. B. am 1. März 1908), sondern auch auf den Zuckerplantagen und in den Bergbau-Regionen (Streiks der Arbeiter bei der Cerro de Pasco-Eisenbahn im Jahre 1909, im Chiclayo-Tal 1910, usw.).

Dies war die Konstellation, in der Leguía in seiner ersten Regierungsperiode von 1912 versuchte, aus der »civilista«-Demokratie ein Regime »autoritärer Fortschrittlichkeit« zu machen. Es kam zur Spaltung innerhalb des civilismo; die orthodoxen Anhänger von Leguía konnten ihren Kandidaten nicht durchbringen, und so fiel das Amt des Präsidenten an Billinghurst, den Kaufmann aus Arequipa, der mit Salpeter ein Vermögen verdient hatte. Seine kurze Regierungszeit zeigte, daß es unter dem geltenden politischen Modell in Peru unmöglich war, den Druck der Massen, durch den er an die Macht gekommen war und der unvermindert anhielt (1913 gab es einen Generalstreik der Arbeiter in Lima), mit den langfristigen Interessen des herrschenden Systems in Einklang zu bringen. Die von General Benavides geführte Armee setzte den Präsidenten im Jahre 1914 ab und enthüllte damit die Schwäche des politischen Modells des *civilismo* unter den neuen Bedingungen. Aber auch das Interregnum der zweiten Regierung von José Pardo (1915-1919) vermochte nicht zu verhindern, daß es soziale Spannungen, Streiks und Repression gab. Die darauf folgende Diktatur Leguías, die bis 1930 dauerte, repräsentierte mit ihrer Unterstützung der US-Enklave das neue autoritäre und an der überkommenen Entwicklungsideologie (»desarrollismo«*) orientierte Modell. Dennoch schwächte Leguía – ganz so, als betriebe er eine Wiederbelebung der Balta-Regierung unter neuen Voraussetzungen – die Position der Oligarchie von Lima, indem er mit Hilfe seines Programms der Förderung öffentlicher Arbeiten, der Erhöhung der städtischen Ausgaben, der Erweiterung der Bürokratie usw. neue Vertreter der nationalen dominanten Gruppen in den Machtapparat einbezog. Und abermals rief die Oligarchie von Lima die Armee zu Hilfe, um ihren Einfluß zurückzugewinnen. Zunächst war es Sánchez Cerro, der Leguía mit *civilista*-Unterstützung stürzte und der 1932 zum Präsidenten gewählt wurde. Nach der Ermordung von Sánchez Cerro regierte Benavides als direkter Repräsentant der

---

* A. d. Ü.: Der Begriff des »desarrollismo« (engl.: developmentism) bezeichnet die herkömmliche wachstumsorientierte Wirtschafts- und Entwicklungspolitik, die davon ausgeht, daß der Ersatz der Importe durch national erzeugte Güter (Importsubstituierungs-Industrialisierung) entwicklungsfördernd sei. Diese Vorstellung wurde spätestens seit Beginn der sechziger Jahre von der Wirklichkeit Lügen gestraft und in der sogenannten *dependencia*-Theorie systematischer Kritik unterzogen. Zur Dependenz-Diskussion siehe u. a. die verschiedenen Beiträge in: Dieter Senghaas (Hrsg.), *Peripherer Kapitalismus. Analysen über Abhängigkeit und Unterentwicklung*, Frankfurt/Main 1974.

Oligarchie das Land, bis er 1939 durch Manipulation der Wahlen dafür sorgte, daß Manuel Prado sein Nachfolger wurde.

Es ist jedoch festzuhalten, daß die eigentliche Übergangsperiode in Peru mit Billinghurst bzw. mit Leguía begann. Diese Periode darf nicht nur unter dem Gesichtspunkt des Druckes der Volksmassen interpretiert werden; vielmehr bedarf es zu ihrem Verständnis auch der Klärung, um welchen Typ von politischer Situation es sich hier handelte und mit welcher Ideologie die Mittelklassen dieser Situation begegneten. Der Kernpunkt des Radikalismus im südlichen Südamerika und des *tenientismo** in Brasilien war die Forderung nach allgemeinen und freien Wahlen; sie implizierte eine soziale Umwälzung. Der Druck, der von den gesellschaftlichen Verhältnissen ausging, veranlaßte die peruanischen Intellektuellen zu einer gründlicheren Analyse des politischen Prozesses. Der Kommunistenführer Mariátegui hat diesen Ansatz an Beispielen veranschaulicht. Seine Darstellung der Lage der Indianer – deren Isolation in der Sierra und deren Ausbeutung in einem Land, in dem sie zwei Drittel der Bevölkerung ausmachten – und des sich herausbildenden Proletariats mündete in eine radikale Kritik der Zustände. Es genügte nicht mehr, das herrschende Exportschema hinzunehmen und lediglich nach Mitwirkung in einer breiter fundierten Demokratie zu verlangen. Obwohl die APRA (Acción Popular Revolucionaria Americana), die Partei von Haya de la Torre, ein Bündnis zwischen Teilen der Mittelklassen, dem städtischen Proletariat und den ländlichen Lohnarbeitern war, ging sie seit Anfang der dreißiger Jahre in ihrer politischen Programmatik über den Radikalismus der Mittelschicht hinaus, ohne eine rein populistische Integration der Massen in den bürgerlich-oligarchischen Staat anzustreben.

In dieser Periode waren »Regimes des starken Mannes« eine Dauereinrichtung im peruanischen Leben – nicht zuletzt ein Ausdruck der erbitterten Auseinandersetzungen in den Reihen der Herrschenden. Die Mittelschicht stand vor der Ent-

---

* *A. d. Ü.:* Dieser Begriff kommt von »teniente«« (Oberleutnant) und bezeichnet die Rebellion der jungen Offiziere gegen die Kaffee-Oligarchie und deren Verbündete.

scheidung, ob sie als Juniorpartner mit der Bourgeoisie kooperieren sollte, die zu den modernen Formen des städtischen oder agrarischen Kapitalismus übergegangen war, oder ob sie sich auf die Seite der proletarischen Schichten schlagen sollte. Die APRA war die Partei, die ein Programm besaß, das der Möglichkeit einer von der Mittelklasse gelenkten populistischen Bewegung am nächsten kam; aber offensichtlich gab es noch andere Möglichkeiten, etwa die des paternalistischen Populismus, wie Piérola, Leguía und Sánchez Cerro ihn zu verschiedenen Gelegenheiten und unter unterschiedlichen Umständen durchzusetzen versuchten.

Die zahlreichen Bündnismöglichkeiten, die sich aus den zahlreichen Konflikten ergaben, bildeten eine Schwachstelle im Herrschaftssystem. Versuche, diese Schwäche auszunutzen, z. B. die bisweilen gewaltsamen Anstrengungen der APRA, das System zu erschüttern (Trujillo-Aufstand von 1934), wurden brutal unterdrückt. Als Folge davon wurde der APRA eine Zeitlang verboten, sich an Wahlen zu beteiligen. Hier liegt auch die Erklärung für das Auftreten von Militärregimes bzw. von Regimes, die vom Militär kontrolliert wurden. Das Militär sicherte die Herrschaft von Oligarchie und Bourgeoisie und erfüllte zugleich die Aufgabe, den Druck der Volksmassen in Schranken zu halten.

Die Mittelschichten verloren an Einfluß und schwächten selbst ihr Bündnis mit den proletarischen Schichten, als sie auf deren Unterstützung zu verzichten begannen, um durch Koalitionen mit den herrschenden modernen oder eher traditionellen Gruppen an die Macht zu gelangen. Sie glaubten, daß sie die Brüche und Konflikte im Staatsapparat ausnutzen könnten, um sich eine vorteilhafte Position zu verschaffen, von der aus sie sich dann mit Hilfe eines breiteren Bündnisses etablieren könnten. Aber diese komplizierte Taktik war ihren Plänen nur hinderlich, denn die herrschenden Gruppen waren auf der Hut vor einem Partner, hinter dem sich die Präsenz der Volksmassen verbergen konnte, die eine Gefahr für die bestehende Herrschaftsordnung bedeutete. Deshalb zogen die herrschenden Gruppen es vor, an einer Machtform festzuhalten, die zwar nicht »demokratisch« war, jedoch den Fortbestand des herrschenden Systems garantierte. Später änderten die Koalitionen sich in Inhalt und Richtung, dann nämlich, als die progressiveren Handels- und Finanzgruppen sich bemühten, die Unterstützung der Massen zurückzugewinnen, wie es in den ersten Tagen des *Belaundismus* der Fall war. Die Mittelschicht, namentlich die *Apristas* (Anhänger der APRA), entschied sich für das Risiko, einen Teil der Unterstützung der proletarischen Gruppen zu verlieren, indem sie sich Verbündete wie die *Odriistas* suchte, die innerhalb des traditionellen Machtsystems eine stärkere Position hatten.

2.3. Mittelschicht contra Großgrundbesitzer und Enklave: Mittelamerika

Betrachtet man Mittelamerika als eine Einheit, so läßt sich sagen, daß die Wandlung der Agraroligarchie zur Agroexportgruppe die Ausschaltung der Hazienda als Produktionssystem mit sich brachte, jedoch keine nennenswerten städtisch-industriellen Aktivitäten auslöste. Zwar ist es denkbar, daß eine detaillierte Erörterung der nationalen historischen Prozesse die Analyse leicht verändern würde; doch für die im Rahmen der vorliegenden Studie verfolgten Zwecke ist unser Ansatz, der sich auf bestimmte Themenschwerpunkte beschränkt, auf den gesamten mittelamerikanischen Raum anwendbar.

Die mittelamerikanische Exportwirtschaft hing auch nach der Unabhängigkeit von bestimmten Kolonialerzeugnissen ab, insbesondere von tierischen und pflanzlichen Farbstoffen; dagegen konzentrierte sich die Produktion für den Inlandsbedarf nach wie vor auf Land- und Viehwirtschaft. Die Sozialstruktur war ein Spiegelbild der Wirtschaft: Die Kaufleute, die mit dem Farbstoffexport verbunden waren, hatten den entscheidenden Einfluß, denn sie kontrollierten die Kredite für die Farmer, die im allgemeinen *minifundistas* waren.

Aber Farbstoffe waren nicht alles; es gab auch große Landgüter vom Typ der Hazienda, ausgedehnten indianischen und anderen bäuerlichen Gemeindebesitz und große Flächen kirchlicher Ländereien oder unveräußerlicher Güter. Diese Situation änderte sich mit dem Zeitalter des Kaffees, das um 1870 anbrach. Das »liberale Regime«, das sich gleichzeitig mit dem Kaffee-Boom durchsetzte, leitete den Prozeß der Landenteignung ein, und so wurden der indianische Gemeindebesitz, die *ejidos,* die unveräußerlichen Güter und sogar viele Minifundien privatisiert, was in der Praxis hieß: sie wurden privates Eigentum von Großgrundbesitzern, die sich mit Leidenschaft der neuen Landwirtschaft widmeten. In dieser Phase gelang es den Kaffeepflanzern, die Kaufleute als Geldgeber zu verdrängen, indem sie ihr eigenes Kreditsystem aufbauten, hauptsächlich mit Hilfe inländischer Banken. Dies markierte den Anfang der Infrastruktur-Maßnahmen (Eisenbahnbau).

Die Herausbildung der Bananen-Enklave in Händen des US-Kapitals erfolgte im Rahmen der expansionistischen Politik der Vereinigten Staaten, die sogar das Mittel der militärischen Intervention in Mittelamerika und im karibischen Raum gebrauchten. Überdies übten die Bananen-Companies ein regelrechtes Monopol über die Eisenbahnen und über die Häfen aus, in denen die Früchte verladen wurden. Obwohl es selten vorkam, daß die Bananen-Exporte die Kaffee-Exporte überstiegen, vollzog sich dieser Wandel in der Zeit, als der Kaffeepreis auf dem Weltmarkt fiel. Die Bedeutung der Bananen-Enklave beruhte darauf, daß sie zugleich den Ausbau des Transportsystems betrieb.

Die Weltwirtschaftskrise von 1929 machte sich in Mittelamerika in sinkenden Exporten bemerkbar, und obwohl die Bauern sich in die Subsistenzwirtschaft zurückziehen konnten, trat erst gegen Ende der vierziger Jahre eine allmähliche ökonomische Erholung ein. Die Weltwirtschaftskrise enthüllte den wahren Charakter der Herrschenden. In El Salvador, wo ein Aufstand von hungernden Bauern blutig niedergeschlagen worden war (30 000 Aufständische wurden erschossen), wurde offenkundig, daß das System auf der Entschlossenheit einer Schicht – der Großgrundbesitzer im Verein mit den Enklaven-Repräsentanten – beruhte, die bäuerliche Bevölkerung in Knechtschaft zu halten, d. h. sich die Bauern als Quelle billiger Arbeitskraft zu sichern und dadurch hohe Profite zu erzielen. Die Tatsache, daß in dieser Zeit ein »Regime des starken Mannes« auf das andere folgte, bewies den festen Willen der Herrschenden, selbst unter ungünstigen Bedingungen keine Veränderung der gesellschaftlichen Verhältnisse zuzulassen.

Auch die städtische Mittelklasse, die in Mittelamerika verhältnismäßig langsam wuchs, war der Adressat von Repressionen. Ihre Forderungen nach politischer Mitwirkung konnten leicht Bauernaufstände hervorrufen. Da die Oligarchie es vorzog, am Status quo festzuhalten, blieben den Mittelschichten zwei Möglichkeiten: Entweder sie nahmen es hin, daß die Kontrolle in den Händen der mit der autoritären Oligarchie und der Enklave verbundenen Gruppen blieb, was die fortgesetzte Unterjochung der Bauern bedeutet hätte; oder sie ließen sich auf eine Kampagne gegen die Herrschenden ein, bei der die Gefahr bestand, daß ihnen die Zügel entglitten. Ein Beispiel für dieses Dilemma war die Revolution in Guatemala in der Zeit von 1944, als Arévala an die Macht kam, bis zum Sturz von Arbenz im Jahre 1954. Die Bodenreform rief die Reaktion auf den Plan, und die Regierung, die die Nachfolge von Arbenz antrat, arbeitete an der Wiederherstellung der alten Zustände. Die Mittelklasse konnte erst in jüngster Zeit Ansätze von Mitwirkung durchsetzen, als bestimmte, mit Regierungskreisen verbundene Gruppen begannen, die Landwirtschaft, insbesondere die Baumwollplantagen, deren Entwicklung auf der notwendigen Steigerung der Exporte beruhte, zu modernisieren und eine Technologie einzuführen, die nicht mehr überwiegend arbeitsintensiv war. Diese Modernisierung begünstigte das Wachstum der Städte und den Ausbau der städtischen Funktionen, die zwar mit landwirtschaftlicher Ausbeutung verbunden waren, aber nicht so sehr von der Aufrechterhaltung riesiger Bauernkontingente abhingen. Andererseits gab es wenig Industrialisierung und folglich wenig Möglichkeiten für die Masse des Volkes, ihren Forderungen mit Hilfe von – häufig kurzlebigen – Gewerkschaften zum Durchbruch zu verhelfen.

2.4. Mittelschicht, Industrialisierung und Politik

Da ihre Bourgeoisie schwach war, besaßen die Länder, die von einer Enklaven-Wirtschaft beherrscht wurden, einen nur rudimentär entwickelten Binnenmarkt. Das Spektrum von Varianten in diesem Typ von Ökonomie umfaßte nur zwei Möglichkeiten des politischen Vorgehens im Sinne der Ausweitung des Binnenmarktes, d. h. zwei Fälle von Industrialisierungspolitik. Zum ersten Fall zählten Länder wie Chile, wo der externe Sektor sich zu einer Zeit etablierte, als es bereits einen bedeutenden Handels- und Finanzsektor und mithin eine Mittelklasse gab, die imstande war, die nationalen Grundlagen für die wirtschaftliche Expansion zu schaffen. Zum zweiten Fall gehörten Länder wie Mexiko und Venezuela, wo die Mittelschichten infolge einer Revolution in den Staatsapparat einzogen und diesen dazu benutzten, eine nationale Ökonomie aufzubauen. In allen Fällen war die Entwicklung der nationalen Wirtschaft eine Folge des Druckes der Mittelschichten, die mit der bestehenden kapitalistischen Bourgeoisie oder mit den Arbeitern und Bauern oder mit allen drei Gruppen verbündet waren.

Allerdings muß beachtet werden, daß die Weltwirtschaftskrise in diesen Ländern zwar unmittelbare und schädliche Auswirkungen auf den modernen Sektor, d. h. auf die Enklave, hatte, aber die Herrschaft der oligarchischen Kräfte nicht bedrohte, weil sie deren ökonomische Basis, die Hazienda, nicht berührte. Die Rezession der Enklaven-Wirtschaft konnte jedoch nicht – wie es in Ländern mit nationaler Produktionskontrolle der Fall war – durch politische Maßnahmen zur Aufrechterhaltung des Beschäftigungsniveaus und durch Inlandsinvestitionen aufgefangen werden. Im Gegenteil: Die von der Weltwirtschaftskrise verursachte Arbeitslosigkeit provozierte politische Konfrontationen unter verschärften sozialen Bedingungen. Die dreißiger Jahre waren durch steigenden sozialen Druck, unzählige Streiks und immer radikalere politische Maßnahmen gekennzeichnet. Ausdruck dieser Lage waren: der »Cardenismus« in Mexiko, d. h. die radikale Politik des Generals Lázaro Cárdenas, der von 1934 bis 1940 mexikanischer Präsident war; der »Aprismus« in Peru, d. h. die Bewegung der APRA in ihrer revolutionärsten Phase (Trujillo-Aufstand von 1934); die Gründung der »Partei der demokratischen Aktion« in Venezuela; der Bauernaufstand in El Salvador; die Einbeziehung zahlreicher Bauern in die bewaffnete Rebellion unter Führung des Generals Sandino in Nikaragua; schließlich die »Sozialisierungs«-Versuche in Bolivien und Ekuador.

Die Oligarchie und die Enklave antworteten auf den Druck der Volksmassen, die von Teilen der Mittelschicht gelenkt wurden, mit Waffengewalt. Unter diesen Umständen hingen die politischen Möglichkeiten, einen Binnenmarkt zu schaffen, davon ab, ob und inwieweit es gelang, die Grundlagen der bislang herrschenden Politik zu ändern, wie es in Chile, Mexiko, Venezuela und – später – Peru geschah. Die wirtschaftlichen Konsequenzen des »Übergangs« – d. h. der Aufstieg der Mittelklasse oder, in manchen Fällen, die Wandlung der privilegiertesten Teile dieser Klasse zu einer werdenden Bourgeoisie – waren nicht auf die Weltwirtschaftskrise zurückzuführen wie in den Ländern, die eine nationale Exportwirtschaft besaßen. Nur ein Zusammenbruch oder wenigstens eine Rezession in dem mit der Oligarchie und der Enklave verbundenen Sektor konnte die Chance eröffnen, den – bereits teilweise von anderen Gruppen kontrollierten – Staat dazu zu benutzen, über die Kapitalakkumulation und die Investitionen zu entscheiden, die nötig waren, um einen Binnenmarkt herzustellen, der seinerseits die Stütze einer neuen Politik sein würde.

Es wäre jedoch falsch anzunehmen, daß die Geschichte dieser Länder später noch einmal die oben erörterten Phasen durchlaufen mußte; ein an der überkommenen Entwicklungsideologie orientierter Populismus hatte keine Basis mehr, und die Herausbildung einer die Industrialisierung vorantreibenden Bourgeoisie hing im großen und ganzen vom Staat ab. Überdies versuchten die aufsteigende Mittelklasse und die in neuerer Zeit konstituierte oder – wie in Chile und in geringerem Umfang auch in Peru – die seit längerem etablierte nationale Bourgeoisie in dem Maße, wie sie selbst im Staatsapparat mitwirkten und wie der öffentliche Sektor aus dem von den Enklaven erwirtschafteten Einkommen finanziert werden konnte, die Entwicklungsmuster durch Stärkung des städtisch-industriellen Sektors zu verändern. Außer in Chile geschah dies nach dem Zweiten Weltkrieg in sämtlichen von einer Enklave beherrschten Ländern. Wie das folgende Kapitel zeigen wird, waren die Beziehungen der Abhängigkeit vom Ausland von anderer Art. Seit 1950 wurden Auslandsinvestitionen in dem am Binnenmarkt orientierten Produktionssektor getätigt; dies setzte der nationalen Entwicklung einerseits neue Grenzen, eröffnete ihr jedoch andererseits neue Chancen.

V. Nationalismus und Populismus:
Die sozialen und politischen Kräfte
der Entwicklung in der Phase
der Konsolidierung des Binnenmarktes

Das hervorstechende Kennzeichen der Übergangsperiode in Lateinamerika im Hinblick auf die Beziehungen zwischen den sozialen Gruppen und Klassen war die wachsende Beteiligung der städtischen Mittelklassen und der Industrie- und Handelsbourgeoisie am Herrschaftssystem. Diese gesellschaftliche Situation fand auf wirtschaftlicher Ebene ihren Ausdruck in einer auf Konsolidierung des Binnenmarktes und auf Industrialisierung zielenden Politik. In Ländern, in denen die Exportwirtschaft von nationalen Gruppen kontrolliert wurde, denen es gelungen war, schon vor der Außenhandelskrise einen bedeutenden Industriesektor aufzubauen, nahm diese Politik einen eher liberalen Charakter an, d. h. sie stützte sich auf die Ausweitung der Privatunternehmen. In der frühen Enklave dagegen hatten die Gruppen, die nicht direkt mit dem Import-Export-System verbunden waren, Anstrengungen unternommen, eine städtisch-industrielle Basis mit Hilfe staatlicher Lenkung zu schaffen; und in manchen Ländern war der Staatsapparat für die Herausbildung einer industriellen Klasse instrumentalisiert worden, die sich am Ende mit den staatseigenen Unternehmen in die unternehmerischen Funktionen teilen sollte.

Hier muß allerdings betont werden, daß diese Differenzierung weder bedeutete, daß der private Sektor in Wirtschaften, in denen die staatliche Beteiligung das Übergewicht hatte, ausgespart wurde, noch daß der öffentliche Sektor in den Ländern, die sich bereits im Anfangsstadium der Industrialisierung befanden und eine liberale Tradition besaßen, gefehlt hätte. Im Gegenteil: Die Importsubstitutionsphase der Industrialisierung war durch zwei konvergierende Bewegungen gekennzeichnet: Wachstum des privatwirtschaftlichen Sektors einerseits und Schaffung neuer, auf Grundstoffindustrie und Infrastruktur-Maßnahmen konzentrierter Investitionsbereiche mit starker staatlicher Beteiligung andererseits.

Die neuen ökonomischen Grundlagen der Entwicklung erforderten zwangsläufig tiefgreifende Veränderungen in der gesellschaftlichen Arbeitsteilung. Länder, die sich auf diese Erfordernisse einzustellen begannen, machten insofern eine demographische und ökologische Wandlung durch, als ein Proletariat entstand und als sich in den Städten eine Schicht von Nicht-Lohnabhängigen entwickelte. Die Wachstumsrate der Nicht-Lohnabhängigen war freilich gewöhnlich höher als das Tempo, mit dem die Industrialisierung neue Arbeitsplätze schuf. So kam es in Lateinamerika zur Genese »städtischer Massengesellschaften« in unzureichend industrialisierten Ökonomien.

Neben dem Aufbau einer diversifizierten Industrie, die anderes produzierte als bloß nicht-dauerhafte Konsumgüter, war es gerade die Präsenz der Massen, die für die Anfangsperiode der inneren Entwicklung, die sich während des Zweiten Weltkrieges verstärkte und in den fünfziger Jahren ihren Höhepunkt erreichte, kennzeichnend war. In dieser Periode – der Periode der »Importsubstitutions-Industrialisierung«[52], die insbesondere deshalb möglich geworden war, weil es Importschwierigkeiten und daraufhin einen Mangel an Devisen gab –, ging es letzten Endes um die Nutzung und Erweiterung der Produktionsgrundlage der vorangegangenen Periode zur Deckung des Inlandsbedarfs an Konsum- und intermediären Gütern. Dabei wuchsen und veränderten sich die Aufgaben des Staates. Während der Staat zuvor im wesentlichen die Interessen der Exporteure und Grundbesitzer vertrat und als Agent für Auslandsinvestitionen fungierte, machte er sich nun daran, Schutzzölle zu errichten, Einkommen aus dem Exportsektor in den binnenmarktorientierten Sektor zu transferieren und die zur Stützung der Importsubstitutions-Industrie erforderliche Infrastruktur zu schaffen. Dies war die Zeit der nationalen Stahlgießereien, Ölraffinerien, Elektrizitätswerke etc. Man muß sich jedoch vor Augen halten, daß diese Maßnahmen in manchen Ländern nur deshalb ergriffen wurden, weil sie das Ergebnis der während der Übergangsperiode

52 Maria de Conceição Tavares, *Auge y declinación del proceso de sustitución de importaciones en el Brasil*, in: *Boletín Económico de América Latina*, Band 9, 1/1964.

geschlossenen Machtpakte waren. D. h.: Die in diesen Fällen erreichte Industrialisierung war nicht das Resultat des allmählichen oder revolutionären Aufstiegs einer typischen Industriebourgeoisie. Genauer gesagt: Diese Industrialisierung war das Ergebnis einer von den verschiedenen Machtgruppen gemeinsam beschlossenen Politik, die die Entwicklungserfordernisse eines Wirtschaftstyps aufeinander abstimmte, der nicht nur eine ökonomische Basis für die neuen Gruppen schuf (die später in der Übergangsperiode an der Macht teilhatten), sondern auch den breiten Volksschichten Chancen zur sozioökonomischen Integration bot, die in den Städten das Herrschaftssystem potentiell antasten oder modifizieren konnten. Zum Herrschaftssystem zählten die aufsteigenden Mittelklassen, die städtische Bourgeoisie sowie Vertreter des alten Export-Import-Systems, darunter sogar die Eigentümer von Latifundienbetrieben mit niedriger Produktivität.

Das soziopolitische Kräftespiel in der Phase der Importsubstitutions-Industrialisierung bestand aus den Vereinbarungen und Bündnissen, die von den gesellschaftlichen Gruppen erzielt worden und die Ausdruck des neuen Machtgleichgewichts waren. Dieses Gleichgewicht sah so aus, daß die Agroexport- und Finanzgruppen sowie die städtischen Industrie- und Mittelschichten sich in die Herrschaftspositionen teilten bzw. sie einander streitig machten. Die breiten Volksschichten, die entweder als Objekt der Herrschaft oder als stützende Basis in Erscheinung traten, setzten sich aus drei Komponenten zusammen: aus der Arbeiterklasse, der städtischen Volksmasse und der Masse der Bauern.

Die Tatsache, daß die gesellschaftlichen Kräfte in den verschiedenen Ländern zu unterschiedlichen Vereinbarungen kamen, bedeutete, daß jedes Land seine eigene Form der Industrialisierung und seine eigenen Vorstellungen von Organisation und Kontrolle der für seine Importsubstitutions-Politik erforderlichen Macht hatte, auch wenn es gemeinsame ökonomische und soziopolitische Probleme gab. Die Bedingungsfaktoren dieser Differenzierung hingen weitgehend davon ab, auf welche Weise sich die jeweilige nationale Ökonomie und Gesellschaft herausgebildet hatte, denn die Funktionen des Staates und die Eigenarten der Unternehmergruppen waren in der Übergangsperiode jeweils andere, je nach dem, ob die

Ausgangssituation die einer Enklave gewesen war oder nicht. Später, als die Präsenz der Massen für die Bestimmung der Herrschaftsformen wichtig wurde, kam es auch zu einer Differenzierung der Politik im Hinblick auf die Besonderheiten der Masse des Volkes in jedem einzelnen Land.

Bevor wir die wichtigsten Situationen skizzieren, die für die Konsolidierung des Binnenmarktes bedeutsam waren, wollen wir die grundlegenden Entwicklungsprobleme dieser Periode auf der Ebene der allgemeinen Ökonomie und der politischen Orientierungen erörtern.

Zwei Typen von politischer Orientierung waren vorherrschend: Der eine, der den Druck der Massen zum Motor hatte, zielte auf Partizipation und führte zu sozialem und ökonomischem Distributionismus; der andere, der neben dem ersten bestand und die Interessen der neuen herrschenden Gruppen verkörperte, intendierte die fortgesetzte, nunmehr binnenmarktbezogene nationale ökonomische Expansion. Dieser Trend zum Nationalismus ermöglichte die Integration der Massen in das Produktionssystem und – in unterschiedlichem Ausmaß – in das politische System. Eben das verlieh dem »entwicklungsorientierten Populismus« (»developmentalist populism«*) seine Bedeutung als Ausdruck gegensätzlicher Interessen: erweiterter Konsum auf der einen, erhöhte Investitionen auf der anderen Seite; staatliches Eingreifen in die Entwicklung auf der einen, Stärkung des privaten städtisch-industriellen Sektors auf der anderen Seite. Die Ideologie des »entwicklungsorientierten Populismus«, in der durchaus widersprüchliche Ziele nebeneinander Platz fanden, beruhte auf dem Bestreben, einen Konsens zu finden und das neue Machtsystem zu legitimieren, dessen Fundament ein Industrialisierungsprogramm war, das allen Vorteile versprach.

Unter diesen Bedingungen setzte die Herstellung eines Binnenmarktes folgendes voraus:
– Verfügbarkeit von Kapital, das im Lande reinvestiert werden konnte;
– Verfügbarkeit von Devisen zur Finanzierung der Industrialisierung;
– Möglichkeiten der – wenngleich begrenzten – Einkommens-

---

* Vgl. zu diesem Begriff die Anmerkung der Übersetzerin oben.

umverteilung, um ein gewisses Maß an Integration der Massen zuzulassen;
- ein qualifiziertes staatliches und privates Management zum Ausbau der Binnenwirtschaft;
- ein Minimum an Leistungsfähigkeit und Verantwortlichkeit im staatlichen Verwaltungsapparat;
- eine politische Führung, die fähig war, die gegensätzlichen Interessen der gesellschaftlichen Gruppen im Interesse der »Nation« auszugleichen.

Da die Erfüllung der ersten beiden Bedingungen, Verfügbarkeit von Kapital und Devisen, faktisch im Ermessen der Exportgruppe lag, konnte das Konzept nur dann verwirklicht werden, wenn die Industriebourgeoisie, die Staatsbürokratie und die Masse der Arbeiter gegen die Interessen dieser Exporteure mobilisiert wurden. Der Erfolg einer solchen Mobilisierung hing einerseits von einer günstigen Entwicklung der Weltmarktpreise ab, die verhinderte, daß der Wert der Exporte sank, und die zugleich eine wie auch immer geartete Form der Devisenkontrolle implizierte; andererseits mußte – das »entwicklungsorientierte Bündnis« zwischen der Industriebourgeoisie und der Masse der Arbeiter vorausgesetzt – die Möglichkeit gegeben sein, eine Zoll- und Währungspolitik zu verfolgen, die zwar für den Agrarsektor und die traditionellen Mittelschichten von Nachteil sein mochte, aber eine hohe Rate der industriellen Investitionen garantierte und die gleichzeitig sicherstellte, daß es wenn nicht zu einer erheblichen Steigerung der Reallöhne, so doch zu einer absoluten Erhöhung der Anzahl der in das Industriesystem integrierten Proletarier kam. Deshalb kollidierten die Gruppen, die die Quellen der Kapitalakkumulation kontrollierten oder zu kontrollieren trachteten, mit denjenigen, welche die öffentlichen Agenturen im Sinne einer Neufassung der Preis- und Steuerpolitik gegenüber der Kapitalisierung privater und staatlicher Unternehmen beeinflußten.

Die historische Erfahrung bestimmte, welche Kombination dieser Bedingungsfaktoren der Industrialisierung jeweils zum Zuge kam und welches politisch-ökonomische Entwicklungsmodell daraus hervorging. Nimmt man sich jedoch die Freiheit, geheiligte Begriffe zu verwenden, dann kann man sagen, daß es sich bei diesen Modellen um Hierarchien von Variablen handelte.

Aus der vorangegangenen Diskussion läßt sich schließen, daß die Ausprägung der hervorstechenden Merkmale der Industrialisierungspolitik sich danach richtete, inwieweit Staat und Industriebourgeoisie sich über ihre Rolle einig werden bzw. ihre Interessen ausgleichen konnten. Entscheidend waren nicht allein die ökonomischen Funktionen des Staates, sondern auch und vor allem die Form, in der der Staat als Herrschaftsinstrument dem Handeln der verschiedenen Gruppen, die ihn trugen, Ausdruck verlieh. Im übrigen bedeutete die Präsenz der Massen, die in dieser Periode bereits von Bedeutung war, daß sie einerseits als notwendige Bedingung für den Industrialisierungsprozeß auftraten – d. h. nicht nur als Arbeitskräfte, sondern auch als unverzichtbarer Bestandteil des Verbrauchermarktes – und andererseits von den an der Macht befindlichen Gruppen in dem Maße berücksichtigt werden mußten, wie sie die Hegemonie der Mächtigen gewährleisteten oder in Frage stellten.

Ausgehend von dem Verhältnis zwischen Industriebourgeoisie und Staat, lassen sich in den einzelnen Ländern – den Ländern mit Enklaven-Wirtschaft oder den Ländern mit nationaler Produktionskontrolle – folgende typische Formen der Industrialisierung unterscheiden:

a) »Liberale« – d. h. vom Privatunternehmertum bestimmte – Industrialisierung; Voraussetzung hierfür war, daß es bereits einen starken und hegemonialen Agroexportsektor gab, der in gewisser Weise auch mit dem Binnenmarkt verknüpft war (Beispiel: Argentinien);

b) »National-populistische« Industrialisierung, d. h. eine Industrialisierung, die politisch von sozialen Kräften wie Bourgeoisie, Mittelschichten und (gewerkschaftlich organisierten) Arbeitern vorangetrieben wurde, Kräften, die mit dem Staatsapparat verbunden waren, der seinerseits mit den Agroexportgruppen – auch wenn diese in Gegensatz zu ihm standen oder gar untereinander in Konflikt lagen – bis zu einem gewissen Grade gemeinsame Sache bei der Orientierung des Entwicklungsprozesses machte (Beispiel: Brasilien);

c) Industrialisierung, die von einem »entwicklungsorientierten Staat« (»developmentalist State«) gelenkt wurde, ein

Prozeß, in dem die Schwäche des nationalen kapitalistischen Export-Import-Sektors durch ein Programm des Staates ausgeglichen wurde, der über Steuern die Investitionen lenkte und die Grundlagen für eine industrielle Ökonomie schuf; dieser Fall trat besonders häufig in der Enklaven-Situation auf (Beispiele: Mexiko, Chile).

In jedem Fall bestand das Problem der Industrialisierung darin zu erkennen, welche Gruppen Investitions- und Marktentscheidungen treffen und die Investitionen in den Binnenmarkt lenken konnten. Hinzu kam, daß es überaus schwierig war, die breiten Schichten, die durch die Industrialisierung gesellschaftlich in Bewegung gerieten, zu integrieren. Deshalb waren Nationalismus und Populismus vor allem Ausdruck der Bemühungen der Entwicklungsgesellschaften, die Interessen derjenigen sozialen Gruppen zu versöhnen, die zueinander in Gegensatz standen, aber sich untereinander vereinigten, um eine neue nationale Machtbasis zu finden.

In den Ländern, die die Industrialisierung mit all ihren Konsequenzen für die herrschenden Gruppen und die Volksmassen aufnahmen, ergab sich aus der je spezifischen historisch-strukturellen Situation auch ein je spezifischer Kurs zur Herstellung eines industriellen Fundaments für die nationale Ökonomie.

Im folgenden wollen wir vorzugsweise jene Länder betrachten, in denen die Besonderheiten der Industrialisierung deutlich zutage traten bzw. die möglichen Alternative klar erkennbar waren.

1. Populismus und privates Unternehmertum: Argentinien

Ein typisches Beispiel für die oben als »liberale« Industrialisierung charakterisierte Situation war Argentinien, ein Land, in dem sowohl die Phase der außengerichteten Entwicklung als auch die Übergangsperiode die Dynamik eines hegemonialen unternehmerischen Agroexportsektors zum Ausdruck brachte und in dem das Herrschaftssystem soziale Gruppen umfaßte, die auf regionaler Ebene differenziert waren. Als die Auswirkungen der Weltwirtschaftskrise sich bemerkbar machten und als der Zweite Weltkrieg die Bedingungen vermehrte, die eine Industrialisierung begünstigten, existierten in Argentinien bereits eine – über das Finanzsystem mit dem Agroexportsektor vermittelte – Industriebourgeoisie und eine Mittelklasse, die am politischen Spiel beteiligt und imstande war, die städtischen proletarischen Gruppen wenigstens als Wählerschicht zu mobilisieren (Radikalismus). Hinzu kamen die Bemühungen der gewerkschaftlich organisierten Arbeiter zur Durchsetzung ihrer Interessen, hauptsächlich mit Hilfe ihrer Gewerkschaften und in manchen Fällen im Verein mit Parteien wie der sozialistischen, insbesondere in großen städtischen Zentren wie Buenos Aires und Rosario.

Dynamik und Erfolg des Exportsektors ermöglichten die Schaffung eines vom Export abhängigen Industriesektors sowie eines starken Import- und Finanzsektors. In diesen Bereichen waren jene Gruppen tätig, die die Entwicklung der nationalen Ökonomie dadurch zu fördern trachteten, daß sie die günstigen Bedingungen für den Binnenmarkt ausnutzten, die sich aus der Wirtschaftslage nach der Weltwirtschaftskrise und insbesondere während des Zweiten Weltkrieges ergaben. Das politische Problem dieser Gruppen bestand darin, die expandierende nationale Ökonomie unter ihrer Kontrolle zu behalten und zugleich den Druck der organisierten Arbeiter einzudämmen – ein Druck, der von den Arbeitervereinen, die aus der Zeit der Jahrhundertwende stammten, repräsentiert wurde und zu dem der Druck radikaler Fraktionen der Mittelklassen sich gesellte. Während dieser Zeit (1944/1945) gab es in Argentinien Versuche, eine ähnliche Volksfront zu bilden, wie sie in Europa und in Chile zustande kam; obwohl sie scheiterten, enthüllten diese Versuche den Klassencharakter der politischen Konfrontation zwischen herrschender Bourgeoisie und oppositioneller Arbeiterschaft. Im übrigen standen sie im Zusammenhang mit der Nachkriegsreaktion gegen Teile der argentinischen Rechten, die offen mit den »Achsen-Mächten« sympathisiert hatten.

Indessen führte die Kombination von fortdauernder Klassenherrschaft – die letztlich jegliche Opposition ausschloß – mit dynamischer Wirtschaftsentwicklung in eine Sackgasse. Die neuen proletarischen Gruppen, die ständig mobilisiert und in das Heer der (infolge der wirtschaftlichen Expansion erforderlichen) Arbeitskräfte eingegliedert wurden, wurden politisch nicht integriert. Ebensowenig wurden sie von der alten Gewerkschaftsstruktur repräsentiert, in der ihre Anwesenheit zwar die Basis für eine Arbeiterpolitik verbreitert, jedoch die bereits errungenen ökonomischen Vorteile gefährdet hätte. Diese Situation konnte in nichts anderem enden als im Zusammenbruch sowohl der exklusiven Herrschaft der Bourgeoisie als auch der alten Gewerkschaftsstruktur.[53]

Der peronistische Populismus versuchte, eine Lösung für diese Probleme zu finden und dem Wirtschaftswachstum Kontinuität zu verleihen, indem er das private Unternehmertum als treibende Kraft respektierte, zugleich aber ein allgemeines Konzept festlegte, um die Integration der Massen zu beschleunigen, und zwar nicht nur die ökonomische, sondern auch die soziale und mithin die politische Integration. Der Staat übernahm die Rolle des Schlichters im Klassenkampf und wurde als Instrument zur Einkommensverteilung sowohl innerhalb der Unternehmerklasse als auch zwischen den unteren Klassen benutzt. Konflikte zwischen den verschiedenen sozialen Schichten – im wesentlichen der Masse der Arbeiter und der Bourgeoisie – artikulierten sich hauptsächlich als Konfrontation zwischen Proletariat und Oligarchie, deren spezifischer politischer Gehalt freilich über eine abstrakte Ablehnung ausländischen Einflusses und über die Forderung nach höheren Löhnen nicht hinausdeutete. Warum also erwies sich diese Konfrontation als der entscheidende Faktor für die politische Neuorientierung Argentiniens?

Die Vorherrschaft der Agroexportgruppen dokumentierte sich in der Praxis in einer Koalition mit ländlichen Gruppen, die im wesentlichen zwei Kategorien angehörten: den Latifundisten, die nicht direkt mit dem Exportsektor verflochten waren, und den ländlichen Schichten, die zwar mit dem Exportsektor verbunden, ihm jedoch untergeordnet waren. Die ersteren waren in Argentinien wegen der niedrigen Investitionen, die sie in der Landwirtschaft tätigten, relativ unbe-

53 Zu den besonderen Merkmalen dieses Prozesses vgl. Gino Germani, *Política y sociedad en una época de transicion: de la sociedad tradicional a la sociedad de masas*, Buenos Aires 1962, sowie Torcuato Di Tella, *El sistema político argentino y la clase obrera*, Buenos Aires 1964.

deutend, die letzteren waren hingegen ziemlich bedeutend – zu ihnen zählten: Farmer, die für den Binnenmarkt produzierten; die typische, nicht mit dem Agroexportsektor verknüpfte ländliche Bourgeoisie; diejenigen, die – sofern die Exportwirtschaft diversifiziert war – Rinder zwar züchteten, aber nicht mästeten, und schließlich die Farmer, die Getreide anbauten, aber nichts mit dessen Vermarktung zu tun hatten. Im übrigen setzte sich die herrschende Gruppe gerade aus den lokalen Vertretern zusammen, die mit dem – im Grunde ausländischen und zunehmend monopolistischen – Import-Export-System im Bunde waren.

Die herrschende Gruppe des Agroexportsektors verkörperte – im Sinne ökonomischer wie politischer Herrschaft – zweierlei: Erstens war sie aufgrund ihrer Investitionen im Binnenmarkt ein dynamisches, entwicklungsförderndes Element; zweitens war sie der Nexus der Abhängigkeit. Für die neue Machtkoalition des Peronismus hieß dies, daß sie in dem Maße die gewünschte Wirkung haben würde, wie es ihr gelang, einen Ausgleich zwischen den Akkumulationsinteressen der wirtschaftlich dominanten Schicht und den Mitwirkungsinteressen der Volksmassen zu erzielen. Dank der im Zweiten Weltkrieg angehäuften Devisen war es möglich, die Löhne anzuheben und die Lebensbedingungen der Mehrzahl der Arbeiter und der Angestellten zu verbessern, ohne daß dies den Gruppen, die zuvor ökonomisch beherrschend gewesen waren, allzu große Opfer abverlangte, auch wenn die untergeordneten Teile der Mittelschicht, die *estancieros* und die traditionelle städtische Mittelklasse, Einbußen in Kauf nehmen mußten. Diese Gruppen, die man in der politischen Sprache als »Oligarchie« bezeichnen würde, mußten nicht nur mehr und mehr – d. h. in dem Maße, wie die vormals günstige Bilanz der Exportwirtschaft sich verschlechterte – die Kosten der neuen Machtkonstellation bezahlen, sondern sie hatten auch die Hauptlast der politischen Kritik an einem Machtsystem zu tragen, das als reaktionär angeklagt wurde und an dem sie kaum beteiligt gewesen waren.

Die neue Machtkoalition, die der Peronismus darstellte, sollte den Entwicklungsprozeß in besonderer Weise prägen, und zwar im Hinblick sowohl auf die Investitionsentscheidungen als auch auf die Konsummuster. Die Industrialisierung folgte zwei divergierenden Konzepten: Auf der einen Seite versuchten die Import-Export- und Finanz-Gruppen den Industrialisierungstrend so zu steuern, daß eine Verlangsamung und Begrenzung der Importsubstitutions-Politik bewirkt würde, zumindest bei denjenigen Erzeugnissen, die für die hegemoniale Gruppe in der Importphase von Bedeutung waren; auf der anderen Seite versuchte die Industriebourgeoisie, die nicht mit der Agroexportgruppe verbunden war, ihre ökonomische Basis zu stärken, indem sie den importsubstituierenden Bereich auszudehnen und ihre eigenen Finanzierungsmechanismen zu schaffen trachtete – ein traditionell schwacher Punkt in dieser Gruppe. Der Staat war für beide Gruppen eine unersetzliche Institution: für die erste, weil er nach wie vor Devisen und Zölle kontrollierte, die für eine ausgeglichene Politik der Industrie- und Agroexportinteressen von fundamentaler Bedeutung waren; für die zweite deshalb, weil nicht nur das Zollsystem wichtig war, sondern weil der Staat auch für Kredite und rasche Kapitalbildung in Anspruch genommen werden konnte.

Doch die verschiedenen gesellschaftlichen Kräfte in diesem Entwicklungsmodell übten nicht genügend Druck aus, um den Staat von einem ökonomischen Steuerungsinstrument zu einem unmittelbar produktionsfördernden Instrument umzuwandeln. Die überlieferte ökonomische Basis gestattete privaten Unternehmern, die Binnenwirtschaft zu diversifizieren, ohne daß der öffentliche Sektor zu einem unentbehrlichen Bestandteil des Produktionssystems geworden wäre. Um eine industrielle Ökonomie aufzubauen, bedurfte das private Unternehmertum lediglich der – vom Staat vermittelten – Umverteilung des Einkommens in seine eigenen Investitionskanäle, und das Wachstum der Privatunternehmen produzierte hinlängliche Arbeitsplätze, um die Masse der städtischen Bevölkerung in das Wirtschaftssystem »aufzunehmen«.

Dieses Entwicklungsmodell war möglich, weil nicht nur genügend Ressourcen vorhanden waren, auf denen die Industrialisierung aufruhen konnte, sondern auch, weil die Wirtschaft hinreichend dynamisch war, den Landarbeiter zum Lohnarbeiter zu machen, und weil sie so rasch expandierte, daß ein Großteil der vom Land in die Städte strömenden Massen absorbiert werden konnten. Die Migration war freilich von starkem soziopolitischen Druck begleitet, der jedoch nicht zur Errichtung einer staatlichen Produktionsbasis zur Kontrolle der Wirtschaftsentscheidungen führte. Selbst als die Forderung nach Einkommensumverteilung den Staat direkt wirtschaftlich tätig werden ließ, war – wegen der korporativen Verflechtung der Bourgeoisie mit den neuen staatseigenen Unternehmen – das Ergebnis eine Stärkung des privaten Sektors.

Die Präsenz der Massen machte sich als Druck derjenigen bemerkbar, die in das System einbezogen werden wollten, als neuer Partner, der zwar die bereits aufgestellten Regeln, wie die Industrialisierung durchgeführt werden sollte, akzeptierte, aber bestimmte Rechte für sich forderte. War der Druck im Sinne der Forderung nach höheren Löhnen und Anerkennung der Rechte der Arbeiter auch stark, so schloß der gleichfalls vorhandene politische Druck nicht die Möglichkeit aus, die Interessen verschiedener Gruppen in der neuen Machtkoalition miteinander zu versöhnen. Die Massen wurden in erster Linie über die Gewerkschaften mobilisiert. Ihre Mobilisierung war ein Zeichen für die Politik der Konfrontation und der gemeinschaftlichen Interessenvertretung, mit deren Hilfe die proletarischen Schichten ihr Verhältnis zur Industriebourgeoisie definierten. Arbeiterschaft und Bourgeoisie traten gemeinsam zwar nicht mehr als Verbündete der monopolistischen Agroexportgruppe auf, doch zweifellos waren alle drei an demselben Machtspiel beteiligt und bildeten zusammen eine Machtkoalition. Eine dermaßen bewegliche und komplexe politische Vereinigung war möglich geworden, weil alle drei Klassen übereingekommen waren, gegenüber dem Staat keine wirtschaftlichen Ansprüche zu erheben: Das private Monopol sollte nicht durch ein staatliches Monopol gefährdet werden. Dieses Arrangement wurde begünstigt durch die auf den Zweiten Weltkrieg folgende Prosperität und die beschleunigte Importsubstitution, die nicht nur die Erweiterung des Massenkonsums und die Erhöhung der Löhne mit sich brachte, sondern auch die Industrieunternehmen kapitalisierte, ohne die Gewinne der Monopole zu schmälern.

Das Spektrum der Möglichkeiten in diesem Entwicklungsmodell, das mit der Einführung der Importsubstitutions-Industrialisierung innerhalb des bestehenden politischen Gefüges begann, fand seine Schranken in der fortschreitenden Erschöpfung der Ersatzbeschaffung von nicht-dauerhaften und dauerhaften Konsumgütern sowie in dem Widerspruch, einerseits die Massen stärker an der Verteilung der Staatseinkünfte beteiligen und die Kapitalbildung beschleunigen, andererseits die Einkommen anderer gesellschaftlicher Gruppen, insbesondere der Agroexportgruppen, auf hoher Stufe stabil halten zu wollen.

Mit dem Ende der ersten, relativ problemlosen Phase der Importsubstitution und der populistischen Unterstützung im Rahmen einer liberalen Wirtschaft wurden die auf Gegenseitigkeit beruhenden Verbindungen gelöst. An die Stelle von Theorien trat nunmehr die Polemik: staatlich gelenkte Wirtschaft contra Big Business, an der sich die Entwicklungsvorstellungen alsbald scheiden sollten. Die ehedem praktizierten Formen der politischen Unterstützung zerfielen, und die offensichtliche Polarisierung von Oligarchie und Volksmassen, die durch das »entwicklungsorientierte Bündnis« verschleiert worden war, machte jetzt einem neuen Typ der Konfrontation Platz, in dem bestimmte Klassenwerte dazu dienten, das Verhalten der Volksmassen zu katalysieren und zugleich die nationale Fixierung auf die Aktivitäten der privaten Unternehmergruppen abzuschwächen. Die Unternehmer gingen dazu über, sich neu zu formieren, und versuchten, den Staat so zu reorganisieren, daß er nicht nur ihren politischen Interessen gegenüber denen des Volks Ausdruck verlieh, sondern auch und direkter ihre spezifischen Wirtschaftsinteressen vertrat.

2. Populismus und nationale Entwicklung: Brasilien

Das Entwicklungsmodell in Brasilien war ein anderes. In Brasilien kam es in der Phase der außengerichteten Entwicklung nicht zur Konsolidierung einer hegemonialen Unternehmerschicht, die ausreichend stark und »modern« war, die Macht der traditionellen agrarischen Gruppen zu neutralisieren oder gar die Masse der ländlichen und städtischen Bevölkerung als Lohnarbeiter zu vereinigen. Als die Importsubstitutions-Industrialisierung in der Übergangsphase begann, boten die Machtverhältnisse folgendes Bild: Zu den »Herrschenden« gehörten die traditionell-oligarchischen Gruppen – d. h. verschiedene Teile des Exportsektors und der nicht mit dem Export verbundenen Latifundisten –, Teile der Mittelschichten, die Zugang zur Kontrolle des Staates hatten; die Industriebourgeoisie und die städtischen Kaufleute. Insgesamt unterschieden sich die herrschenden Gruppen in Brasilien von denjenigen in anderen Ländern, die einem liberalen Industrialisierungsmuster folgten, weil der brasilianische Staat nicht nur als Instrument zur Steuerung des industriellen Systems auftrat, sondern auch über die Gründung öffentlicher, autarker, vom Staat kontrollierter Unternehmen direkt am Industriesystem beteiligt war. Auf der anderen Seite stand die Masse der »Beherrschten«, die in Brasilien, anders als in Argentinien, neben einer relativ schwachen Arbeiterklasse eine breite Schicht nicht-proletarischer städtischer Massen umfaßte. Der Unterschied zeigte sich noch deutlicher darin, daß es eine zahlenmäßig erhebliche ländliche Bevölkerung gab, die unter völlig anderen Verhältnissen lebte.

Der Populismus in Brasilien fungierte als Gelenk zwischen dem neuen Machtsystem und den städtischen Massen, die von der Industrie mobilisiert oder infolge des Wandels bzw. des Niedergangs der Landwirtschaft in die Städte getrieben worden waren. Er entwickelte sich zu einer Politik, aufgrund derer den Massen eine relativ begrenzte, in erster Linie von einer schwachen Gewerkschaft getragene politische Mitwirkung blieb, die jedoch die ländliche und die städtische Bevölkerung nicht einschloß.

Daß es keinen Agroexportsektor gab, der eine bedeutende subsidiäre industrielle Ökonomie hätte aufbauen können, und daß das frühere Machtsystem außerstande war, den Staat nach der Krise der Exportwirtschaft unter Kontrolle zu behalten, signalisierte den Beginn der Importsubstitutions-Industrialisierung. Heraufgeführt wurde die neue Phase der brasilianischen Entwicklung einerseits durch direkte Eingriffe des Staates in die Wirtschaft, andererseits durch die Tätigkeit einer Industriebourgeoisie, die so gut wie keine Verbindungen zum Agroexportsektor unterhielt. Der Staat übernahm nicht nur die Förderung, ja sogar die Gründung der traditionellen Branchen der Grundstoffindustrie, sondern er war auch am Aufbau von Branchen beteiligt, die langlebige Konsumgüter (wie

Automobile) sowie intermediäre Güter herstellten. Im übrigen folgte die brasilianische Industrialisierungspolitik einer als »ökonomischer Nationalismus«[54] bekannten Vorstellung; eben dies wirft die Frage auf, wie dieser Typ politischer Orientierung in einer Machtsituation erscheinen konnte, in der das entscheidende politische Bündnis so unterschiedliche – ihrem Wesen nach zum Teil traditionelle – Gruppen umfaßte wie Großgrundbesitzer, städtische Unterschicht, Mittelschicht und Unternehmergruppen in Industrie und Handel. Die Antwort liegt in der Tatsache, daß die bestehenden Gruppen des nationalen oder internationalen Privatunternehmertums, die das Kapital zur Finanzierung der industriellen Entwicklung hätten bereitstellen können, im Vergleich zu Argentinien in einer ökonomisch schwächeren Position waren und nicht die Fähigkeit besaßen, eine »liberale« Industrialisierungspolitik durchzusetzen. Zur gleichen Zeit, als die Industrialisierung Auftrieb gewann, verloren die Agroexportgruppen ihre Kontrolle über den Staatsapparat an Gruppen, die keine gemeinsamen, durch eine »liberale« Entwicklung zu verwirklichenden Interessen hatten. Die Gruppen, die nach 1930 an die Macht kamen, ließen sich bei der Bestimmung des Industrialisierungskurses mehr von politischen als von ökonomischen Erwägungen leiten. Sie waren nicht daran interessiert, einen Binnenmarkt herauszubilden, der die Entwicklung gefördert und zu einem sich selbst tragenden Wachstum geführt hätte; das Interesse an einer solchen Politik erwachte erst viel später, als die Industrialisierung bereits in vollem Gang war.[55]

Die aktive Rolle des Staates beim Aufbau eines Industriesektors erklärte sich politisch aus der Existenz von Massen, die mobilisiert worden waren, ohne daß ausreichende Beschäftigungsmöglichkeiten geschaffen worden wären, um sie zu absorbieren. Daraus entstand eine für die Träger der Macht wie (jedenfalls in einem gewissen Sinne) für die politisch organisierten Gruppen der Nation gefährliche Lage. In einem Land mit einer starken Tendenz zur Verstädterung, mit einer nie-

---

54 Vgl. Carlos Lessa, *Dos experiencias de política ecónomica: Brasil-Chile (una tentativa de confrontación)*, in: *El Trimestre Económico*, Band 34, Nr. 135, 1967, S. 445-487.
55 Vgl. F. H. Cardoso, *Empresário industrial e desenvolvimiento económico en Brasil*.

dergehenden Agrarwirtschaft und mit einem kapitalistischen Sektor, der außerstande war, den massiven Beschäftigungserfordernissen rasch zu genügen, war es geboten, die Entwicklung zu einer nationalen Sache zu machen und dem Staat die Verantwortung dafür zu übertragen.

Das Machtsystem, das die neue Politik betreiben sollte, stützte sich auf eine Reihe von Koalitionen, zu denen zunächst die rückständigsten Gruppen der Großgrundbesitzer, die für den Binnenmarkt produzierenden Farmer, die städtische Mittelklasse, die bereits bestehende Industriebourgeoisie und die städtischen Massen zählten. Nicht erfaßt wurden die Agroexportgruppen (Kaffeepflanzer), die das System vor der Revolution von 1930 kontrolliert hatten, und die Mehrheit der Landbevölkerung. Während die Kaffeepflanzer sich später dem »entwicklungsorientierten Bündnis« anschlossen, sollten die Bauern auf Dauer ausgeschlossen bleiben.

Die nationale Entwicklung in Brasilien wurde politisch von Gruppen mit gegensätzlichen Interessen unterstützt. Um einer Politik zum Aufbau moderner Wirtschaftssektoren, in die die Massen eingegliedert werden konnten, den Weg zu bahnen, mußte ein politisches Bündnis mit den rückständigsten Vertretern der brasilianischen Produktionsstruktur, den nicht-exportierenden Latifundisten, geschlossen werden. Andererseits hing der Erfolg einer solchen Politik ausgerechnet von einer Spaltung zwischen der Masse der städtischen Bevölkerung, die von der Entwicklung profitierte, und der Masse der Landbevölkerung, die für diese Entwicklung marginal war, ab. Der Grund dafür war, daß das System der Akkumulation und wirtschaftlichen Expansion – angesichts der begrenzten Wachstumsraten – dem Druck der Lohnforderungen, die das Ergebnis der Eingliederung großer Teile der ländlichen Massen in den Arbeitsmarkt unter günstigeren Bedingungen gewesen wären, nicht hätte standhalten können. Zudem wäre das Gebäude des »entwicklungsorientierten Bündnisses«, das die *hacendados* einschloß, durch den Versuch der Integration der Bauern in seinen Grundfesten erschüttert worden; die politische Macht der Großgrundbesitzer war vor allem die Macht, eine Situation aufrechtzuerhalten, in der die Masse der bäuerlichen Bevölkerung der Zugang zu den Vorteilen ökonomischer, politischer und sozialer Partizipation verwehrt war.

Gerade diese ausgeschlossenen sozialen Gruppen waren es, die die Kosten der Industrialisierung tragen sollten, da ja die Industrialisierung in ihrem Anfangsstadium von der Macht des Staates abhing, den Exportsektor zu besteuern und die Masse der ländlichen und städtischen Bevölkerung zu marginalisieren. Schließlich erfolgte eine Differenzierung innerhalb des Exportsektors, und bestimmte Gruppen dieses Sektors begannen, an der Entwicklung zu partizipieren, indem sie ihre Investitionspolitik neu orientierten und ihr Kapital in die auf den Binnenmarkt bezogene Produktion lenkten. Da die Masse der bäuerlichen Bevölkerung jedoch nach wie vor von den Vorteilen der wirtschaftlichen Entwicklung ausgeschlossen blieb, bildete sie eine der strukturellen Schranken für die politische Entwicklung. Versuche, das »entwicklungsorientierte Bündnis« um solche Gruppen zu erweitern, waren konterproduktiv; der Populismus konnte die Aufgabe eines Legitimationspfeilers für das Machtsystem nicht erfüllen.

Angesichts der strukturellen Besonderheiten dieser Lage und bezogen auf die Bündnisse, die der Entwicklungspolitik zugrunde lagen, prägten sich Populismus und Nationalismus in Brasilien sehr spezifisch aus. Der Populismus Vargas' war vor allem eine vage nationale Integrationsbewegung, die jedoch – anders als unter Perón in Argentinien – weder stärkere Gewerkschaften noch verstärkte Forderungen nach höheren Löhnen zur Folge hatte. Bei ihm handelte es sich weniger um eine ökonomische Definition von Arbeiterrechten, die politische Partizipation impliziert, als vielmehr um eine politische Bewegung zugunsten der »Geringen« (»humble«), die ökonomische Vorteile unterstellte, wobei der Wert »Masse« Vorrang vor dem Wert »Klasse« erhielt. Da sie sozial ohnmächtig war, ging die im Entstehen begriffene Arbeiterklasse in der städtischen Bevölkerung unter. In diesem Zusammenhang wirkte der Widerspruch zwischen der Notwendigkeit, Kapital zu akkumulieren, und den drängenden Forderungen nach Einkommensumverteilung in der Phase der Importsubstitutions-Industrialisierung weniger gravierend. Die populistische Führung konnte auch als Unternehmer auftreten; so erschien der Staat nicht nur in der Rolle des Arbeitgebers, sondern in den Augen der Massen sogar als guter Arbeitgeber. Auf ökonomischer Ebene war der Protest der Volksmehrheit im Zaum zu halten, weil er relativ schwach war; auf politischer Ebene traf er sich mit den Interessen derjenigen Gruppen, die, nachdem sie ohne eine eigene solide ökonomische Basis Macht erlangt hatten, eine staatlich gelenkte Wirtschaft befürworteten.

Obschon dieses Bündnis Nationalismus und staatliche Lenkung begünstigte, schloß es nicht die Beteiligung des privaten Unternehmertums aus, das zunehmend – in dem Maße, wie der Markt durch den Staat konsolidiert wurde – in binnenwirtschaftliche Aktivitäten investierte. Und für diese Aktivitäten bedurften die privaten Unternehmer sogar des Staates: als Kreditgeber und als Instrument zur Einkommensumverteilung. Sobald der Industriesektor jedoch von einem breiteren ökonomischen Fundament gestützt wurde und nicht nur über das Bankensystem mit dem Exportsektor, sondern auch mit dem Auslandskapital verbunden war, wuchs der Druck gegen die Ineffizienz des Staates als Unternehmer und gegen den Populismus als Entwicklungspolitik. Diesem Druck konnte von den städtischen Mittelklassen, von den Unternehmern, die die Konkurrenz der leistungsstarken Privatmonopole fürchteten, und von den privaten Sektoren, die um den Staat herum aufgebaut worden waren, so lange entgegengewirkt werden, bis feststand, daß die Produktion von intermediären Gütern und von Investitionsgütern sowie die Schwerindustrie entweder vom Staat gelenkt oder vom Big Business (Privatmonopolen) kontrolliert werden würden. Dabei wurde offenkundig, daß das Populismuskonzept zu schwach war, die hegémonialen Pläne des privaten Unternehmertums zu vereiteln, um so mehr, als der Prozeß der Importsubstitution mittlerweile bessere Technologie, eine höhere Akkumulationsrate und größere Effizienz verlangte. Und hier beginnt das nächste Stadium der brasilianischen Entwicklung: das Stadium, in dem Populismus und Nationalismus anderen sozialen Kräften und einer anderen politischen Orientierung Platz machten.

Es muß allerdings betont werden, daß es dem Staat noch einmal für kurze Zeit gelang, den Populismus zu seiner politischen »Linie« zu machen, nachdem die Entwicklung des Binnenmarktes, der nun vom nationalen und ausländischen privaten Unternehmertum beherrscht wurde, konsolidiert worden war. Die Politik der Regierung Goulart bestand in dem Bemühen, ihre Basis durch Organisierung und Eingliederung der Bauern einerseits sowie durch Erweiterung der politischen Partizipation und der wirtschaftlichen Vorteile der städtischen Massen andererseits zu verbreitern. Freilich demonstrierte dieses Bemühen lediglich die Ohnmacht, einen Ausgleich zwischen den nunmehr eindeutig widersprüchlichen Interessen herbeizuführen, denn es bewirkte nicht nur die Absplitterung der Spitze des nationalistischen »entwicklungsorientierten Bündnisses« – der Bourgeoisie und der Großgrundbesitzer, die ihm immer noch verpflichtet waren oder die zumindest innerhalb des Schemas ›Klassenherrschaft gegen Massenbewegung‹ neutralisiert worden waren –, sondern es gefährdete auch die Akkumulation, vor allem im öffentlichen Sektor, weil die sozialen Kosten einer solchen Politik größer waren als die ökonomischen Möglichkeiten der Einkommensumverteilung unter dem kapitalistischen System. So stieß denn der Populismus als Konzept der Mobilisierung der Massen und als entwicklungspolitisches Modell in dieser Phase der brasilianischen Entwicklung an seine Grenzen.

3. Staatlich gelenkte Entwicklung

Wo der Binnenmarkt sich innerhalb des Entwicklungsrahmens einer Enklaven-Wirtschaft ausdehnte, gebot der Übergang eine Reorganisation des Staates unter breiterer politischer Mitwirkung der Mittelklasse einerseits und die Berücksichtigung der unteren Klassen bei einer solchen Reorganisation andererseits. In diesem Sinne waren sowohl die neuen industriellen Gruppen als auch die unteren Volksschichten entweder direkt im Staatsapparat engagiert oder mit dem Staat verbunden. Daher förderte der Staat die Industrialisierung nicht nur deshalb, weil die industriellen Gruppen ein Instrument der raschen Kapitalakkumulation brauchten, sondern auch, weil diese Gruppen ein Bündnis zwischen Arbeitern und Mittelschicht repräsentierten, wobei die letztere sich hauptsächlich aus der Bürokratie und aus den ersten Vertretern der neuen Bourgeoisie zusammensetzte. Dieses Bündnis konnte indes nur dann Bestand haben, wenn für die Massen ausreichend Arbeitsplätze geschaffen wurden.

Ein solches »Modell« trat in Mexiko und Chile auf. In Chile war die in der vorangegangenen Periode entstandene städtische Mittelklasse immer noch stark genug, um nach der Kontrolle der wirtschaftlichen Entwicklung zu greifen bzw. die günstigen Aussichten für deren Belebung zu nutzen; dagegen konnten die unteren Volksklassen, da sie bereits etabliert und organisiert waren, versuchen, ihre Mitwirkung an der Entwicklungspolitik durchzusetzen. Das bedeutete, daß bei den Konflikten oder Koalitionen stets Klasseninteressen im Spiel waren. Wir wollen nun erörtern, inwieweit es in Mexiko und Chile in der Phase der Konsolidierung der Industrialisierungspolitik jeweils zu Allianzen bzw. zu Konfrontationen kam.

3.1. Industrialisierung in Mexiko

Die neue politische Macht, die aus der mexikanischen Revolution (1910-1920) hervorgegangen war, hatte es trotz der Revolution mit ökonomischen Elementen zu tun, die sie ernstlich schwächten. Die grundlegenden Wirtschaftssektoren – Transportwesen*, Bergbau, Erdölförderung, Elektrizitätserzeugung etc. – waren nach wie vor im Besitz ausländischer Gesellschaften, die den Handlungsspielraum der mexikanischen Regierung erheblich einzuengen vermochten. Hinzu kam, daß die Bauern – obwohl glühende Verteidiger der Revolution – infolge der Zerschlagung der alten agrarischen Machtstruktur allzu versprengt waren, um eine solide ökonomische Stütze für den revolutionären Prozeß zu bilden. Ebensowenig gelang es den Arbeitern mit ihren rivalisierenden und zersplitterten Gewerkschaften, erfolgreiche Verhandlungen mit den ausländischen Gesellschaften zu führen, und erst recht nicht, einen Beitrag zur Stabilität ihrer Regierung zu leisten. Die Schwäche des Systems zeigte sich also in den strukturellen Mängeln der politischen Massenbasis (Arbeiter und Bauern) sowie in den Zwängen, denen dieses System unterlag, weil seine Wirtschaft vom Ausland beherrscht wurde.

* *A. d. Ü.:* Das Transportwesen war bis 1905 weitgehend verstaatlicht worden.

Die einzige Möglichkeit, ihre Position gegenüber den ausländischen Gesellschaften zu stärken, bestand für die mexikanische Regierung in der konsequenten Organisierung und Vereinigung der Arbeiter- und Bauernbewegung. Nachdem sie diese Politik eine Zeitlang betrieben hatte, war die Regierung Cárdenas (1934-1940) in der Lage, die ausländischen Mineralölgesellschaften herauszufordern und deren Verstaatlichung zu erzwingen.

Mit Unterstützung der Bevölkerungsmehrheit leitete der mexikanische Staat die Industrialisierung ein. Aber sein sozialistisches Programm verschreckte nicht nur die ausländischen Investoren, sondern auch viele nationale Unternehmer. Zwar war sich alle Welt darüber einig, daß Industrialisierung nötig sei, doch stellte sich die Frage, wie und von wem sie vollzogen werden sollte. Die relativ feste nationale Einheit – Ergebnis des revolutionären Prozesses – war in Gefahr. Schließlich wurde eine Formel für die industrielle Entwicklung gefunden, die anzeigte, daß ausländische Investitionen innerhalb der vom Staat gesteckten Grenzen erwünscht seien. Diese Politik wurde von Avila Camacho begonnen und von Alemán fortgesetzt. Man hoffte, daß die aus der Industrialisierung resultierende wirtschaftliche Entwicklung eine rasche Befriedigung der Bedürfnisse der Volksmassen erlauben würde. Ein großer Teil der Industrie, die im Rahmen dieser Politik in Mexiko angesiedelt wurde (vor allem die US-amerikanischen Firmen), profitierte bei ihren Investitionen in Mexiko von den (Gewinn-)Garantien und (Steuer-)Erleichterungen, die der mexikanische Staat ihnen gewährte. In der Folgezeit flossen Auslandsinvestitionen nicht nur in die Industrie, sondern auch in Finanz- und Handelsaktivitäten; der mexikanische Staat sorgte dafür, daß der neue Markt profitabel war und trug so unwillentlich selbst dazu bei, den Boden für monopolistische Operationen zu bereiten.

Der Staat fuhr fort, die Grundstruktur zu entwickeln und optimale Marktbedingungen zu gewährleisten. Er verlangte von den industriellen Investoren lediglich, daß sie im Lande produzierten. Schon bald jedoch zog nicht nur die Industrie, sondern auch die Landwirtschaft ausländische Investitionen an. Zwar hatte die Landreform und insbesondere die Wiedereinführung des bäuerlichen Gemeindebesitzes *(ejido)* der Revolution politische Unterstützung eingetragen, doch wurde es nun unerläßlich, auch die Landwirtschaft in die Wirtschaftspolitik zu integrieren. Der Staat tätigte Investitionen, die die landwirtschaftliche Produktivität steigerten; aber unter dem Zwang, in möglichst kurzer Zeit eine landwirtschaftliche Basis zu schaffen, ging er rasch dazu über, die Kapitalisten unter den Farmern zu begünstigen. Das typische Beispiel war die Baumwoll-Wirtschaft*, die ihrer kapitalistischen Produktionsweise wegen die übrigen landwirtschaftlichen Produzenten zu dominieren begann. Der für diese neue Agrarstruktur verantwortliche Mechanismus war die Vermarktung, die vornehmlich von den am weitesten entwickelten Gruppen kontrolliert wurde. Wie in der Industrie, so wurden auch in der Landwirtschaft Anreize für Auslandsinvestitionen geschaffen, um die Entwicklung zu beschleunigen.**

Es entstand eine sehr enge Verbindung zwischen denjenigen, die den Staat politisch kontrollierten, und den neuen Wirtschaftsgruppen. So kam es, daß das Schicksal der politisch Mächtigen davon abhing, inwieweit die – privaten und staatlichen – modernen Wirtschaftsgruppen zu wachsen vermochten – freilich muß hier auch darauf hingewiesen werden, daß die städtischen unteren Volksklassen nicht marginal blieben, obwohl dieser Prozeß tiefgreifende Veränderungen in der nationalen Ökonomie mit sich brachte. Vielleicht liefert das alles zusammen eine partielle Erklärung für den Fortbestand eines komplexen Bündnisses zwischen höchst ungleichen sozialen Klassen.

3.2. Der Fall Chile

Die Salpeterkrise von 1929 verschob das Gleichgewicht der sozialen Kräfte und trieb neue Beziehungen zwischen den gesellschaftlichen Gruppen und Klassen in Chile hervor.

---

* *A. d. Ü.:* Ein beträchtlicher Teil des Landes, auf dem Baumwolle angepflanzt wurde, war bäuerlicher Gemeindebesitz. Weizen wäre ein typischeres Beispiel.

** *A. d. Ü.:* Hier entsteht der Eindruck, als hätte es Auslandsinvestitionen in der mexikanischen Landwirtschaft gegeben, was nicht zutrifft; hingegen flossen Auslandsinvestitionen z. B. in die Verarbeitung und Vermarktung.

Nachdem die frühere ökonomische Basis verlorengegangen war, konnte das Beschäftigungsniveau nur mit staatlichen Subventionen aufrechterhalten werden; und da das Nitrat auf dem Weltmarkt von chemischen Düngemitteln verdrängt wurde, begannen die ausländischen Gesellschaften, ihre Produktionsanlagen in Chile zu demontieren. Sollte das Gleichgewicht wiederhergestellt werden, so mußte eine neue Wirtschaftsstruktur hergestellt werden. In dieser Periode ergriffen die chilenischen Regierungen Maßnahmen zur Erweiterung – bzw. in manchen Fällen zunächst zur Gründung – des Industriesektors. Diese Maßnahmen waren zwar bei weitem nicht in allen Einzelheiten hinreichend durchdacht, hatten jedoch bedeutende Auswirkungen. Die folgenreichste Maßnahme war wohl die Einführung der Devisenkontrolle; sie zwang die alten Importgruppen, ihr verfügbares Kapital im nationalen Bereich zu investieren, wodurch Industrien geschaffen wurden, deren Erzeugnisse die ehedem importierten Güter ersetzen konnten. Die Krise hatte jedoch ein solches Ausmaß angenommen, daß keine Hoffnung bestand, das Problem der Arbeitslosigkeit durch begrenzte Aktionen des nationalen Privatunternehmertums allein zu lösen. Deshalb ging der Staat dazu über, öffentliche Arbeiten und andere Aktivitäten zu fördern, um Arbeitsplätze zu schaffen. Die Krise von 1929 hatte mithin zwei wichtige Konsequenzen: die Schaffung einer Importsubstitutions-Industrie und das direkte staatliche Eingreifen zur Lenkung der Wirtschaft.

Ein weiteres interessantes Merkmal der chilenischen Situation war, daß die Politik häufiger eine Politik der Konfrontation als eine der Kooperation war, was wohl an der Labilität der Machtstruktur lag: Die Mächtigen suchten in neuen ökonomischen Kräften Unterstützung.

Die unteren Volksklassen waren organisiert, politisch repräsentiert und stellten im übrigen einen entscheidenden Faktor für jedwede neue politische Allianz dar. Die Mittelschichten und insbesondere diejenigen, die in gewisser Weise vom Staat abhängig waren, waren ebenfalls organisiert und strebten ein Bündnis an, das ihnen ihre Beteiligung an der Macht gestatten würde. Die Volksfront (1937) besiegelte dieses mögliche Bündnis: Zu der Mittelklasse und der unteren Volksklasse kamen einige stärkere wirtschaftliche und soziale Gruppen hinzu, die sich eine Verbesserung ihrer Position innerhalb der neuen Ordnung erhofften. Im Besitz der politischen Macht, begann die Volksfront 1939 eine überlegte Planung der nationalen Ökonomie; das Instrument dafür war die CORPO (Gesellschaft zur Förderung der Produktion), in welcher der Staat eine aktive Rolle spielte. Ein äußerer Faktor, der Zweite Weltkrieg, begünstigte, ja, diktierte geradezu die neue Politik, insofern er die Ersetzung der Importe durch national erzeugte Güter gebot. Indessen, obwohl es die Absicht gewesen war, die nationale Ökonomie im großen Maßstab zu planen, wurde erheblich mehr Arbeit darauf verwendet, neue Aktivitäten – industrielle Entwicklung, Elektrizität und Grundstoffindustrien – einzuleiten als die bestehenden Wirtschaftsaktivitäten zu modifizieren. In der Landwirtschaft z. B. verfolgte man eine Politik der Diversifikation des Anbaus zu Exportzwekken, ohne daß man Veränderungen im System des Bodenbesitzes und damit in der Gesellschaftsordnung ins Auge faßte.

Was die Industrie angeht, so suchte man mit staatlichen Krediten Existenzbedingungen für eine Industriebourgeoisie zu schaffen. Zahlreiche Industrien, auch ausländischer Herkunft, konnten dank der vom Staat gewährten Erleichterungen und Garantien aufgebaut und betrieben werden. In dem Maße, wie sie ihre Stärke wiedererlangten, begannen bestimmte Gruppen der bestehenden Bourgeoisie, ihr Kapital in die Industrie zu investieren und den Handel zu beleben. Die Mittelschichten, die weitgehend den Staatsapparat leiteten, fanden in der wiedererstarkten Bourgeoisie einen Verbündeten im Widerstand gegen die Forderungen der Arbeiter und der unteren Volksklassen. Das Entwicklungsprogramm, das von dieser Allianz vertreten wurde, gründete sich auf die Bereitschaft des Staates, der neuen Gruppe Kredite und günstige Bedingungen für ihre Operationen auf dem nationalen Markt einzuräumen.

Zugleich erholte sich der externe Sektor, der nunmehr völlig von den Vereinigten Staaten kontrolliert wurde. In der Rangfolge der Produkte trat jetzt das Kupfer an die Stelle des Salpeters, und der Staat konnte auf Einnahmen aus diesem Sektor rechnen. Indessen bedeutete diese Erholung für die Entwicklung der chilenischen Industrie eine Verlangsamung. Die Wachstumsrate in diesem Sektor ging zurück; Stagnation war die Folge.

Die Tatsache, daß die unteren Volksklassen als Verbündete der Mittelschichten von der Bourgeoisie verdrängt worden waren, rief ernste politische Konflikte hervor, die schließlich zur direkten Unterdrückung der Arbeiter und insbesondere zum Zusammenbruch ihres organisatorischen Rahmens, des *Ley de Defensa de la Democracia* (Gesetz zur Verteidigung der Demokratie), im Jahre 1948 führten. Die Mittelschichten brachten sich mit ihrer neuorientierten Allianzstrategie selbst in eine äußerst schwache Position gegenüber ihren Verbündeten aus der jüngsten Vergangenheit. Sie machten alsbald zwar einen neuen Versuch, das alte Bündnis wiederherzustellen; aber da es die politischen Organisationen, die die verschiedenen sozialen Gruppen ehedem vertreten hatten, nicht mehr gab, nahm die Koalition, so, wie sie dann zustande kam, die Gestalt eines völlig amorphen Populismus an. Dieser Populismus – die erste Phase der zweiten Regierung Ibáñez – war nur von kurzer Dauer: Er endete praktisch schon vor Jahresfrist. Sein Hauptproblem bestand darin, die galoppierende Inflation zu stoppen. Orthodoxe Stabilisierungsmaßnahmen wurden von der Klein-Sacks-Mission empfohlen und auch zur Voraussetzung für externen Kredit gemacht; mit dieser Politik verspielte die Regierung jedoch die ursprüngliche Unterstützung der Masse des chilenischen Volkes.

Auf das Chaos des Populismus folgte wider Erwarten der Neuaufbau der politischen Organisationen als Interessenvertretung der divergierenden Fraktionen. Die neue Regierung hatte daher einen eindeutig sozialpolitischen Charakter. Industrie-, Finanz- und Agrargruppen versuchten, den Binnenmarkt unter ihre Kontrolle zu bringen; doch liefen diese Versuche nun nicht mehr über den Staat, ja, staatliche Wirtschaftsaktivitäten wurden sogar wieder dem Privatkapital übertragen. In soziopolitischer Sicht war das bemerkenswerteste Kennzeichen des Regimes von Jorge Alessandri (1958-1964) die Polarisierung, die der politische Ausdruck der – am Kriterium von Macht gemessenen – Kluft zwischen den sozialen Schichten war.

VI. Die Internationalisierung des Marktes: Das neue Wesen der Abhängigkeit

Während in der Phase der Herausbildung des Binnenmarktes der Impuls zur Industrialisierung, nicht zuletzt aufgrund der festen Verknüpfung von Nationalismus und Populismus, streckenweise fortwirkte, war die Phase der Diversifikation der kapitalistischen Wirtschaft, die auf der Gründung eines Investitionsgütersektors und der Stärkung der nationalen Unternehmergruppen beruhte, von der Krise des Populismus und der politischen Organisation der herrschenden Gruppen gezeichnet. Dies war auch die Zeit, in der erste Anstrengungen unternommen wurden, das politische und soziale System auf neue Grundlagen zu stellen, Grundlagen, die den Zusammenhang zwischen dem binnenmarktorientierten Produktionssektor und den dominanten externen Ökonomien zum Ausdruck brachten.

Diese Anstrengungen hatten zwei Ziele: erstens die Reorganisation des überkommenen internen Herrschaftssystems, zweitens die Umgestaltung des Verhältnisses zwischen der Binnenwirtschaft und den hegemonialen Zentren des Weltmarktes. Die neuen Bedingungsfaktoren von Entwicklung, Politik und äußerer Abhängigkeit waren jedoch nicht lediglich ökonomische. Man sollte deshalb nicht in den Fehler verfallen zu schließen, daß mit dem Auftreten eines fortgeschrittenen kapitalistischen Sektors in den abhängigen Volkswirtschaften die ökonomischen Determinanten des politischen Prozesses es erlaubten, das gesamte politische Leben nach Maßgabe ökonomischer Faktoren zu erklären. Da der Begriff der Abhängigkeit nach wie vor von zentraler Bedeutung für die Struktur der neuen Entwicklungssituation war, blieb das Politische weiterhin das Moment, das die Bestimmung des Ökonomischen ermöglichte. Infolge der internen Krise wurden zudem die spezifisch politischen Zusammenhänge im Verhältnis zwischen Zentrum und Peripherie verstärkt und somit zu wichtigen Bedingungsfaktoren der Entwicklungsalternativen.

Die genannten Veränderungen gegenüber der vorangegangenen Entwicklungsphase kamen durch eine Neuorientierung im internen Interessenkampf und durch eine Neubestimmung des Zentrum-Peripherie-Verhältnisses zustande. Mit diesem neuen Entwicklungstyp wurden die Struktur des Produktionssystems und der Charakter von Staat und Gesellschaft, die zusammen die relative Stärke der sozialen Gruppen und Klassen ausmachten, neu gestaltet, um einem kapitalistischen Industriesystem Platz zu machen, das sowohl an der Peripherie des Weltmarktes wie auch als integraler Bestandteil desselben entfaltet werden konnte.

1. Die strukturellen Grenzen des nationalen Industrialisierungsprozesses

Im vorangegangenen Kapitel haben wir die Bedingungen beschrieben, unter denen ein auf nationale Entwicklung abzielendes Bündnis eine Politik der Verbreiterung der binnenwirtschaftlichen Basis zu formulieren vermochte. In diesem Zusammenhang nannten wir die Beispiele Argentinien, Brasilien und Mexiko. Allgemein läßt sich sagen, daß in diesen drei Ländern Machtbündnisse oder -konstellationen zustande kamen, die eine – konfliktlose – Angleichung zwischen den alten Herrschaftsverhältnissen und jenen Verhältnissen erleichterten, die sich aus der Existenz der aufsteigenden Mittelklasse, der Industriebourgeoisie und, bis zu einem gewissen Grade, der städtischen Massen ergaben. Auch wenn diese Bündnisse und Konstellationen den Beteiligten nicht in jedem Land den gleichen Nutzen brachten, gestatteten sie doch eine hinlängliche Kapitalakkumulation, so daß die Inlandsinvestitionen gefördert und der städtische Konsum ausgedehnt werden konnten. Unter diesen Bedingungen konnte der Staat als Vermittler auftreten, um den Druck der unteren Volksklassen und organisierten Gruppen so zu kanalisieren, daß eine Übereinkunft zustande kam, die der Entwicklung dienlich war. Das System konnte nur dann funktionieren, wenn die Exportpreise auf einem hohen Niveau gehalten oder gar gesteigert wurden – wie in den Jahren während des Zweiten Weltkrieges und unmittelbar danach –, so daß es möglich war, größere städtische Industriesektoren zu finanzieren, ohne die Gewinne der

Exportsektoren zu schmälern. Das Ende des Export-Booms hatte in jedem der drei genannten Länder unterschiedliche Auswirkungen, je nach dem, wie fortschrittlich die Industrialisierungspolitik war, was von den jeweils vorangegangenen politischen Übereinkünften abhing.

In *Argentinien,* wo der Agroexportsektor nach wie vor eine wichtige Rolle spielte, obwohl zugleich eine wesentliche Einkommensumverteilung stattfand, nahm die Industrialisierung, besonders was die Errichtung der Grundstoffindustrien angeht, kein bedeutendes Ausmaß an.[56] Hier verlangte die neue Weltmarktlage eine höchst dramatische Entscheidung zwischen zwei Möglichkeiten: entweder die Löhne und die öffentlichen Ausgaben auf Kosten der Arbeiterklasse und der Masse des Volkes niedrig zu halten oder die Agroexportwirtschaft neu zu ordnen und deren Produktivität zu steigern, um so die langfristige Finanzierung des modernen Industriesektors zu gewährleisten. Nach dem Sturz von Perón im Jahre 1955 entschied sich die antipopulistische Opposition für die zweite Möglichkeit. Jedoch die exportorientierten Kräfte konnten ihre Zielvorstellungen nicht ohne die Hilfe anderer Kräfte gegen alle übrigen Gruppen durchsetzen; ebensowenig gelang es ihnen, den Druck der Massen zu brechen – wie es die Regierung Frondizi (1958-1962) versuchte –, indem sie ihre politische Basis durch eine Koalition mit den nationalen Industriellen, die politisch schwach waren, verbreiterten. Es kam zu häufigen Eingriffen des Militärs, sowohl in Schlichtungsabsicht als auch in offener Reaktion gegen eine Rückkehr zum Populismus. Mit anderen Worten: Dieses Konzept der wirtschaftlichen Entwicklung stieß bei der Mehrheit der Lohnabhängigen auf heftigen Widerstand und konnte – als eine Politik, die zwar der Legitimation entbehrte, aber immerhin effizient war – nicht autonom diktiert werden. So gab es denn in Argentinien weder Entwicklung noch politische Stabilität.

In *Brasilien* bestand die von Vargas begonnene und – obschon mit einer anderen politischen Basis – unter der Regierung Dutra (1946-1950) fortgesetzte Wirtschaftspolitik im Aufbau bestimmter Grundstoffindustrien wie Stahl, Elektrizi-

---

56 Altimir/Santamaría/Sourrouille,*Los instrumentos de promoción industrial en la postguerra,* in: *Desarrollo Económico* (Buenos Aires), Bd. 21-25, 1966-1967.

tät, Transport und Erdöl. Unter der zweiten Regierung Vargas (1950-1954) wurde diese Politik deutlicher darauf ausgerichtet, mittels staatlicher Investitionen die Entwicklung in strategischen Sektoren zu fördern, was eine rasche Wandlung der städtischen Produktionsstruktur zur Folge hatte. Obwohl die während des Zweiten Weltkrieges angehäuften Devisen nicht durchweg produktiv eingesetzt wurden, erneuerte Brasilien seine Industrieanlagen und importierte weiterhin – trotz der Aussichten, daß die Koreakrise sich zu einem dritten Weltkrieg ausweiten konnte – Erzeugnisse des Schwermaschinenbaus, was einen neuen Boom auslöste und bewirkte, daß die Industrialisierung Brasiliens durch nationale Kräfte beschleunigt wurde.

Freilich hatte dieser Industrialisierungsschub seinen politischen Preis. Aus dem Lager der Exporteure gab es unaufhörlich Proteste gegen Interventionen des Staates: Devisenkontrollen und mehrfache Wechselkurskorrekturen zugunsten der privaten und öffentlichen binnenwirtschaftlichen Industrieaktivitäten. Bis 1953 konnten die Farmer die Politik des Protektionismus und der rapiden Ausweitung der nationalen Industrie noch akzeptieren, weil ihr Einkommen durch den Kaffee-Export gesichert war; als aber 1954 der Kaffee-Preis auf dem Weltmarkt ins Wanken geriet, erreichte die von Vargas geführte Allianz ihre Grenzen. Ein Teil der exportorientierten Gruppe schloß sich der oppositionellen städtischen Mittelklasse an, und diese Opposition wurde nicht nur von brasilianischen, sondern auch von internationalen Finanzkreisen unterstützt. Einen neuerlichen Sturz der Kaffee-Preise nutzten die USA, um Vargas, der mit seiner nationalistischen Politik ziemlich weit gegangen war, endgültig zu Fall zu bringen.

Nach dem Selbstmord von Vargas kam es noch einmal, wenn auch nur für kurze Zeit, zu einem populistischen »entwicklungsorientierten Bündnis«, und zwar unter Kubitschek, der sich allerdings für einen ähnlichen Kurs entschied, wie Frondizi ihn nach Jahren der Stagnation in Argentinien zu verfolgen versucht hatte: für Kapitalisierung mit Hilfe ausländischer Investitionen. Kurzfristig gelang es dieser Politik, die Inflationsrate zu senken und die Lohnforderungen der modernen städtischen Gruppen zu erfüllen; d. h., es handelte sich um eine Wirtschaftspolitik, die für die Exporteure akzeptabel war und zugleich die brasilianischen Industriellen stärkte, die nun mit ausländischem Kapital assoziiert waren. Auf diese Weise konnte es in Brasilien zu Entwicklung trotz politischer Instabilität kommen.

In *Mexiko*[57], wo ein besonderer historisch-politischer Kontext es den gesellschaftlichen Gruppen ermöglichte, vom Staatsapparat und dessen Parteiorganisation her Druck auszuüben, konnte die nationale Produktion ausländischem Kapital geöffnet werden, ohne daß dadurch ähnliche politisch-militärische Krisen wie in Brasilien und Argentinien heraufbeschworen wurden. Die Tatsache, daß der mexikanische Staat seine Rolle als Investor und Regulator der Wirtschaft bereits definiert hatte und daß eine städtische Finanz- und Industriebourgeoisie entstanden war, war jedoch nicht allein entscheidend; ebenso wichtig war vielmehr, daß der Apparat zur Integration der Gewerkschaften modernisiert worden war, so daß die Masse der Arbeiter partizipieren konnte in einer Gesellschaft, deren politischer Ausdruck ein Staat war, der eine Legitimation besaß und eine gemäßigte Distributionspolitik betrieb.

Auf diese Weise kam es zwischen der nationalen Bourgeoisie und dem Investor Staat in Mexiko nicht zur Konfrontation – die in Brasilien und Argentinien, wo der Staat wegen seiner populistischen Ursprünge einen Doppelcharakter hatte, stets drohte –, und der Staat selbst wurde nicht radikal; gravierende Klassengegensätze traten nicht auf, ja, nicht einmal der Übergang zu einer Politik, die das ausländische Kapital zur Beteiligung einlud, stieß auf offene Opposition. Unter diesen Umständen konnte es in Mexiko zu Entwicklung und zu politischer Stabilität kommen.[58]

Allerdings hatte auch diese Entwicklung ihren Preis: die allmähliche Herausbildung einer Art neuer Oligarchie, die den Staat manipulierte, um sich selber einen Vorteil zu verschaffen und ihre Vorstellungen von Entwicklung durch Assoziierung mit ausländischem Kapital durchzusetzen. So geriet das, was

57 Vgl. Pablo Ganzalez Casanova, *La democracia en México*, Mexiko 1965.
58 Vgl. ECLA (Wirtschaftskommission für Lateinamerika), *Estudio Económico*, 1966.

eine moderne soziale und politische Entwicklung hätte sein können, in die heute erkennbare Sackgasse der kapitalistischen Entwicklung in Lateinamerika: Modernisierung um den Preis immer autoritärerer Regimes und fortdauernder Armut – typischen Kennzeichen von »Entwicklung mit marginalen Bevölkerungen«. Es kam sogar zu einer Vertiefung der Armut, und zur Aufrechterhaltung der Ordnung wurden zunehmend Methoden der offenen oder versteckten Repression angewandt.

Unsere Beobachtungen unterstellen einer Zielvorstellung bzw. Zielsetzung wie der der kapitalistischen Entwicklung durch externe Kontrolle oder Beteiligung keineswegs Unvermeidlichkeit, Zwangsläufigkeit, die auf der Geschichte laste; ebensowenig gehen sie von der umgekehrten Annahme aus, daß der Zufall die einzig mögliche Erklärung solcher Prozesse sei. Die Interpretation, die wir hier vorschlagen, stützt sich vielmehr darauf, daß einer national kontrollierten industriellen Entwicklung, innerhalb derer die verschiedenen sozialen Kräfte wirken, notwendigerweise strukturelle Schranken gesetzt sind.

Zu welchen Konflikten oder Übereinkünften es unter den verschiedenen sozialen Kräften kommt, steht nicht von vornherein fest. Wohl können unter bestimmten Umständen aus ihren Interaktionen historische Ereignisse hervorgehen, die von denen, die wir hier untersuchen, gänzlich verschieden sind, wie es beispielsweise in Kuba der Fall ist. Aber insofern das System der sozialen Beziehungen sich in einem Machtsystem ausdrückt, wird eine bestimmte Kombination von strukturellen Möglichkeiten historisch hergestellt. Im Rahmen der strukturellen Möglichkeiten, die das Ergebnis früherer sozialer Praktiken sind, sind bestimmte Entwicklungswege angezeigt und andere Alternativen ausgeschlossen.

Unter diesem strukturellen Gesichtspunkt gesehen, verlangt Industrialisierung – innerhalb des gesellschaftlichen und politischen Rahmens, der für die hier erörterten lateinamerikanischen Gesellschaften kennzeichnend ist – eine ungeheure Kapitalakkumulation und erzeugt ihrerseits eine ausgeprägte soziale Differenzierung. Die mit diesem Entwicklungstyp verbundenen Formen der Investition stehen im Widerspruch zu den Forderungen der gesellschaftlichen Gruppen – der integrierten ebenso wie der marginalisierten – nach Partizipation.

Das lateinamerikanische Modell der innengerichteten Entwicklung beruhte auf einer Verbesserung der realen Austauschverhältnisse (»terms of trade«) und auf einer relativen Beteiligung der Bevölkerung an den Vorteilen der Entwicklung. Vorübergehend war es aufgrund günstiger Umstände möglich, die Massen in das System zu integrieren, ohne die herrschenden Gruppen und Schichten der Periode der »äußeren Expansion« auszuschließen; erreicht wurde dies mit Hilfe der national-populistischen Version des »entwicklungsorientierten Bündnisses« im Brasilien der Ära Vargas und im Argentinien der Ära Perón bzw. mit dem »entwicklungsorientierten Staat« in Mexiko. Der Versuch, den Integrationsforderungen – hauptsächlich der Bauern und der städtischen Massen – zu entsprechen, hatte zur Folge, daß die Akkumulationsrate gesenkt und ein wichtiges Gelenk im Bündnis der politischen Hegemonie zerbrochen wurde: Die agrarischen Machtgruppen, insbesondere die Latifundisten, kehrten sich gegen den populistischen Staat und gegen jene Teile der städtischen Industriebourgeoisie, die die Forderungen der Massen zu unterstützen geneigt waren; gleichzeitig fanden die Agrarier in den Industrie- und Finanzgruppen Verbündete, die den Forderungen des städtischen Proletariats nach höheren Löhnen nicht nachkommen konnten. Unter ungünstigen Weltmarktbedingungen widersetzten sich zudem die Farmer allen Bestrebungen des Staates oder der städtischen Industriegesellschaft, Einkommen aus dem Agrarsektor in den städtischen Industriesektor zu transferieren.

Auch in einer autonomen nationalen Ökonomie unterliegt das Produktionssystem bedeutsamen Einschränkungen. Die Exporte bleiben ein wesentlicher Faktor für die Entwicklung, weil sie die Kapitalbildung und die Finanzierung der Industrialisierung ermöglichen; aber ihre Chancen auf dem Weltmarkt entziehen sich der nationalen Kontrolle. Der Trend zur Verschlechterung der »terms of trade« schränkt die strukturellen Möglichkeiten des Entwicklungsmodells zusätzlich ein. Darüber hinaus – und zwar nicht aufgrund historischer oder empirischer Zufälligkeiten – bringt die politische Dynamik des nationalistischen Populismus oder des »entwicklungsorientierten Staates« qua Machtbasis es mit sich, daß der Staat eingreifen muß, um das Lohnniveau hoch zu halten bzw. in strategisch wichtigen Bereichen oder unter besonderen Umständen – z. B. wenn die Zustimmung der Massen unerläßlich ist, die Erweiterung des Konsums nötig ist – die Löhne sogar anzuheben. Das städtische industrielle Wachstum erfordert ferner, zumindest in der Phase der Importsubstitution, die verstärkte Integration der Massen – wenn nicht in relativen, so doch gewiß in absoluten Zahlen. All dies mündet in wachsendem Druck des Volks, der für den Bestand des Systems gefährlich wird, sobald er mit einem Rückgang der Exportpreise oder mit einem den Einkommenstransfer beschleunigenden plötzlichen Anstieg der Inflationsrate zusammenfällt.

Gesetzt, eine politische Krise des Systems verhindert eine Wirtschaftspolitik der Förderung von Entwicklung durch öffentliche und private Investitionen, dann sind alle hier vorgestellten Alternativen – verwirft man die Möglichkeit der Öffnung des Binnenmarktes für ausländisches Kapital – in der Wirklichkeit nicht praktikabel, es sei denn, es kommt zu einem radikalen politischen Vorstoß in Richtung auf den Sozialismus. Dies zeigt sich ganz deutlich, wenn man einige dieser Alternativen daraufhin untersucht, welche Verwirklichungschancen sie im Rahmen der herrschenden politischen Struktur haben.

Geht man davon aus, daß die nationale Industriebourgeoisie den Staat kontrolliert, so sind zur erfolgreichen Durchführung der Industrialisierung folgende sechs politische Alternativen denkbar:

a) Stützung der Exportpreise, um die Fortsetzung des Transfers von Einkommen aus dem Exportsektor in andere Sektoren zu gewährleisten. Dies läge als industrialisierungspolitische Maßnahme offensichtlich außerhalb des Möglichen, weil die Festsetzung der Exportpreise dem Einfluß der nationalen Ökonomie entzogen ist; gerade dies bezeichnet eine der Grenzen des hier erörterten Entwicklungsmodells;

b) Konfrontation mit der Agroexportgruppe, um die Fortsetzung des Transfers von Einkommen von dieser auf andere gesellschaftliche Gruppen zu gewährleisten. Dies würde nicht nur eine tiefgreifende Veränderung im nationalen Bündnissystem bedeuten, sondern hätte auch negative Folgen für die wichtigste Finanzierungsquelle des Systems, die tendenziell versiegte;

c) Drücken der Löhne. Dies könnte – zusätzlich zu dem Risiko der Spaltung des nationalen politischen Bündnissystems – zu einer Konfrontation mit der organisierten Arbeiterschaft führen und einen Rückgang des Inlandskonsums verursachen;

d) Einschränkung der Partizipation der städtischen Massen; dies könnte den Druck der Massen verstärken und eine politische Krise innerhalb des auf die Loyalität der Massen angewiesenen Machtsystems auslösen;

e) Schließung des Binnenmarktes für ausländisches Kapital und Importe. Dies käme einer Art von programmatischem Zahlungsaufschub gegenüber den ausländischen Gläubigern gleich und würde wohl eine Konfrontation mit den externen herrschenden Kräften heraufbeschwören;

f) Ausschluß des Agrarsektors und Verschärfung der regionalen Disparitäten. Dies könnte zwar Konflikte hervorrufen, aber nicht eine tiefe Krise des politischen Systems.

Geht man umgekehrt davon aus, daß der populistische Staat selbst in die Krise gerät – d. h. daß die Machtstruktur, in der neben der städtischen Industriebourgeoisie führende Vertreter der Volksmassen präsent sind, gefährdet ist –, und unterstellt man, daß die Massen eine entscheidende Rolle bei der Verteidigung des Staates spielen, so ist Entwicklung immer noch nicht möglich, ohne daß radikale politische Veränderungen stattfinden und ohne daß die Alternative des Eindringens ausländischen Kapitals in den Binnenmarkt akzeptiert wird. In diesem Falle kämen zu den unter der ersten Hypothese aufgelisteten Konfrontationen, insbesondere wegen der wachsenden Opposition gegen Lohnkontrolle und eingeschränkte Partizipation der städtischen Bevölkerung, neue Konfrontationen hinzu, die sich nun unmittelbar im Innern des populistischen Staatsapparates abspielen würden: Die Massen würden aus der Koalition ausziehen, wenn sie nicht verstärkten Druck im Sinne der Einkommensumverteilung ausüben könnten, und die – öffentlichen und privaten – Unternehmer könnten diesem Druck nicht nachgeben und gleichzeitig noch Kapital akkumulieren und investieren.

Die radikalste Alternative zum populistischen Staat ist ein System, das sich auf ein Bündnis zwischen Industriebourgeoisie und Agroexportbourgeoisie stützt. Aber auch hier gibt es Konfliktherde. Die Agroexporteure wären keine guten Verbündeten, um dem Druck zugunsten der Öffnung des nationalen Anlagemarktes für ausländisches Kapital zu widerstehen; denn Auslandsinvestitionen erzeugen eine Industrialisierung, die nicht in erster Linie von den Steuern des nationalen Exportsektors als Quelle der Kapitalbildung abhängt. Im übrigen würde die oppositionelle städtische Arbeiterschaft ein solches System zu Fall bringen oder zumindest in eine politische Sackgasse treiben, da ja sie die Kosten der Kapitalakkumulation zu tragen hätte.

Manche der hier untersuchten Möglichkeiten sind in der Tat ausprobiert worden, wenn auch nicht in Reinform, sondern nur in Teilen oder in Kombination mit anderen Elementen.

2. Die Unterwerfung der Binnenmärkte unter die Kontrolle des ausländischen Kapitals

Aus den vorangegangenen Darlegungen wird deutlich, warum – unter dem Gesichtspunkt der politischen und sozialen Wirksamkeit – alle Versuche, die Industrialisierung voranzutreiben, scheitern müssen, die nicht mit tiefgreifenden politisch-strukturellen Veränderungen einhergehen. Andererseits geht aus ihnen nicht klar hervor, daß die Industrialisierungsanstrengungen der nationalen Ökonomien Lateinamerikas ihre Entsprechung in der Suche des ausländischen Industriekapitals nach neuen Märkten hatten und daß das Auslandskapital sich in einer Weise mit nationalen Interessen verband, die zumindest für die herrschenden Gruppen akzeptabel war.

In den fünfziger Jahren waren die internationalen Kapitalbewegungen dadurch gekennzeichnet, daß während einer kurzen Periode Kapital aus dem Zentrum in die Peripherie strömte. Anders als in dem zuvor herrschenden Investitionsschema, dessen Schwerpunkt eindeutig auf dem Finanz- und Infrastrukturbereich lag, wurden nun Industrieunternehmen zu Investoren; und es gab einen Bedarf an neuen Investitionen. Zwar war dieses Moment für die Anfangsphase der

Industrialisierung nicht ausschlaggebend, doch wurde es später zu einem wichtigen Faktor. Tatsächlich stand in der Anfangsphase der Importsubstitutions-Industrialisierung und der Konsolidierung des Binnenmarktes die öffentliche und private Kapitalakkumulation in den lateinamerikanischen Ländern im Vordergrund; sie wurde durch die politischen Bedingungen, die wir im vorangegangenen Kapitel beschrieben haben, gefördert und war von einer Schutzzollpolitik flankiert.[59] Eben diese Schutzzollpolitik war es auch, die die ausländischen Lieferanten von Industrieerzeugnissen dazu veranlaßte, in den peripheren Ökonomien zu investieren. Ihre Investitionen waren von zweierlei Art: solche, die sich einen bereits bestehenden Markt zunutze machten und in diesem Sinne mit den nationalen Industriesektoren konkurrierten, wobei sie diese häufig ihren Interessen unterwarfen, wie etwa das Verhältnis zwischen der ausländischen Automobilindustrie und den nationalen Betrieben der Ersatzteilproduktion zeigt; und solche, die den ausländischen Investoren die effektive Kontrolle über einen expandierenden Markt sicherten.

Solange die Importsubstitution voranschritt, galt das Eindringen ausländischen Kapitals nicht als Entwicklungsproblem, obwohl es bestimmte Unternehmergruppen marginalisierte. In der Tat fand die nationale Industriebourgeoisie dank dem »Schneeball-Effekt« der Importsubstitution genügend neue Anlagebereiche[60], denn jedes Industrieerzeugnis gab Anreiz zum zunehmenden Ersatz seiner Einzel- und Zubehörteile, bis der Punkt erreicht war, an dem nur noch diejenigen Erzeugnisse importiert werden mußten, deren Herstellung eine sehr fortgeschrittene Technologie oder Rohstoffe erforderte, über die das Land selbst nicht verfügte.[61] Im übrigen wurden durch diesen Prozeß bestimmte Teile der Arbeiterklasse und Vertreter technischer Berufe in die industrielle

59 Vgl. Santiago Macario, *Proteccionismo e industrializacion en America Latina,* vervielfältigtes Dokument für den Zweiten Regionalen Lehrgang in Handelspolitik, Santiago 1967.

60 Dies erklärt die interne Mobilität der heimischen Unternehmer; vgl. in diesem Zusammenhang Luciano Martins, *Formação do empresariado no Brasil,* in: *Revista do Instituto de Ciencias Sociais,* Band II, Nr. 2.

61 Vgl. Maria da Concicao Tavares, *Substitucao de importacoes e desenvolvimento na America Latina,* in: *Dados* (Rio de Janeiro), Band I, Nr. 1, S. 115-140.

Ökonomie integriert, was zur Aufrechterhaltung des »entwicklungsorientierten Bündnisses« beitrug, wobei in diesem Fall die populistischen Formen ausgeschlossen waren. Diese vorübergehende Übereinstimmung von politischen und wirtschaftlichen Interessen gestattete es, protektionistische Maßnahmen, die zum Forderungskatalog der Massen gehörten, und Auslandsinvestitionen miteinander zu vereinen; zur Zeit der Regierung Frondizi in Argentinien, unter der Regierung Kubitschek in Brasilien und im »mexikanischen Modell« bildeten ausländische Investitionen nachgerade eine Grundvoraussetzung für Entwicklung im Rahmen des bestehenden politischen Systems.

Es kam also zur Stärkung der Industriebourgeoisie und zur Festlegung eines Industrialisierungstyps, dessen Fundament ein städtischer Markt war, der zwar begrenzt war, aber jedenfalls genügend Einkommen erzeugte, um den Aufbau eines modernen Industriesektors zu ermöglichen. Zweifellos verschärfte die Existenz dieses modernen Sektors den exklusiven Charakter des Gesellschaftssystems, der für den Kapitalismus in peripheren Ländern kennzeichnend ist, förderte aber andererseits die Entwicklung in der Weise, daß mehr Kapital akkumuliert und die Produktionsstruktur zunehmend komplexer gestaltet wurde[62]; und dies war nichts anderes als die Form, die der Industriekapitalismus im Kontext einer Situation der Abhängigkeit nun einmal annimmt.

Der hier beschriebene Prozeß verlief so lange »normal« – d. h. in Einklang mit den Machtbeziehungen zwischen den konkurrierenden gesellschaftlichen Klassen –, bis die erste Phase der Importsubstitution ihren Höhepunkt erreicht hatte. Als der Substitutionsprozeß sich verlangsamte, wurde offenbar, daß die technologisch und ökonomisch bedeutendere Fertigung von intermediären Gütern und Investitionsgütern schwierige Probleme aufgeworfen hatte, die unter den Bedingungen der Entwicklungseuphorie verdrängt worden waren. Es war nicht nur notwendig, die Produktionsorganisationen neu zu gliedern und die Bindungen zwischen nationalen Un-

---

62 Zu einer Darstellung der Auswirkungen dieses Typs von Industrialisierung auf die Beschäftigungsstruktur vgl. Cardoso und Reyna, *Industrialización, estructura ocupacional y estratificación social en América Latina,* Santiago 1966.

ternehmen und ausländischen monopolistischen Gruppen zu festigen, sondern es mußte auch der wachsende Druck der sozialen Schichten beachtet werden, die in dieses Schema nicht mit einbezogen worden waren. Es kam zu Protesten derjenigen Unternehmergruppen, die in der Anfangsphase der Importsubstitution aufgestiegen und nun marginalisiert worden waren; und es gab einen Versuch der städtischen Massen, die Politik der staatlich gelenkten Entwicklung wiederzubeleben, um sich gegen die großen privaten Produktionseinheiten zur Wehr zu setzen, deren Devise ›Mehr Produktivität mit weniger Arbeitskraft‹ hieß. Dies bezeichnete den endgültigen Zerfall des alten »entwicklungsorientierten Bündnisses«.

Tatsächlich traten nun die Gegensätze in der Struktur der sozialen Gruppen und Klassen des Industriesystems deutlich zutage: ein »modernes« Proletariat stand gegen ein »traditionelles« Proletariat; eine moderne Unternehmerschicht, die die hochproduktiven Industriezweige beherrschte und fortgeschrittene Technologie einsetzte, stand gegen eine traditionelle Unternehmerschicht, die in der Anfangsphase der Importsubstitution entstanden war. Die soziale und politische Dynamik drückte sich nicht nur in den Konfrontationen und Kompromissen zwischen den Gruppen, Schichten und Klassen aus, die sich im Lichte der neuen Entwicklungssituation neu definierten, sondern auch in den politischen Orientierungen und Ideologien, die aus der neuen Situation heraus geboren waren.

3. Abhängigkeit und Entwicklung

Bevor wir die sozialen Kräfte und ideologischen Orientierungen dieser neuen Phase untersuchen, wollen wir die historisch-strukturellen Bedingungen erörtern, die die neue Entwicklungssituation prägten. Die Integration der industriell-peripheren Ökonomien unterschied sich in ihrer Bedeutung grundlegend von der der agrarischen Exportökonomien; dasselbe galt für den politischen Ausdruck dieses Prozesses in den gegebenen Abhängigkeitssituationen. Tatsächlich enthält der Begriff der industriell-peripheren Ökonomie eine Antinomie, die der Erklärung bedarf.

Die peripheren Ökonomien wurden zu einer Zeit an den

Weltmarkt gebunden, als das Zentrum des Kapitalismus nicht mehr ausschließlich im Sinne der Kontrolle des Import-Export-Systems agierte, sondern auch direkte industrielle Investitionen auf den neuen nationalen Märkten tätigte. Aus Untersuchungen über ausländische Finanzierungsaktivitäten in Lateinamerika geht klar hervor, daß die Auslandsinvestitionen zunehmend als private Investitionen in den industriellen Produktionssektor gelenkt wurden – wobei die Direktinvestitionen die Portfolio-Investitionen überwogen – und daß dabei eine sehr kleine Zahl von Firmen beteiligt war.[63]

Da die Industrialisierung Lateinamerikas bereits während der Weltwirtschaftskrise begonnen und von nationalen gesellschaftlichen Kräften gefördert worden war, konnte sie nicht das Ergebnis der industriellen Expansion des Zentrums gewesen sein; es besteht jedoch kein Zweifel daran, daß die direkte Beteiligung ausländischer Firmen der Entwicklung der Industrie in der lateinamerikanischen Peripherie einen besonderen Charakter verlieh. In der nationalistisch-populistischen Periode schien diese Entwicklung in die Richtung der Konsolidierung nationaler Produktionsgruppen und vor allem der Konsolidierung des Staates als Instrument zur Förderung und Steuerung der Produktionszentren zu weisen. Infolge der bereits beschriebenen soziopolitischen Situation fiel jedoch die Entscheidung zugunsten eines Entwicklungsmusters, das von wachsenden Summen ausländischer Investitionen im nationalen Industriesektor abhing.

Dieser Typ von Entwicklungssituation stiftet einen besonderen Zusammenhang zwischen innerem Wachstum und äußeren Bindungen. Obzwar die Abhängigkeit, die einem Land durch externe Finanzierung aufgezwungen wird, pauschal gesagt, durch eine wachsende, hauptsächlich kurzfristige Verschuldung gekennzeichnet ist, nimmt die Abhängigkeit unter Bedingungen des industriellen Monopolkapitalismus Merkmale an, die sie von früheren Grundsituationen der Unterentwicklung unterscheiden.

---

63 Vgl. ECLA, *El financiamiento externo de América Latina*, New York: Vereinte Nationen 1964, insbesondere S. 225-238. Erwähnenswert ist, daß im Jahre 1950 wenig mehr als 300 Unternehmen 91 Prozent aller Direktinvestitionen der Vereinigten Staaten in Lateinamerika tätigten (S. 238).

Unter dem Gesichtspunkt der Diversifikation des Produktionssystems kann diese Situation durchaus hohe Entwicklungsniveaus implizieren; indessen werden sowohl der Kapitalstrom als auch die wirtschaftlichen Entscheidungen vom Ausland kontrolliert. Selbst wenn Produktion und Vermarktung innerhalb der abhängigen Ökonomie abgewickelt werden, lassen die daraus resultierenden Einkünfte den Kapitalvorrat anschwellen, der den zentralen Ökonomien zur Verfügung steht, und die Investitionsentscheidungen sind ebenfalls zu einem Teil von externen Erwägungen und äußerem Druck bestimmt. Die Entscheidungen der Muttergesellschaften, die die Binnenmarktsituation nur partiell reflektieren, beeinflussen in hohem Maße die Reinvestition der im nationalen System erwirtschafteten Gewinne. Unter gewissen Umständen können Firmen sich dafür entscheiden, ihre Gewinne zu Anlagekapital zu machen und in den zentralen Ökonomien oder in anderen abhängigen Volkswirtschaften zu investieren.

Die Ähnlichkeit zwischen der Abhängigkeitssituation der industrialisierten peripheren Ökonomien und der der Enklaven-Ökonomien ist also nur eine scheinbare. Die industrialisierte Ökonomie funktioniert unter den folgenden Voraussetzungen: hochdiversifizierte Produktion; relativ geringer Abfluß von Gewinnen ins Ausland, um Reinvestition, insbesondere im nationalen Investitionsgütersektor, sicherzustellen; Einsatz qualifizierter Arbeitskräfte und Wachstum eines Tertiärsektors; daher eine ausgewogenere Einkommensverteilung im städtischen Industriesektor; und, als Konsequenz, ein Binnenmarkt, der die nationale Produktion zu absorbieren vermag. Man könnte sagen, daß das, was hier geschieht, das Gegenteil von dem ist, was in einer Enklaven-Wirtschaft geschieht; denn während die Investitionsentscheidungen, wenn auch nur partiell, vom Binnenmarkt abhängen, findet die Konsumtion im Inland statt. In den typischsten Fällen gibt es einen starken Trend zur lokalen Reinvestition, was bedeutet, daß die industriellen Auslandsinvestitionen und der Binnenmarkt gewissermaßen durch eine administrative, technologische und finanzielle Reorganisation miteinander vereinigt sind, die ihrerseits eine Neuordnung der Formen sozialer und politischer Kontrolle bewirkt. Selbst in diesem Fall ist es nicht die fortgeschrittene Technologie als solche oder der Zustrom neuen ausländischen Kapitals in die Ökonomie, der den Gang der Entwicklung begünstigt, fördert oder lenkt. Die politischen Übereinkünfte, die Ausdruck des Kampfes unter den gesellschaftlichen Kräften sind, sind das vermittelnde Moment zwischen einem gegebenen Kurs der ökonomischen, organisatorischen und technologischen Entwicklung und der gesamten Dynamik der Gesellschaften. Ein moderner Industrialisierungsprozeß in den peripheren Nationen verlangt ungeheure Kapitalinvestitionen, einen großen Vorrat an technologischem Wissen und einen hochqualifizierten Leitungsapparat, und dies setzt wissenschaftliche Entwicklung, eine komplexe und differenzierte Gesellschaftsstruktur sowie vorherige Akkumulation und Investitionen voraus. Obwohl die Tatsache, daß die zentralen Nationen solche Voraussetzungen besitzen, die Bande der Abhängigkeit fester macht, gibt es doch Beispiele von unterentwickelten Ländern, die – zuweilen mit Erfolg – versucht haben, das Produktionssystem neu zu gestalten und sich zugleich eine gewisse Autonomie zu bewahren.

In diesem Zusammenhang sollte deutlich gemacht werden, daß dort, wo Entwicklung und Autonomie zugleich erreicht werden, politische Bedingungen eine Entwicklung ermöglicht haben, deren Grundlage die Mobilisierung der sozialen und ökonomischen Ressourcen und der ökonomischen und organisatorischen Kreativität innerhalb der Nation ist. Im Falle der Sowjetunion und Chinas gab es eine Periode der relativen ökonomischen Isolation aufgrund einer partiellen Schließung des Binnenmarktes, wodurch dem Zwang zur Erweiterung des Konsums von Gütern und Dienstleistungen, der für industrielle Massengesellschaften typisch ist, ein Riegel vorgeschoben wurde; außerdem wurde die staatliche Kontrolle über das Produktionssystem generell ausgeweitet, und die neuen Investitionen wurden in Bereiche gelenkt, die für die nationale Entwicklung als strategisch wichtig erachtet wurden, z. B. die Bereiche Infrastruktur oder fortgeschrittene Technologie oder gar jene, die mit der nationalen Verteidigung zusammenhingen. All dies erforderte eine entsprechende Reorganisation des Gesellschaftssystems, eine relativ autoritäre Disziplin – selbst in Japan, wo ein kapitalistisches Regime an der Macht blieb – und eine Revolution der nationalen Zielsetzungen, einschließlich – und zwar nicht an letzter Stelle – der Setzung neuer

Erziehungsprioritäten.

Dies war nicht das Konzept, dem Lateinamerika bei seinen Anstrengungen, in die Ära der modernen Industrieproduktion einzutreten, folgte. Aufgrund des Transfers von ausländischem Kapital, fortgeschrittener Technologie und moderner Produktionsorganisation haben einige Länder der Region die Industrialisierung beschleunigen können, allerdings auf Kosten der Autonomie des nationalen Wirtschaftssystems und der entwicklungspolitischen Entscheidungen.

Die wirtschaftliche Konkurrenz auf dem offenen Markt, die Maßstäbe von industrieller Qualität und Produktivität, das Volumen erforderlicher Investitionen (z. B. zum Aufbau der petrochemischen Industrie), die Konsummuster – all diese Faktoren zwingen bestimmte Formen der Produktionsorganisation und -kontrolle auf, die gesamtwirtschaftliche Folgen haben. In diesem Sinne schaffen das Kapital, die Technologie und die Organisation, die vom externen Sektor transferiert werden, eine völlig neue Basis für die Wirtschaftsordnung.

Wenn sie nicht von der nationalen Gesellschaft gelenkt wird, führt diese Revolution zu einer anderen, komplexeren Abhängigkeit. In den zwei beschriebenen Grundsituationen von Unterentwicklung kann der Staat, innerhalb der nationalen Grenzen, auf den Druck des Auslandsmarktes reagieren, indem er politische Instrumente wie Währungs- und Beschäftigungspolitik einsetzt; auf diese Weise kann er die nationale Autonomie bei Investitions- und Konsumentscheidungen wenigstens teilweise schützen. Aber bei diesem neuen Typ von Entwicklung entzieht sich ein Teil der die nationale Ökonomie kontrollierenden Mechanismen der Kontrolle des jeweiligen Landes, denn der Weltmarkt setzt gewisse allgemeinverbindliche Maßstäbe für das moderne Produktionssystem, die keine Alternativen zulassen. Die Vereinheitlichung der Produktionssysteme führt zur Lenkung des Marktes und zu supranationaler Organisation.

Daß die neue Situation komplizierter ist als frühere Situationen, zeigt sich an den allgemeinen Bedingungen des sozialen Verhaltens in den abhängigen Volkswirtschaften, wenn die Parameter des ökonomischen Verhaltens brüchig und widersprüchlich werden. In dem Maße, wie der Kreis der inländischen Kapitalbildung im Sinne einer großen Produktionsein-heit geschlossen wird (Output, Absatz, Konsum, Finanzierung, Reinvestition von Unternehmensgewinnen), zeigt das Wirtschaftssystem – die Gesetze der Marktwirtschaft – die Tendenz, der Gesellschaft ihre ureigentümlichen Normen aufzuzwingen, wodurch der Handlungsspielraum und die Wirksamkeit des autonomen Gegengewichts der lokalen Gruppen beschränkt werden.

Andererseits besagt das oben beschriebene Modell nicht, daß in den industrialisierten Ländern Lateinamerikas wie Mexiko und Brasilien, in denen der öffentliche Sektor an der Lenkung der Wirtschaft und der Bildung neuen Kapitals beteiligt ist, nicht ein höherer Grad von interner Entscheidungsautonomie erreicht werden kann. Ebensowenig bedeutet es, daß die früheren Formen der Organisation und Kontrolle der Produktion, selbst unter dem Gesichtspunkt von Abhängigkeit, verschwinden. All dies führt allerdings zu einer zunehmenden Komplexität des politischen Lebens.

Da die neue Form der Entwicklung – in der eine ökonomische Verschmelzung des öffentlichen Sektors, der multinationalen Konzerne und des modernen kapitalistischen Sektors der nationalen Ökonomie zu beobachten ist – ein politisches Fundament braucht, auf das sie sich stützen kann, bedarf es des Aufbaus eines angemessenen Systems von Beziehungen zwischen den sozialen Gruppen, die solche Wirtschaftssektoren kontrollieren; und das System braucht einen politischen Ausdruck, um die Wirtschaftstätigkeit der verschiedenen Gruppen, die es umfaßt, zu ermöglichen. Bei dieser Form von Entwicklung wird von der Annahme ausgegangen, daß das Wachstum des Marktes auf engeren Beziehungen unter den Produzenten beruht, die im Zuge der wirtschaftlichen Expansion zu den primären »Konsumenten« werden. Um die Fähigkeit dieser produzierenden Konsumenten oder konsumierenden Produzenten, Kapital zu akkumulieren und Gewinne zu machen, zu steigern, müssen die Bedürfnisse der Massen unterdrückt werden; das hat zur Konsequenz, daß eine Umverteilungspolitik mit dem Ziel der Verbreiterung des Konsums ineffektiv, ja, sogar entwicklungshemmend wird. Unter diesen Bedingungen nimmt die politische Instabilität in dem Maße zu, wie die Konsolidierung des Staates vom Spiel der Wahlen abhängt, einem Spiel, das durchzuhalten wiederum in dem Maße schwieriger wird, wie der Strom der Auslandsinvestitionen abnimmt und die »terms of trade« sich verschlechtern.

Da der moderne Sektor, der dem Produktionssystem der zentralen Länder gleicht, durch nahezu automatische Mechanismen in seiner Expansion beschränkt ist, erzeugt er negative Voraussetzungen für die Möglichkeiten staatlichen Schutzes, etwa im Hinblick auf die Unterstützung älterer, in der Importsubstitutionsphase entstandener nationaler Industrien und die entwicklungspolitische Entscheidung zugunsten arbeitsintensiver Produktionsformen. Die Entwicklung schreitet mithin voran, indem der soziale Ausschluß nicht nur der Massen, sondern auch derjenigen Gesellschaftsschichten akzentuiert wird, die im früheren Stadium von Bedeutung gewesen waren und die nun gezwungen sind, sich nach einem untergeordneten Platz im modernen monopolistischen Sektor und im System der politischen Herrschaft umzusehen. Aber wenngleich die Möglichkeit besteht, den industriellen Sektor zu modernisieren und mit Hilfe der internationalen Monopole zu diversifizieren, sind diese »Inseln der modernen Industrie« doch in einen Kontext eingebettet, in dem die alte Agroexport-Gesellschaft mit ihren zwei Gruppen (Kaufleuten und Latifundisten), die Industriebourgeoisie, die sich vor der Zeit der Vorherrschaft der Monopole herausgebildet hatte, die Mittelschicht und schließlich die breite Masse der Bevölkerung mit ihren Untergliederungen (ländliche und städtische Massen und Arbeiterklasse) stets präsent und bemüht sind, ihre Solidarität mit der vorgeschlagenen sozioökonomischen Ordnung in einer Weise zu definieren, die ihnen Teilhabe an der Entwicklung sichert. Unter der Bedingung, daß die übrige Wirtschaft unterentwickelt ist, können der moderne Industriesektor und die industrialisierten Agrarsektoren nur mit Mühe ihre Stellung halten oder nur langsam expandieren, ohne die Dynamik, die zur »Modernisierung« der gesamten Gesellschaft nötig ist. Im Gegenteil, ihre Integrationsfähigkeit wird durch ihre technologische Grundlage eingeschränkt, und sie müssen ihr Marktproblem einem eingeengten System des Handels zwischen Erzeugern und Abnehmern überlassen, in dem der Staat der Hauptabnehmer bleibt und weiterhin eine wichtige Rolle als Produzent spielt.

Die Partizipation der Massen, insbesondere in ökonomischer Hinsicht, ist davon bestimmt, wie weit die Entwicklung des öffentlichen Wirtschaftssektors in der früheren Phase gediehen ist, und vor allem davon, in welchem Grade der Staat die modernen Monopolsektoren kontrolliert. Aber selbst wenn von einem hohen Entwicklungsstand des öffentlichen Sektors und einer starken Kontrollfunktion des Staates die Rede sein kann, agieren diejenigen, die den staatlichen Wirtschaftssektor kontrollieren, eher als öffentliche Unternehmer denn als Vollstrecker einer populistischen Politik, die die Förderung der Einkommensumverteilung durch stetige Lohnerhöhungen zum Ziel hat. In diesem Lichte gesehen, hört der Staat auf, ein populistischer Staat zu sein, und wandelt sich zu einem Unternehmerstaat.

Das System der politischen Kontrolle, das nun vorzuherrschen beginnt, ist auf verschiedene Weise bedingt. In einem Land wie Mexiko, wo sowohl die untere Volksklasse als auch die Unternehmerschicht bereits im Staatsapparat vertreten und eng mit dem politischen Entscheidungssystem verbunden ist, gibt es nicht nur eine schrittweise Reorganisation in Einklang mit der neuen Entwicklungssituation, sondern auch eine nahezu formelle Festlegung der Einflußsphäre dieser sozialen Kräfte und auch der jener Kräfte, die mit ausländischen Unternehmen verbunden sind. In Ländern wie Argentinien und Brasilien hingegen wird der Übergang dadurch erschwert, daß der Staat sich weigert, eine ähnliche Kontrolle der Wirtschaftsentscheidungen wie in Mexiko zuzulassen, sowie dadurch, daß die Funktionen des Staates geändert werden, um ihm zunehmende Autorität zur Lenkung der Wirtschaft zu verleihen. Überdies sind die herrschenden Gruppen bestrebt, das politische System selbst im Sinne einer autoritären Zentralisierung neu zu ordnen, die insofern ihre Herrschaft festigen würde, als sie dazu beiträgt, die kapitalistische Produktionsweise in den abhängigen Ökonomien ein für allemal durchzusetzen.

Opposition gegen diese »Neuordnung« würde bei denjenigen sozialen Klassen Zustimmung finden, die unmittelbar von der Ausbeutung betroffen sind, d. h. bei den marginalen Massen, den Arbeitern und Lohnabhängigen, deren Lebensstandard unter dem neuen Stadium der kapitalistischen Akkumulation leidet, sowie bei den Überresten der politisch Organisierten aus der Zeit des »entwicklungsorientierten« Populismus – den Anhängern linksgerichteter Parteien, den liberalen Intellektuellen und den Nationalisten. Die Opposition würde sich auch auf diejenigen Teile des Privatunternehmertums stützen können, die nichts mit dem ausländischen Monopolsektor zu tun haben und die im Idealfalle versuchen würden, das »nach unten orientierte« Bündnis wiederherzustellen, um ihre Position für politische Verhandlungen mit den neuen Herrschenden zu verbessern.

Theoretisch mußte es in Ländern, in denen der moderne Produktionssektor unter dem Schutz der neuen Entwicklungs- und Abhängigkeitsbedingungen etabliert wurde, möglich gewesen sein, das politische Entscheidungssystem umzugestalten und der Wirtschaft konsequent eine neue Richtung zu geben, wie das Beispiel des Programms von Castelo Branco und Roberto Campos in Brasilien zeigt. Hintergrund der wirtschaftlichen und politischen Veränderungen waren hier nicht nur günstige interne Bedingungen, sondern auch die Dynamik der internationalen Beziehungen und insbesondere die Ideologie der nationalen Sicherheit, die auf dem Glauben an den unmittelbar bevorstehenden dritten Weltkrieg, an die übermächtige Rolle der westlichen Allianz und die folgerichtige Unterordnung der nationalen Interessen unter den von den USA geführten Block gründete, sowie auf der revolutionären Form des Krieges, in dem der »äußere Feind« gleichzeitig mit dem »inneren Feind« existierte.

In der Praxis sind die Konsequenzen eines solchen Entwicklungstrends jedoch nicht durchweg klar erkennbar. Die Neuordnungsabsichten kollidieren mit spezifischen Interessen und werden mit Hilfe vielschichtiger und relativ autonomer sozialer Kräfte verwirklicht, die näher beschrieben werden sollten.

Es besteht kein Zweifel daran, daß der neue Typ von Entwicklung die Erneuerung des soziopolitischen Systems in Form einer Herrschaftsstruktur beinhaltet, die sich nicht, oder nur zum Teil, auf die Großgrundbesitzer und die Exportgruppen oder auf jene Kreise stützt, die mit den Branchen der Produktion von nicht-dauerhaften Konsumgütern verbunden sind. Der neue Wirtschaftssektor, der von den multinationalen

Konzernen kontrolliert wird, und der in neuerer Zeit entstandene Finanzsektor, der mit dem Binnenmarkt verbunden ist, suchen Einfluß auf die nationalen Entscheidungen zu nehmen. Dieses Ziel ist nicht ohne Schwierigkeiten, ohne Fraktionskämpfe innerhalb dieser Sektoren und ohne Opposition anderer Klassen, die am Machtspiel beteiligt sind, zu erreichen. Hinzu kommt, daß der Staat in dem Maße, wie der öffentliche Sektor wirtschaftliche Bedeutung erlangt hat, freie Hand hat, die Bildung neuer Machtbündnisse zu manipulieren.

Der letzte Punkt ist von entscheidender Bedeutung. Das demokratisch-repräsentative Regime, das unter dem »entwicklungsorientierten« Staat und unter der populistischen Politik der Anfangsphase der industriellen Expansion in der einen oder anderen Weise überlebte, wird zum autoritär-korporativen Regime umgewandelt, das unter den gegenwärtigen politischen und ökonomischen Bedingungen als die aussichtsreichste Alternative erscheint, und zwar durch Umwälzungen, in denen konkrete Schritte zur Neuordnung des Systems eher von großen nationalen Organisationen wie der Armee und der staatlichen Bürokratie ausgehen als von der nationalen oder internationalisierten Bourgeoisie. Da die Systemstruktur, welche die möglichen Aktivitäten dieser Gruppen einschränkt, sich nicht geändert hat, bleibt die internationalisierte Bourgeoisie natürlich auch weiterhin die Basis des Herrschaftssystems. Dennoch liegt die politische Identifikation der städtischen Industriebourgeoisie Lateinamerikas seit der Übergangsperiode – anders als die der früheren Agroexportbourgeoisie – stärker beim Staat, was durch »pressure groups« und Posten innerhalb des Staatsapparates dokumentiert wird, als bei Parteien, die Klasseninteressen vertreten. Ebenso sind die Lohnabhängigen stärker als Mitglieder von Gewerkschaften organisiert, die unter der Vormundschaft des Staates stehen, denn als militante Parteimitglieder. Die einzige Ausnahme von der Regel ist Mexiko, und sogar in Mexiko ist die Partei der politische Ausdruck des Staates selbst, in welchem die sozialen Klassen Positionen einnehmen, die nahezu korporativ festgelegt sind.

Obwohl die Krise des »entwicklungsorientierten« Populismus sowohl in Argentinien als auch in Brasilien zur politischen Mobilisierung der Bourgeoisie und der Mittelschichten gegen die »kommunistische Gefahr«, gegen innere Subversion und gegen den Druck der Massen auf den Staat (aktuell im Falle der Regierung Goulart in Brasilien, potentiell im Falle der möglichen Rückkehr Peróns in Argentinien) führte, vollzog sich die Zerschlagung der demokratischen Macht üblicherweise durch Militärputsch. Die Bedeutung dieser Machtübernahmen durch das Militär – und ihrer Gegenschläge – unterschied sich jedoch von dem Phänomen der militärischen *caudillos* der Vergangenheit. In der Gegenwart besetzen die Streitkräfte den Staat als techno-bürokratische Körperschaft, um dem zu »dienen«, was sie für das höchste Interesse der Nation halten. Die traditionellen politischen Gruppen, die der Klassenherrschaft der »entwicklungsorientierten« populistischen Periode innerhalb des Staates Ausdruck verliehen, sind ausgeschaltet worden; der Einfluß des Militärs wird als notwendige Bedingung für Entwicklung und nationale Sicherheit gefördert, und die militärische Einmischung in das wirtschaftliche, politische und gesellschaftliche Leben wird als eine Art von technokratischer Schlichtung kaschiert. Auf diese Weise ist es zu einer partiellen Fusion der beiden großen Organisationen gekommen, die das ganze Land effektiv und permanent kontrollieren: Militär und Staatsbürokratie.

Da organisierte Gruppen in relativ unstrukturierten unterentwickelten Gesellschaften wichtig sind, gewinnt die Herrschaftsform der militärisch-bürokratischen Achse in der lateinamerikanischen Situation zwangsläufig politische Vorteile. Freilich bringt sie auch eine Reihe von Problemen und Widersprüchen mit sich, die es der Zivilgesellschaft schwer machen, das autoritär-korporative System hinzunehmen.

Die Techno-Bürokratie der abhängigen Länder, die sich auf das Entscheidungs- und Organisationspotential der modernen Wirtschaftssektoren sowie der militärischen und zivilen Bürokratie stützt, ist im Prozeß ihrer Herausbildung zweierlei Druck ausgesetzt: zum einen dem Druck, der von den großen, im allgemeinen internationalisierten Finanzkonsortien und Industriekonzernen im Interesse einer rationellen modernen Entwicklung ausgeht; zum anderen dem Druck derer, die auf den zunehmend exklusiven Charakter der kapitalistischen Entwicklung in abhängigen Ländern hinweisen sowie auf den nationalen Charakter der Aufgaben und Probleme, die im

Laufe der Entwicklung erfüllt bzw. gelöst werden müssen. Der zweite Standpunkt findet sogar bei Teilen der Streitkräfte und der Staatstechnokratie Unterstützung. Folglich erwägen Teile der militärisch-bürokratischen Achse häufig Fragen wie Bodenreform, Einkommensumverteilung und ausgewogene regionale Entwicklung, wobei sie die Übermacht der abhängig-kapitalistischen Struktur der lokalen Ökonomie und die Tatsache, daß derlei Fragen eigentlich eher in die frühere Entwicklungsperiode gehören, ignorieren. In der zivilen und militärischen Bürokratie gibt es auch – häufig mächtige – Verfechter der bürgerlichen Ideologien, die der Meinung sind, daß die Wirtschaftspolitik ein gerechtes Wachstum der Wirtschaft und des Einkommens fördern solle und daß der Staat ein Forum zur Vermittlung von Klassen- und Gruppeninteressen sein müsse.

So macht der Kampf zwischen Klassen und Gruppen nicht einmal vor den Reihen der Herrschenden halt. Es ist unwahrscheinlich, daß solche nationalistisch-reformistischen Programme mehr als Augenblickserfolge haben können. Doch da die Bourgeoisien keine spezifisch politischen Organisationen haben und ihre Kontrolle über den Staat gegenwärtig praktisch rein struktureller Natur ist, werden die Unternehmergruppen erst dann nach Mitteln und Wegen suchen, nationalistische Abweichungen zu korrigieren, wenn die politischen Absichten der militarisierten Techno-Bürokratie mit den Mechanismen der kapitalistischen Akkumulation und Expansion kollidieren. Solange dies nicht der Fall ist, können die Gruppen, die die Reformen »im Namen der Nation« durchführen, sich also über Klasseninteressen hinwegsetzen, mit einer gewissen Berechtigung der Auffassung sein, sie könnten ihre Ideologie zu einer allgemeingültigen Wahrheit machen.

Trotz dieser ungelösten Konflikte ist die Stoßrichtung der ökonomischen Veränderungen in dem neuen Machtsystem weiterhin »entwicklungsorientiert«, ohne notwendigerweise die Kontrolle der Wirtschaft durch ausländische Monopole auszuschließen.

Das andere Extrem der Reaktion auf das Machtsystem liegt außerhalb der herrschenden militärisch-bürokratischen Achse und beruht auf der Opposition der Arbeiterklasse, der Masse der Lohnabhängigen und der »Randgruppen«, deren Zahl aufgrund der Form, die die kapitalistische Entwicklung in der Peripherie angenommen hat, zunimmt. Tatsächlich bedeutet das moderne Industriesystem eine – im weitesten Sinne des Begriffes verstandene – Verschärfung der Marginalisierung, zumindest in absoluten Zahlen. Deshalb wird es zunehmend schwieriger, den Druck der Volksmassen mit Hilfe der bestehenden organisierten Strukturen wie Gewerkschaften, politische Parteien und staatliche Wirtschaftssektoren zu lenken. Die Formen der Mobilisierung und Organisierung dieser neuen Volksmassen bleiben unbekannt. Sie bieten ein breites Spektrum von Möglichkeiten für politisches Handeln an: von der Herausbildung von Aufstandszentren bis hin zum Wiederaufbau der Massenbewegung.

Die Schwäche der bisherigen Bemühungen, den Status quo durch Mobilisierung der nicht-integrierten Massen zu ändern, ist einerseits auf die mangelnde Struktur dieser Massen sowie auf deren Armut und niedrigen Erwartungshorizont zurückzuführen, andererseits auf die Spaltung, welche die neuen Entwicklungs- und Abhängigkeitsbedingungen unter den Lohnabhängigen erzeugen. Diejenigen Lohnabhängigen, die mit dem fortgeschrittenen kapitalistischen Sektor verbunden sind, profitieren von der Entwicklung und fangen den Druck von unten bis zu einem gewissen Grade ab; so kommt es dazu, daß sie sich mit ihren Ansprüchen von der Masse des Volkes und deren Forderungen abspalten.

Im Kontext der autoritär-korporativen Herrschaft ist das Ergebnis des politischen Drucks der Lohnabhängigen natürlich insgesamt bescheiden; dies gilt sogar für jene, die im fortgeschrittenen kapitalistischen Sektor beschäftigt sind. Die Verbesserung ihrer Lage hängt im allgemeinen mehr davon ab, inwieweit die Gewerkschaftsorganisation verbessert werden kann und inwieweit unter den Mittelschichten eine Differenzierung in Gruppen erfolgt, die unmittelbar mit der industriell-kapitalistischen Produktionsweise verbunden sind. Die letztere Veränderung schließt die Modernisierung jener Organisation ein, die gewöhnlich die Speerspitze der Mittelschicht im politischen Spiel bildet: der Universität mit ihren technischen Instituten, welche die Spezialkenntnisse vermitteln, die den Kadern in der neuen Gesellschaft Bedeutung und Gewicht verleihen. Solche Veränderungen können den lohnabhängigen Vertretern der Mittelschicht dazu verhelfen, ihren Einfluß auf politische und wirtschaftliche Entscheidungen zurückzugewinnen.

Es wäre jedoch gewagt zu behaupten, daß dieser Wandel der politischen Partizipation bestimmter Teile der – sowohl aus Kreisen der Arbeiterklasse als aus Kreisen der Mittelschicht kommenden – Lohnabhängigen im Sinne einer stärkeren Integration in das neue Herrschaftssystem ein eindeutiger oder definitiver Trend sei. Vielmehr läßt die politische Erfahrung Lateinamerikas den Schluß zu, daß die Klassen im Zeitpunkt des politischen Protestes ihre »horizontale« Solidarität demonstrieren; Beispiele hierfür sind die Arbeiter der Kupfer- und Zinn-Bergwerke und die Arbeiter in staatseigenen Unternehmen, die gewöhnlich besser bezahlt werden und auch stärker politisiert sind als die Arbeiter in anderen Branchen.

Den Hintergrund der durch die Bedingungen der Konfrontation unter Klassen und Gruppen in Gang gesetzten politischen Kämpfe und Aktivitäten bilden die allgemeinen Widersprüche, deren Ursache das Produktionssystem ist, das auf großen Monopolen beruht, sowie die besonderen Widersprüche, deren Ursache eine kapitalistische Entwicklung ist, die auf dem Einsatz von Kapital, Technologie und Organisationsformen gründet, welche in den herrschenden Zentren des internationalen Kapitalismus ihren Ursprung haben. Daraus ergeben sich für den gegenwärtigen historischen Zeitpunkt als zentrale Themen von Entwicklung: Herausbildung eines supranationalen Marktes, auf dem eine Ökonomie in großem Maßstab funktionieren kann, und eines Binnenmarktes, auf dem der Anteil des Konsums beschränkt ist; autoritär-korporative Reorganisation des politischen Regimes mit dem Ziel, die Stabilität in einer Massengesellschaft zu wahren, jedoch ohne die Partizipation der Massen zuzulassen; Akkumulation und verstärkte Konzentration des Kapitals in einer Struktur mit hoher Einkommenskonzentration.

In dem Maße, wie das neue Machtsystem gegen die Zeit arbeitet, versucht es, sich gegen die Übergriffe der Opposition zu konsolidieren. Deshalb wird der Übergang zu einer industriell-kapitalistischen Produktionsweise in abhängigen Ländern von autoritären politischen Regimes (militärischen und zivilen) geleitet, deren Fortbestand nicht nur von ihren Leistungen auf den Gebieten der ökonomischen Entwicklung und der sozialen Erneuerung abhängen wird, sondern auch von der Art des Handelns und von der Stärke der Opposition, die von den oben beschriebenen Klassen und Gruppen getragen wird.

VII. Schlußbemerkungen

Der Charakter unserer Studie gestattet lediglich einige allgemeine Kommentare zu den behandelten Themen. Ohne eine Analyse der je spezifischen Situation sollten aus unseren Hypothesen und vorläufigen Interpretationen keine kategorischen Aussagen abgeleitet werden. Deshalb sind die folgenden Beobachtungen weniger als Schlußfolgerungen zu verstehen; sie sind Anmerkungen für künftige Arbeit.

Mit diesen Vorbehalten dürfen wir daran erinnern, daß es uns methodologisch darum geht, die Probleme der ökonomischen Entwicklung mit Hilfe einer Interpretation neu zu überdenken, in deren Mittelpunkt der politische Charakter der ökonomischen Transformationsprozesse steht. Zugleich wollen wir zeigen, daß es nötig ist, die historische Situation zu berücksichtigen, in welcher sich die ökonomischen Veränderungen vollziehen, um die Bedeutung dieser Veränderungen zu erfassen, um ihre strukturellen Grenzen und die Bedingungen zu erkennen, die sie möglich machen.

Diese Formulierung des Zusammenhangs zwischen ökonomischen Prozessen, strukturellen Bedingungen und historischen Situationen macht deutlich, daß theoretische Konstruktionen, die sich auf die Wirtschaftsentwicklung und die Herausbildung der kapitalistischen Gesellschaft in den heutigen entwickelten Ländern beziehen, zum Verständnis der in den Ländern Lateinamerikas herrschenden Verhältnisse wenig geeignet sind. Denn die entwickelten Länder und die lateinamerikanischen Länder unterscheiden sich nicht nur hinsichtlich der historischen Phase, in der sie sich befinden, sondern auch im Hinblick auf die historisch-strukturellen Entwicklungs- und Gesellschaftsbedingungen. Im Lichte dieser Unterschiede kritisieren wir ferner die Begriffe »Unterentwicklung« und »ökonomische Peripherie« und interpretieren den Begriff »Abhängigkeit«, indem wir sowohl die ökonomischen Aspekte von Unterentwicklung als auch den politischen Prozeß der Beherrschung einiger Länder durch andere in einem nationalen Abhängigkeitszusammenhang hervorheben. Daraus folgt, daß der Schwerpunkt unserer Argumentation auf der Besonderheit der Einführung der kapitalistischen Produktionsweise in Gesellschaftsformationen liegt, deren historische Eigenart im Tatbestand der Abhängigkeit zu sehen ist.

Sodann kehren wir zur Tradition der politischen Theorie zurück und stellen fest, daß es keine metaphysische Abhängigkeitsbeziehung zwischen einer Nation und einer anderen, einem Staat und einem anderen gibt. Vielmehr sind die Abhängigkeitsbeziehungen die Folge eines Geflechts von Interessen und Zwängen, die bestimmte Gesellschaftsgruppen an andere, bestimmte soziale Klassen an andere binden. Weil dies so ist, muß per Interpretation bestimmt werden, auf welche Weise Staat, Klasse und Produktion in jeder einzelnen Grundsituation der Abhängigkeit jeweils zusammenhängen. Die faktische Grundlage dieser Interpretationen wird später zu analysieren sein. Um die genannten Beziehungen zu kennzeichnen, zeigen wir, daß es in Lateinamerika möglich ist, zwei Grundsituationen von Klassenbeziehungen – Beziehungen der Klassen zueinander, zum Staat und zum Produktionssystem – zu unterscheiden, wobei von dem Verhältnis zwischen Produktionssystem und Weltmarkt sowie von der Form der Produktionskontrolle ausgegangen wird. In diesem Zusammenhang verweisen wir einmal auf die Besonderheit der Enklaven-Wirtschaften, zum anderen erörtern wir die Situation, in der von nationaler Kontrolle des Exportsystems die Rede sein kann.

In einem nächsten Schritt weisen wir auf, wie dieser historische Wandel sich in einzelnen Gesellschaftsformationen vollzogen hat, wobei wir die zwei Trugschlüsse vermeiden, die in ähnlichen Interpretationen häufig anzutreffen sind: den Glauben, daß die interne bzw. nationale soziopolitische Situation auf ganz mechanische Weise durch externe Herrschaft bedingt sei, und die entgegengesetzte Auffassung, daß alles auf historische Zufälligkeiten zurückzuführen sei. In Wirklichkeit bedeutet nicht einmal die faktische Existenz einer Abhängigkeitsbeziehung, daß die nationale Geschichte abhängiger Länder zwangsläufig zum schlichten Spiegelbild der Veränderungen geraten müßte, die sich im externen Herrschaftszentrum vollziehen, wenngleich diese Veränderungen für die mögliche Autonomie der nationalen Geschichte nicht ohne Bedeutung sind. Es gibt strukturelle Bindungen, die den nationalen

Handlungsspielraum einengen, angefangen von der verfügbaren materiellen Produktionsgrundlage und dem Entwicklungsstand der Produktivkräfte bis hin zu der Art und Weise, wie diese mit politischen und juristischen Beziehungen innerhalb des jeweiligen Landes und in dessen Verhältnis zu den hegemonialen Ländern verklammert sind. Zugleich werden diese Bindungen jedoch durch Handlungen von Gruppen, Klassen, Organisationen und sozialen Bewegungen in den abhängigen Ländern perpetuiert, modifiziert oder gelöst. Mit anderen Worten: Es gibt eine interne Dynamik, die den Gang der Ereignisse erklärt und infolgedessen eine *politische* Analyse erlaubt.

Wir zeigen, wie die unterschiedlichen strukturellen Möglichkeiten der Enklaven-Situation und der Situation, in der das Exportsystem national kontrolliert wird, sich auf die gesellschaftlichen, politischen und wirtschaftlichen Veränderungen auswirken, die sich in den hier untersuchten Ländern vollziehen.

In den letzten Kapiteln wenden wir uns dann wieder dem allgemeinen Thema der strukturellen Bedingungen kapitalistischer Entwicklung in abhängigen Ländern zu. Wir charakterisieren die Widersprüche, die von dem Augenblick an, da sich eine abhängige industrielle Ökonomie formiert, auftreten und heute in der Organisation der Produktion in den modernen Industriesektoren sowie in den Beziehungen der sozialen Klassen und Gruppen zueinander und zum Staat zu beobachten sind.

Ebenso versuchen wir, die relative Autonomie, die Widersprüche und die Möglichkeiten der Konvergenz zwischen dem Wirtschaftssystem und dem politischen Prozeß aufzuzeigen. Wir weisen darauf hin, daß es zum Verständnis der gegenwärtigen Situation der industrialisierten und abhängigen Länder Lateinamerikas erforderlich ist, die Konsequenzen dessen zu analysieren, was wir die »Internationalisierung des Binnenmarktes« nennen, womit wir die zunehmende Kontrolle des Wirtschaftssystems von Ländern meinen, die von großen multinationalen Konzernen abhängen.

Die Originalität der Hypothese liegt nicht darin, daß sie die Existenz von externer Herrschaft erkennt – dies liegt auf der Hand; neu daran ist lediglich die Beschreibung der Form und der Auswirkungen dieses Typs von Abhängigkeit auf soziale Klassen und Staat unter Bezugnahme auf vergangene Situationen. Es kommt uns darauf an zu betonen, daß die gegenwärtige Situation der abhängigen Entwicklung nicht nur über den traditionellen Widerspruch zwischen den Begriffen »Entwicklung« und »Abhängigkeit« hinausgeht, weil sie einen Entwicklungsfortschritt zuläßt und zugleich die Bindungen der Abhängigkeit aufrechterhält und neu definiert, sondern auch, weil sie politisch von einem System von Bündnissen gestützt wird, die sich von den Bündnissen unterscheiden, welche früher die externe Hegemonie gewährleisteten. Heute sind es nicht mehr die Exportinteressen, die die binnenmarktorientierten Interessen unterwerfen, und ebensowenig sind es die ländlichen Interessen, die den städtischen Interessen als Ausdruck eines Typs von ökonomischer Herrschaft Widerstand entgegensetzen. Im Gegenteil: Die Besonderheit der gegenwärtigen Abhängigkeitssituation besteht darin, daß die nationalen Interessen – ohne Ausschaltung der früheren Herrschaftsformen – immer stärker in dem Sektor verankert sind, der für den Binnenmarkt produziert, also in politischen Bündnissen vereinigt sind, die von der städtischen Bevölkerung getragen werden. Andererseits minimiert die Herausbildung einer industriellen Ökonomie in der Peripherie des internationalen kapitalistischen Systems die Auswirkungen einer typisch kolonialen Ausbeutung; und diese Ökonomie integriert nicht nur die herrschenden Klassen, sondern auch jene gesellschaftlichen Gruppen, die mit dem modernen kapitalistischen Produktionssektor verflochten sind, wie Lohnabhängige, Techniker, Unternehmer und Bürokraten.

Ferner beschreiben wir, wie die großen politischen Bewegungen, die den Binnenmarkt und die nationale Ökonomie zu formen und zu stärken versuchen, nämlich Populismus und Nationalismus, in der neuen Abhängigkeitssituation an Bedeutung verlieren.

Schließlich stellen wir Überlegungen darüber an, wie weit die Abhängigkeit im Rahmen der dargestellten Veränderungen aufrechterhalten werden kann, und in diesem Zusammenhang untersuchen wir die Besonderheit der strukturellen Situation parallel zur politischen Situation. Wir weisen nach, daß die machtpolitischen Interessen und die Bündnisse, die die Hegemonie der internen und externen Gruppen und Klassenfraktionen garantieren sollen, bei der Erklärung der Herrschaftssituation berücksichtigt werden müssen, denn sie sind nicht das schlichte und unvermeidliche Ergebnis der Diversifikation des Produktionssystems. Die grundlegenden strukturellen Voraussetzungen für die wirtschaftliche Entwicklung sind zweifellos durch folgende Faktoren bestimmt: die Existenz eines offenen Marktes, den Ausschluß der abhängigen Volkswirtschaften aus den Märkten der hochentwickelten Länder und den fortgesetzten Transfer neuen Auslandskapitals in Form fortgeschrittener Technologie – Bedingungen, die den Bedürfnissen der entwickelten Ökonomien besser entsprechen als denjenigen der relativ rückständigen Volkswirtschaften. Die Kombination dieser Bedingungen mit den politischen Interessen, Ideologien und rechtlichen Beziehungen unter den sozialen Gruppen macht die Idee von »industriellen Ökonomien in abhängigen Gesellschaften« möglich. Ob die strukturellen Entwicklungsbarrieren bestehen bleiben oder überwunden werden, hängt mithin eher davon ab, wie diese ökonomischen Bedingungen im Machtspiel gebraucht werden, als von den jeweiligen ökonomischen Bedingungen selbst. Insofern meinen wir, daß die gegenwärtige oder zukünftige Opposition die industrialisierten und abhängigen Länder Lateinamerikas beleben kann und daß strukturelle Möglichkeiten für verschiedene Formen sozialer und politischer Bewegungen durchaus vorhanden sind.

Wir wissen, daß der Gang der Geschichte, auch wenn er von den gegebenen Verhältnissen vorgezeichnet sein mag, in hohem Maße vom Unternehmungsgeist und Mut derjenigen abhängt, die vorschlagen, im Sinne der praktischen Verwirklichung historisch lebensfähiger Zielsetzungen zu handeln. Deshalb wollen wir dem möglichen Gang der zukünftigen Ereignisse keine theoretischen Grenzen stecken. Denn die künftigen Ereignisse werden nicht von akademischen Prognosen abhängen, sondern von kollektiven Handlungen, die ein politischer Willen anleitet, das in die Praxis umzusetzen, was strukturell kaum möglich erscheint.

VIII. Nachwort

Eine ganze Reihe von Studien zum Problem der Abhängigkeit, die von Lateinamerikanern erarbeitet wurden, haben nicht nur unter Wissenschaftlern, sondern auch in der breiten Öffentlichkeit Interesse gefunden. In den USA gibt es zahlreiche Diskussionen über Vorzüge und Schwächen der »Dependenz-Theorie«. Auch in Europa wird über diese Studien debattiert, wenn auch vielleicht nicht so leidenschaftlich. In Afrika haben Ökonomen, beeinflußt von der Marxschen Analyse und bis zu einem gewissen Grad von der lateinamerikanischen Dependenz-Theorie, ihrerseits Modelle zur Interpretation der Entwicklung in Afrika und Asien vorgelegt. Nach Durchsicht der umfangreichen Literatur, die sich in den zehn Jahren seit der Erstfassung des vorliegenden Buches zu diesem Thema angesammelt hat, erscheint es uns geboten, ein paar klärende Worte über unser Verständnis von Abhängigkeit unter praktischen wie theoretischen Gesichtspunkten zu sagen. Unsere besondere Aufmerksamkeit gilt hierbei der Methodologie, der wir in unserem Buch folgen.

Zum Verständnis unseres Standorts wollen wir zunächst einige historische Vorbemerkungen machen. Beginnen wir vielleicht bei den wissenschaftlichen Modellen zur Erklärung der verschiedenen sozio-kulturellen Dimensionen von Gesellschaft, die in den USA, also außerhalb Lateinamerikas, entwickelt wurden. Als Beispiele für solche Erklärungsmodelle können die von Merton oder Parsons eingebrachten strukturell-funktionalistischen Paradigmen gelten, des weiteren Theorien des politischen Verhaltens, wie sie etwa in der Systemanalyse von Easton zu finden sind, und schließlich Theorien zum Problem von Modernisierung und politischer Entwicklung. In Lateinamerika gewannen diese Erklärungsmodelle in den fünfziger Jahren zunehmend an Einfluß; sie inspirierten verschiedene Konzepte über lateinamerikanische Entwicklungsprozesse.

Zur gleichen Zeit traten Ökonomen bei der ECLA für eine kritische Konzeption von Entwicklung ein. Ihre Kritik richtete sich gegen konservative Ökonomen und deren Auffassung, daß die gegenwärtige Arbeitsteilung auf dem Weltmarkt unvermeidbar sei, weil sie auf dem Prinzip der »komparativen Kostenvorteile« beruhe – einem Prinzip, das bedeutet, daß einige Länder aufgrund ihrer guten Ausstattung mit natürlichen Reichtümern Vorteile bei der Rohstoffproduktion haben, während andere Vorteile im Hinblick auf die Industriegüterproduktion besitzen. Obschon kritisch in der Intention, stützten sich die ökonomischen Theorien und die Kritik der ECLA ihrerseits nicht auf eine Analyse der gesellschaftlichen Prozesse; überdies ließen sie das imperialistische Verhältnis der verschiedenen Länder zueinander sowie die asymmetrischen Beziehungen zwischen den Klassen außer acht. So verbreitete sich in Lateinamerika alsbald eine Gegenkritik, die dem ECLA-Ansatz Beschränktheit vorwarf. Diese Gegenkritik erhob sich, bisweilen implizit, innerhalb der ECLA selbst, in Studien über die Konzentration der aus technologischem Fortschritt erwachsenden Vorteile sowie in Aufsätzen von Medina Echeverria über die gesellschaftlichen Bedingungen von Entwicklung. Sie ist nicht zuletzt in den Arbeiten von Intellektuellen an den Universitäten und in politischen Bewegungen (in São Paulo, Mexiko, Buenos Aires oder Caracas) enthalten, die sich in erster Linie gegen die wachsende Differenz zwischen Armen und Reichen und gegen die Chancenungleichheit als zwangsläufige Folgen einer durch Expansion des Kapitalismus und Stärkung des Imperialismus gekennzeichneten Entwicklung richteten.

Unsere Studie ist dieser eher radikal-kritischen lateinamerikanischen Richtung zuzurechnen. Wir sind bestrebt, jene Tradition wiederzubeleben, deren Grundlage eine umfassende Sozialwissenschaft ist. Statt um spezifische Dimensionen des gesellschaftlichen Prozesses geht es uns um ein allgemeines und dynamisches Verständnis von Sozialstrukturen. Wir wenden uns gegen jene Wissenschaftstradition, welche Herrschaft und sozio-kulturelle Beziehungen als lediglich analytisch voneinander unterschiedene und insgesamt von der Ökonomie unabhängige »Dimensionen« begreift, so, als entspräche jeder dieser Dimensionen ein anderer, je spezifischer Bereich der Wirklichkeit. In diesem Sinne betonen wir den sozio-politischen Charakter der ökonomischen Produktionsverhältnisse und folgen damit jener Tradition des 19. Jahrhunderts, welche

Ökonomie als Politische Ökonomie faßt. Dieser methodologische Ansatz, der seinen höchsten Ausdruck in der Marxschen Theorie fand, geht von der Annahme aus, daß die Hierarchie, die in der Gesellschaft besteht, das Ergebnis festgefügter Formen der Organisation der Produktion des materiellen und geistigen Lebens ist; diese Hierarchie dient dazu, die ungleiche Aneignung der Natur und der Früchte menschlicher Arbeit durch gesellschaftliche Klassen und Gruppen zu gewährleisten. Mit anderen Worten, wir versuchen, Herrschaft in ihrem Zusammenhang mit ökonomischer Expansion zu analysieren.

Zwischen dem von uns im vorliegenden Buch verfolgten Ansatz und den zuvor genannten gibt es einen methodologischen Unterschied. Unser Konzept zur Untersuchung von Gesellschaft, ihren Strukturen und Wandlungsprozessen ist ein dialektisches. Es erscheint uns nützlich, dem Leser einige Grundelemente dieses methodologischen Ansatzes zu erläutern.

Dialektik und die Analyse gesellschaftlicher Strukturen und Prozesse

Die Annahme, daß die Analyse des gesellschaftlichen Lebens nur dann sinnvoll ist, wenn sie von der Existenz relativ festgefügter allgemeiner Strukturen ausgeht, ist von grundlegender Bedeutung. Jedoch können diese Strukturen auf unterschiedliche Weise begriffen und analysiert werden.

Es erscheint uns wesentlich, zu erkennen, daß gesellschaftliche Strukturen das Produkt kollektiven Verhaltens der Menschen sind. Daraus folgt, daß gesellschaftliche Strukturen, obwohl festgefügt und langlebig, von sozialen Bewegungen verändert werden können und tatsächlich verändert werden. Unser Ansatz ist also ein struktureller, zugleich aber ein historischer: Er zielt nicht nur auf die Strukturbedingtheit des gesellschaftlichen Lebens, sondern auch auf den historischen Wandel der Gesellschaftsstrukturen durch Konflikte, soziale Bewegungen und Klassenkämpfe. Unsere Methodologie ist mithin eine historisch-strukturelle.

Dieser Punkt ist so wichtig, daß er eine Erläuterung verdient. Die Hervorhebung des strukturellen Aspekts kann den Eindruck hervorrufen, als seien Abhängigkeitsverhältnisse von unerschütterlicher Festigkeit und Dauer. Und dieser Eindruck, den mangelhafte Analysen hinterlassen, kann zu dem Schluß führen, daß Abhängigkeitsverhältnisse fortwährend und notwendigerweise mehr Unterentwicklung und Abhängigkeit erzeugen.

Unser Ansatz geht selbstverständlich davon aus und macht deutlich, daß die Strukturen in dem Typ von Gesellschaften, für den diese Methode der Analyse sinnvoll ist, weder auf egalitären Verhältnissen noch auf kooperativen Mustern der sozialen Organisation beruhen; im Gegenteil, sie gründen auf sozialen Asymmetrien und auf ausbeuterischen gesellschaftlichen Organisationsformen. Ferner sind wir der Auffassung, daß es zum Verständnis der großen Ungleichheiten, die diese Sozialstrukturen kennzeichnen, sowie zur Erklärung der Ausbeutungsprozesse, mit deren Hilfe diese Strukturen aufrechterhalten werden, erforderlich ist, das Produktionssystem und die Institutionen der Aneignung zu untersuchen, also: die sozio-ökonomische Basis der Gesellschaft. Eine zentrale Rolle in dem hier vorgeschlagenen Konzept spielt schließlich die Analyse der Herrschaftsmechanismen und -prozesse, mittels deren die bestehenden Strukturen gesichert werden. Dieses Konzept jedoch dazu benutzen, lediglich die sich selbst perpetuierenden strukturellen Mechanismen aufzuzeigen, heißt, die widersprüchlichen Ergebnisse des Entwicklungsprozesses selbst und die *Möglichkeiten* der Negation der bestehenden Ordnung, die sozialen Prozessen ebenfalls innewohnen, außer acht lassen. Deshalb ist es nötig, daran zu erinnern, daß Abhängigkeitsformen sich ändern können, und die Möglichkeiten zur Veränderung der Strukturen zu erkennen, indem man die Alternativen zur Abhängigkeit, die in jedem gegebenen historischen Zeitpunkt existieren, genau benennt.

Mit anderen Worten, unser Ansatz soll beide Aspekte von Sozialstrukturen erfassen: die Mechanismen der Selbst-Perpetuierung und die Möglichkeiten zur Veränderung. Gesellschaftliche Strukturen ziehen gesellschaftlichen Prozessen Grenzen und bestätigen stets die etablierten Verhaltensformen; sie erzeugen aber auch Widersprüche und soziale Spannungen, wodurch sozialen Bewegungen und auf Veränderung zielenden Ideologien Chancen eröffnet werden. Die Analysen müssen also nicht nur die strukturellen Zwänge deutlich machen, welche die bestätigenden Momente der Reproduktion der Gesellschaft verstärken, sondern auch die Veränderungsmöglichkeiten, die im gesellschaftlichen Interesse und in Ideologien liegen, die ihrerseits ein Produkt der Entwicklung einer gegebenen Struktur sind. In diesem Prozeß versuchen unterdrückte gesellschaftliche Gruppen und Klassen ebenso wie beherrschte Länder, den herrschenden und Herrschaftsstrukturen stützenden Interessen entgegenzutreten. Bei diesen Versuchen ist es wichtig, Ideologien und intellektuellen Potenzen Beachtung zu schenken, um die Möglichkeiten zur Veränderung abzuschätzen. In entscheidenden historischen Augenblicken bedarf es politischer Handlungsfähigkeit (und diese schließt Organisation, Wille und Ideologien ein), um eine Struktur zu festigen oder zu ändern. Eine vom Intellekt geleitete Beurteilung der bestehenden Verhältnisse und Vorstellungen, was zu tun sei, sind in der Politik unabdingbar. Obwohl die Strukturen »determiniert« sind, gibt es in der Geschichte Raum für Alternativen. Ihre Verwirklichung hängt nicht nur von Grundwidersprüchen zwischen den Interessen ab, sondern auch von der Wahrnehmung neuer Wege zu dem Ziel, durch »Leidenschaft für das Mögliche«[1] eine historische Wende herbeizuführen.

Schließlich erscheint es uns angebracht, einige Bemerkungen zu machen zu den allgemeinen Implikationen der im vorliegenden Buch angewandten Methodologie hinsichtlich der Schwierigkeit, Abhängigkeit oder Entwicklung zu messen. Dabei geht es nicht um die Frage, ob gemessen werden sollte oder nicht, sondern darum, was und wie gemessen werden und welchen methodologischen Stellenwert das Messen haben soll. Mit der Charakterisierung von »Abhängigkeit« verhält es sich wie mit der Charakterisierung von »Kapitalismus«, »Sklaverei« oder »Kolonialismus«. Es wäre unsinnig, die Sklaverei in den Südstaaten der USA mit der Sklaverei auf den Antillen oder in Brasilien zu vergleichen, nur um verschiedene »Grade von Sklaverei« von Minus bis Plus bewerten zu können.

---

1 Diese Formulierung wurde von Kierkegaard entlehnt; vgl. Albert Hirschman, *A Bias for Hope*, New Haven 1971, S. 27.

Sinnvoll wäre dagegen ein Vergleich der Sklavenwirtschaft mit den Lohnarbeitssektoren, der Sklaverei im Plantagensystem mit der Sklaverei in den privaten Haushalten oder eine Untersuchung der Grenzen, die der Sklaverei durch die Expansion des Kapitalismus in den USA, in Brasilien oder auf den Antillen gezogen sind.

Nicht minder töricht wäre es, »Grade von Abhängigkeit« messen zu wollen, indem man formale Vergleiche zwischen verschiedenen Abhängigkeitssituationen anstellt. Manche Anstrengungen dieser Art haben zum Ergebnis gehabt, daß »Machtdimensionen«, die in Abhängigkeitssituationen eine Rolle spielen, völlig losgelöst von ihren »ökonomischen Aspekten« betrachtet wurden. Bei einem derartigen Verfahren geht das grundlegende Merkmal von Dependenz-Studien, die Betonung der allgemeinen Analyse, verloren. Andererseits werden in den bisher vorliegenden Studien sehr oft die jeweils ausgewählten Dimensionen von Abhängigkeit ziemlich statisch erörtert, um die Realitäten den methodologischen Erfordernissen der sogenannten »Logik der wissenschaftlichen Untersuchung« anzupassen. Dazu ein Beispiel: Wenn ausländisches Kapital die industrielle Entwicklung in abhängigen Volkswirtschaften zu fördern beginnt, dann kommt es zu einer Verstärkung des Binnenmarktes und zu einer gewissen Einkommensumverteilung zugunsten der oberen Mittelschicht. Bei früheren Formen der Abhängigkeit – Formen, in denen die lokale Industrialisierung nicht von multinationalen Konzernen bestimmt war – fand ein solcher »Umverteilungsprozeß« nicht statt. Trotz dieser Unterschiede und trotz der Vielschichtigkeit der sich herausbildenden Abhängigkeitssituationen gingen manche Studien, in denen »Dependenz-Theorien« überprüft wurden, von der Annahme aus, daß *sämtliche* Formen von Abhängigkeit gemeinsame Merkmale hätten. Die Logik einer solchen Methodologie beruht auf der möglichen gemeinsamen Wirkung einer allgemeinen (also für uns »abstrakten«) Form von Abhängigkeit, die alle Arten von Abhängigkeitssituationen durchzieht. Für einen dialektischen Ansatz ist eine dermaßen vage Aussage nicht akzeptabel. Die methodologischen Grundschritte in dialektischen Analysen verlangen, daß jede neue Abhängigkeitssituation auf ihre jeweiligen Besonderheiten und Abweichungen hin untersucht und zu den alten Abhängigkeitsformen in Beziehung gesetzt wird, wobei nötigenfalls sogar ihre widersprüchlichen Elemente und Wirkungen hervorgehoben werden.

Mit anderen Worten: Bevor gemessen wird, müssen adäquate Theorien und Kategorien erarbeitet werden, damit die empirischen Daten einen Sinn bekommen. Gewiß muß empirisches Material, das eine bestimmte, an der Dependenz-Theorie orientierte Analyse bestätigt oder widerlegt, berücksichtigt werden, sofern es auf adäquaten theoretischen Grundlagen aufbaut. Aber die empirischen Daten müssen im historisch-strukturellen Kontext interpretiert werden.

Im übrigen spielt der methodologische Stellenwert des Messens bei einem dialektischen Konzept keine ausschlaggebende Rolle für die logische Beweisführung, so, als ob wir es mit Hypothesen zu tun hätten, die erst nach statistischen Untersuchungen falsifizierbar wären und akzeptiert oder abgelehnt werden könnten. Sofern sie die dialektische Analyse »konkreter machen« (indem sie bestimmte Situationen zueinander in Beziehung setzen), sind statistische Informationen und Belege nützlich und unerläßlich; aber die entscheidenden Beweisfragen sind von anderer Art. *Erstens* ist es notwendig, Begriffe zu finden, mit deren Hilfe auf Veränderung zielende Tendenzen erklärt werden können. Dies erfordert die Anerkennung von oppositionellen gesellschaftlichen Kräften als treibenden Elementen der Geschichte. *Zweitens* ist es notwendig, diese Kräfte in einem allgemeinen Zusammenhang zu sehen, die Hauptquellen ihrer Existenz, ihrer Reproduktion und ihres Wandels zu beschreiben, indem man die Herrschaftsformen und die ihnen entgegenstehenden Faktoren bestimmt. So ist es beispielsweise ohne den Begriff des Kapitals als Ausdruck der Ausbeutung einer gesellschaftlichen Klasse durch eine andere unmöglich, die Bewegung der kapitalistischen Gesellschaft zu verstehen. Ohne Formen von Abhängigkeit anzunehmen (und zu analysieren), sofern die Studien sich auf Peripherie-Länder beziehen, ist es unmöglich, die Analysen zu konkretisieren. Über die Begründung von Schlüsselbegriffen dieser Art können dialektische Analysen die Bewegung der Geschichte in ihrer »Totalität« erklären. Das bedeutet: Historische Prozesse werden verständlich, wenn Interpretationen mit Kategorien arbeiten, die klar genug sind, um die Grundzüge der Verhältnisse, die eine gegebene strukturelle Situation in ihrer Allgemeinheit aufrechterhalten, und jene Kräfte, die der bestehenden Struktur entgegenwirken, zu verdeutlichen.

Die Richtigkeit historisch-struktureller Interpretationen muß überprüft werden, indem man die Beschreibung der strukturellen Bedingungen und der auf Veränderung zielenden Tendenzen mit den aktuellen sozio-politischen Prozessen vergleicht. Sowohl bei der Entfaltung einer Interpretation als auch beim praktischen Nachweis ihrer Gültigkeit geht es um Realitäten: Empirische Daten lassen sich nicht derart glatt in die Analyse einfügen, als seien sie statische Größen; entscheidend ist, wie sie sich im Laufe der gesellschaftlichen Entwicklung verändern. Signifikante Daten sind diejenigen, die auf Veränderung zielende Tendenzen und neue Prozesse in der Geschichte auf nichtantizipierbare Weise erhellen. Ihre »Verifizierung« hängt ab von der Fähigkeit sozialer Bewegungen, das zu verwirklichen, was sie als strukturelle Möglichkeiten wahrnehmen. Und dies wiederum hängt vom realen sozialen und politischen Kampf ab. Mit anderen Worten: Die »Beweiskraft« einer Interpretation richtet sich sehr stark nach dem tatsächlichen historischen Prozeß und ist bis zu einem gewissen Grade davon abhängig, inwieweit es der Interpretation gelingt, den sozio-politischen Akteuren mögliche Lösungen für widersprüchliche Situationen zu zeigen.

Strukturelle Abhängigkeit

Die entscheidende methodologische Aufgabe, die wir uns für unsere historisch-strukturelle Analyse stellten, war, die Momente signifikanter struktureller Veränderungen in den durch unterschiedliche Abhängigkeitssituationen gekennzeichneten Ländern Lateinamerikas zu beschreiben; es ging uns also weniger um eine theoretisch begründete Kritik des von der ECLA vertretenen sozio-ökonomischen Entwicklungsansatzes oder um die Kritik der in soziologischen Analysen vorherrschenden strukturell-funktionalistischen Modelle, und ebensowenig stand die Kritik am Vulgärmarxismus oder an der Theorie der politischen Modernisierung im Mittelpunkt unserer Überlegungen.

In mechanistischen Geschichtsauffassungen werden die lateinamerikanischen Volkswirtschaften so gesehen, als seien sie schon immer vom »kapitalistischen System«, so wie es sich international entwickelt hat, bestimmt gewesen. Perioden grundlegender Veränderungen auf internationaler Ebene, so wird behauptet, bezeichneten die bedeutsamen Momente der Umgestaltung lateinamerikanischer Ökonomien. In diesen Interpretationen treten die allgemeinen Merkmale des Kapitalismus an die Stelle konkreter Analysen der besonderen Merkmale abhängiger Gesellschaften. »Merkantilismus«, »freies Unternehmertum und freie Konkurrenz«, »Monopolkapitalismus« – dies sind die Schablonen, aus denen die historischen Wendepunkte der Peripherie-Länder hergeleitet werden. Daß die lateinamerikanischen Gesellschaften im Gefolge der Expansion des europäischen und nordamerikanischen Kapitalismus aufgebaut wurden, ist offenkundig. Ebenso richtig – wenn auch weniger offenkundig – ist, daß es Merkmale des Kapitalismus gibt, die entwickelten und abhängigen Ländern gemeinsam sind. Doch die Ausklammerung der sozialen Kämpfe und der besonderen (ökonomischen, gesellschaftlichen und politischen) Verhältnisse, die bestimmten beherrschten Gesellschaften ihre Dynamik verleihen, aus dem Erklärungsmuster dieser mechanistischen Interpretationen führt zu unzulässigen historischen Vereinfachungen und Irrtümern: Diese Interpretationen liefern weder eine genaue Beschreibung der Sozialstrukturen, noch vermögen sie das dynamische Moment von Geschichte zu erfassen, das in den sozialen Kämpfen in abhängigen Gesellschaften zum Ausdruck kommt. Wenn man z. B. schlicht feststellt, daß der Merkantilismus ein wichtiges Element der Expansion des Handelskapitalismus gewesen sei, und daraus ableitet, daß Lateinamerika *kapitalistisch* sei, dann verschwindet der Inhalt der historischen Ereignisse im Nebel der Abstraktion. Die Aufgabe besteht vielmehr darin zu erklären, *wie* der ökonomische Vorstoß des Merkantilismus dazu führte, daß in einigen Teilen Lateinamerikas »kapitalistische« Sklavenwirtschaften entstanden, daß es in anderen Teilen zur Ausbeutung der Eingeborenenbevölkerung und in bestimmten Regionen, wie in den südlichen Teilen des lateinamerikanischen Kontinents, zu einer auf Lohnarbeit basierenden Ökonomie kam. In jeder

dieser Situationen waren die lokalen Volkswirtschaften vom Kapitalismus, in seiner merkantilistischen Form, geprägt; sie waren zu keiner Zeit »Feudal«-Gesellschaften. Aber dies ist noch keine zureichende Erklärung für die konkreten Unterschiede, die beispielsweise zwischen der mit Sklaven betriebenen Plantagenwirtschaft Brasiliens und der argentinischen Ökonomie im 19. Jahrhundert bestanden. Zwar waren beide »kapitalistische« Volkswirtschaften, doch bauten sie auf unterschiedlichen Produktionsverhältnissen auf: auf der Sklaverei im ersten Fall, im zweiten Fall auf Zuständen, die sich zu nahezu kapitalistischen Produktionsverhältnissen verdichteten.

Wir erheben in dem vorliegenden Buch nicht den Anspruch, als könnten bedeutsame Entwicklungsphasen der abhängigen Gesellschaften allein aus der »Logik der kapitalistischen Akkumulation« aufgehellt werden. Wir verstehen Abhängigkeit und Imperialismus nicht als externe und interne Seite ein und derselben Medaille, wobei die internen Aspekte auf ein bloßes »Epiphänomen« reduziert werden. Die Verschiedenartigkeit lokaler Gesellschaften, anti-imperialistische Reaktionen, die politische Dynamik lokaler Gesellschaften und die Anstrengungen, Alternativen durchzusetzen, werden dabei ignoriert. Obwohl sie sich eines marxistischen Vokabulars bedient, ist diese Art Analyse methodologisch eine genaue Entsprechung zu Interpretationen, die sich auf die »Logik des Industrialismus«, auf die »Stadien der Modernisierung« oder gar auf die Phasen der »politischen Entwicklung« berufen und Veränderungen als Resultat mechanischer Abläufe bestimmen. Wir begreifen das Verhältnis zwischen externen und internen Faktoren als ein komplexes Ganze, dessen strukturelle Einheit nicht auf nur externen Formen der Ausbeutung und des Zwanges beruht, sondern in Interessenkoinzidenzen der lokalen und internationalen herrschenden Klassen verwurzelt ist und von lokalen beherrschten Gruppen und Klassen durchaus in Frage gestellt wird. Unter bestimmten Umständen kann es geschehen, daß das Netz der koinzidenten oder ausgeglichenen Interessen in einer Weise erweitert wird, daß Teile der Mittelschicht, wenn nicht gar Teile der Arbeiterklasse miteinbezogen werden. Unter anderen Umständen können Teile der herrschenden Klasse das interne Bündnis mit der Mittelschicht, der Arbeiterklasse und sogar den Bauern suchen, um sich gegen ausländische Bevormundung, die ihren Interessen widerspricht, zu schützen. Externe Herrschaft in Situationen nationaler Abhängigkeit (im Gegensatz zu rein kolonialen Situationen, in denen die Unterdrückung durch ausländische Agenten eine direkte ist) enthält die Möglichkeit der »Internalisierung externer Interessen«.

Selbstverständlich ist imperialistische Penetration ein Ergebnis des Wirkens externer sozialer Kräfte (multinationaler Konzerne, ausländischer Technologie, internationaler Finanzsysteme, Diplomatie, fremder Staaten und Armeen etc.). Was wir bekräftigen, ist lediglich dies: daß das System der Herrschaft als »interne« Kraft wiederkehrt, und zwar in Form der sozialen Praktiken lokaler Gruppen und Klassen, die ausländische Interessen durchzusetzen versuchen – freilich nicht einfach deshalb, weil es sich um ausländische Interessen handelt, sondern deshalb, weil die ausländischen Interessen sich mit Wertvorstellungen und Interessen decken können, die diese lokalen Gruppen für ihre eigenen ausgeben. Es ist also unerläßlich, herauszufinden, welche Formen gesellschaftlicher und ökonomischer Ausbeutung jeweils vorliegen, in welchem Maße Industrialisierung und Kapitalakkumulation in der Peripherie vorangeschritten sind, wie das Verhältnis der lokalen Volkswirtschaften zum Weltmarkt aussieht usw.; und dies ist nicht nur als Ergebnis einer abstrakten »Logik der Kapitalakkumulation« zu werten, sondern auch als Resultat bestimmter Beziehungen und Kämpfe zwischen gesellschaftlichen Klassen und Gruppen im internationalen wie im lokalen Bereich. Gewiß trifft es zu, daß der lokale sozio-politische Prozeß sowie die lokale Wirtschaftsorganisation die allgemeinen Merkmale des Kapitalismus, so wie er weltweit existiert, zur Voraussetzung haben und reproduzieren. Folglich sind die Konzentration des Kapitals durch multinationale Konzerne und die Tatsache, daß das Monopol des technologischen Fortschritts in den Händen von großen Wirtschaftsunternehmen ruht, die ihren Sitz im Zentrum des internationalen Systems haben, obligatorische Bezugspunkte für unsere Analyse.

Die bloße Tatsache, daß es eine ökonomische »Peripherie« gibt, ist nur vor dem Hintergrund der ökonomischen Dynamik der fortgeschrittenen kapitalistischen Volkswirtschaften zu verstehen; diese waren für die Herausbildung einer kapitalistischen Peripherie und für die Eingliederung traditioneller nicht-kapitalistischer Volkswirtschaften in den Weltmarkt verantwortlich. Dennoch hatte die Expansion des Kapitalismus in Bolivien und Venezuela, in Mexiko oder Peru, in Brasilien und Argentinien weder dieselbe Geschichte noch dieselben Konsequenzen, obwohl alle diese Länder derselben allgemeinen Dynamik des internationalen Kapitalismus unterworfen waren. Die Unterschiede wurzeln nicht nur in der Verschiedenartigkeit der natürlichen Reichtümer und auch nicht schlicht darin, daß diese Volkswirtschaften zu verschiedenen Zeiten in das internationale System integriert wurden (wenngleich diese Faktoren eine Rolle gespielt haben). Ihre Erklärung muß vielmehr die unterschiedlichen Zeitpunkte beachten, zu denen Teile der lokalen gesellschaftlichen Klassen sich mit ausländischen Interessen verbündeten oder in Gegensatz zu ihnen gerieten, zu denen sie andere Formen des Staates aufbauten, andere Ideologien vertraten, andere politische Wege zu gehen oder alternative Strategien zu formulieren suchten, um den imperialistischen Herausforderungen in bestimmten Augenblicken der Geschichte zu begegnen.

Das Ziel der im vorliegenden Buch enthaltenen Interpretationen ist es, die Geschichte eben dieser Verschiedenartigkeit und Vielfalt auf allgemeine Weise darzustellen. Selbstverständlich gibt es im Kapitalismus Faktoren, die sämtliche lateinamerikanische Volkswirtschaften betreffen und die den Ausgangspunkt der Analyse bilden; aber es ist die Vielfalt in der Einheit, die den historischen Prozeß erklärt. Ist die analytische Anstrengung erfolgreich, dann kann aus Gemeinplätzen und vielfach wiederholten Einsichten in die Rolle der kapitalistischen Produktionsweise eine lebendige Kenntnis der realen Prozesse werden. Es müssen Begriffe und Erklärungsmuster erarbeitet werden, die zu erfassen und zu bestimmen erlauben, wie allgemeine Trends der kapitalistischen Expansion sich in konkrete Beziehungen zwischen Menschen, Klassen und Staaten in der Peripherie umsetzen. Eben dies ist die methodologische Bewegung, die den Umschlag von einem »abstrakten« Stil der Analyse zu einer »konkreten« Form historischen Wissens ausmacht. In diesem Sinne ist die Geschichte der

Kapitalakkumulation die Geschichte der Klassenkämpfe, der politischen Bewegungen, der Bestätigung von Ideologien sowie der Errichtung von Herrschaft und der Gegenaktionen gegen sie. Ziel der Analyse struktureller Abhängigkeit ist es mithin, die wechselseitigen Beziehungen von Klassen und Nationalstaaten sowohl auf der internationalen Ebene als auch in jedem einzelnen Land, also intern, zu erhellen. Eine dialektische Analyse dieses vielschichtigen Prozesses schließt die Formulierung von Begriffen ein, die zu erklären vermögen, wie interne und externe Prozesse der politischen Herrschaft miteinander zusammenhängen. Erwägungen über externe Faktoren oder fremde Herrschaft allein reichen nicht aus, um die Dynamik von Gesellschaften zu erklären; das entscheidende Problem ist vielmehr das Wechselverhältnis zwischen den externen und den internen Faktoren. Und der Akzent darf nicht nur auf den Vereinbarkeiten, sondern er muß auch auf den Widersprüchen zwischen diesen Faktoren liegen.

Grundsituationen der Abhängigkeit

Wir beschreiben zwei Abhängigkeitssituationen, die vor dem heutigen, auf der Dynamik multinationaler Konzerne beruhenden System des internationalen Kapitalismus vorherrschend waren: Abhängigkeit mit nationaler Kontrolle des Produktionssystems und Abhängigkeit in Enklaven-Situationen. Die zentrale Frage beim Vergleich der beiden Situationen ist weder die, ob die Macht von lokalen Unternehmern oder von ausländischen Firmen des »Enklave«-Typs ausgeübt wird, noch die, welche Akkumulationsformen und Kapitalverwertungsprozesse vorliegen. In Wirklichkeit geht es um die Frage nach dem *Verhältnis* zwischen diesen beiden Dimensionen und ihrer Interaktion mit der Kapitalakkumulation im internationalen Maßstab.

In Enklavenwirtschaften ist das investierte Auslandskapital *externen Ursprungs*; es wird in die lokalen Produktionsprozesse eingegliedert und verwandelt sich zum Teil in Löhne und Steuern. Sein Wert wird durch die Ausbeutung lokaler Arbeitskräfte gesteigert; diese Arbeitskräfte verändern die Natur und produzieren Güter, die dieses Kapital dann wieder *verwerten*, wenn Rohstoffe (Erdöl, Kupfer, Bananen etc.) auf dem *Auslandsmarkt* verkauft werden.[2]

In Ökonomien, die von der lokalen Bourgeoisie kontrolliert werden, verläuft der Kapitalkreislauf formal genau umgekehrt. Die Akkumulation ist das Ergebnis der Aneignung der natürlichen Ressourcen durch lokale Unternehmer und der Ausbeutung der Arbeitskräfte durch dieselbe lokale Gruppe. Die Kapitalakkumulation hat also einen *internen Ursprung*. Der Kapitalverwertungsprozeß findet ebenfalls im lokalen Produktionsprozeß statt; aber sofern die Handelswaren aus Rohstoffen und Nahrungsmitteln bestehen, bedarf es des internationalen Marktes, um die Schlußphasen des Kapitalkreislaufs zu realisieren.

Der aktuelle Fall abhängiger, in der Industrialisierung begriffener Ökonomien[3], die von multinationalen Konzernen kontrolliert werden, vermittelt den Eindruck einer Rückkehr zur Enklavenwirtschaft. Aber wenn die ursprüngliche Akkumulation auch häufig das Ergebnis externer Investitionen ist (wenngleich nicht notwendigerweise, da multinationale Konzerne oft lokale Mittel zum Investieren benutzen), so gibt es doch einen wichtigen Unterschied zu Enklavenwirtschaften: Ein wesentlicher Teil der Industrieproduktion wird auf dem *Binnenmarkt* verkauft. Ein in ausländischem Besitz befindliches Automobilwerk mit Sitz in Mexico City oder São Paulo verkauft den größten Teil seiner Produktion auf lokalen Märkten. Bislang spielt der Export in Länder des Zentrums in der Wirtschaftsstrategie der multinationalen Konzerne, die in der Peripherie Niederlassungen besitzen, nur eine geringe Rolle – er übersteigt kaum 3% der Gesamtproduktion.

Mit anderen Worten, die *Formen*, die Abhängigkeit an-

2 Man muß bei Enklavenwirtschaften zwei Situationen unterscheiden: zum einen die Situationen, in denen ausländische Unternehmen die Kontrolle über die Unternehmen übernehmen, die von lokalen Unternehmern gegründet und ausgebaut worden sind (Beispiel: der Kupferbergbau in Chile), zum anderen Situationen, die infolge ausländischer Investitionen entstanden sind. Aus diesen beiden Situationen ergeben sich unterschiedliche Folgen für die Herausbildung, die Rolle und den politischen Einfluß gesellschaftlicher Klassen.

3 Da dieser Prozeß neueren Datums ist, konnte er in den klassischen Kapitalismusstudien noch nicht analysiert werden. Im Fall des zaristischen Rußland wurde er von einigen Autoren vorausgesehen. Aber die russische Entwicklung vollzog sich in einem völlig anderen internationalen ökonomischen Kontext.

nimmt, können erheblich variieren. Diese Variation drückt sich im sozio-politischen Kontext in Größe und Art der Arbeiterklasse ebenso aus wie in Größe und Art der Bourgeoisie und der »Mittelschicht«, im Gewicht der Bürokratien, in der Rolle der Armeen, in den Staatsformen, in den Ideologien, die sozialen Bewegungen zugrunde liegen, usw. Das vorliegende Buch versucht, diese Bewegungen zu analysieren, und dialektische Methoden erfordern, wie bereits gesagt, die Anstrengung, die abstrakten Formen der »Kapitalexpansion« zu konkretisieren. Wir müssen also die Verschiedenartigkeit der Klassen, Klassenfraktionen, Gruppen, Organisationen sowie der politischen und ideologischen Bewegungen untersuchen, welche die Geschichte der kapitalistischen Expansion in Lateinamerika auf lebendige und dynamische Weise gestalten oder beeinflussen. Tatsächlich geschieht die historische Verwirklichung des Kapitals als einer ökonomischen »Form« (mit seiner »Logik der Expansion«) über soziopolitische Strukturen, die von gesellschaftlichen Klassen und Gruppen mit gegensätzlichen Interessen getragen und bewegt werden. Die historisch-strukturelle Analyse erhellt die Grundtendenzen, nach denen Kapitalexpansion auftritt und als sozio-politischer Prozeß seine Grenzen findet. In diesem Sinne erfordert das Verständnis von kapitalistischer Entwicklung die Analyse der gesellschaftlichen Klassen und der politischen Verhältnisse, die die Aktualisierung der verschiedenen Formen und Phasen der Kapitalakkumulation ermöglichen oder verhindern.

Dependenz-Theorie und kapitalistische Entwicklung

In wirtschaftlicher Hinsicht ist ein System abhängig, wenn die Akkumulation und Expansion des Kapitals die unabdingbare dynamische Komponente im Innern des Systems nicht vorfinden. In kapitalistischen Volkswirtschaften ist die entscheidende Komponente für den Expansionsantrieb die Fähigkeit, das Kapital zu vergrößern. Dies ist nicht möglich ohne die Schaffung neuer Technologien und ohne die stetige Ausweitung der Produktion von »Investitionsgütern«, d. h. von Maschinen und Ausrüstungsgegenständen, zum Zweck der ständig zunehmenden Unternehmensexpansion und Kapitalakkumulation. Zweitens braucht die Expansion einer kapitalistischen Volkswirtschaft die finanzielle Unterstützung durch ein solides Banksystem. Natürlich verfügen nicht alle kapitalistischen Volkswirtschaften über diese Möglichkeiten. Manche von ihnen müssen sich auf internationaler Ebene die notwendige Ergänzung suchen, um ihren Weg zu wirtschaftlichem Wachstum fortsetzen zu können.

Die heutigen nationalökonomischen Systeme sind praktisch alle in das internationale ökonomische System eingepaßt. Um die ausbeuterischen Momente der Weltwirtschaft zu kaschieren, sprechen oberflächliche oder apologetische Analytiker lediglich von der »Interdependenz« der »modernen« Volkswirtschaften. Mit dieser Platitüde weichen sie der wichtigen Frage aus, welche Formen diese »Interdependenz« annimmt. Während die einen Volkswirtschaften Rohstoffe brauchen, die von ungelernten Arbeitskräften erzeugt werden, oder einen Bedarf an Industriegütern haben, die von billigen Arbeitskräften produziert werden, sind die anderen genötigt, Ausrüstung und Investitionsgüter generell zu importieren. Während die einen zu Schuldnern der großen Finanzkapital-Zentren der Welt werden, sind die anderen die Gläubiger. Gewiß, Bankiers brauchen Kunden ebenso, wie Kunden Bankiers brauchen; aber die »Wechselbeziehung« zwischen beiden ist qualitativ verschieden, da sie jeweils eine andere Position innerhalb der Struktur der Beziehung haben. Dasselbe gilt für die Analyse der »interdependenten« Volkswirtschaften auf dem Weltmarkt.

Der Kapitalismus ist ein weltweites System. Bestimmte Elemente dieses Systems haben jedoch einen größeren als den ihnen »zustehenden« Anteil an der »Geschäftsführung« und ein nahezu ausschließliches Eigentum an den Sektoren, die für Produktion und Kapitalakkumulation ausschlaggebend sind, wie z. B. der Technologie- und der Finanzsektor. Sie benötigen die abhängigen Volkswirtschaften zwar zur Ergänzung, doch die entscheidenden Faktoren der Kapitalexpansion stehen ihnen kumulativ und in erweitertem Umfang zur Verfügung.

Selbst wenn sie nicht mehr auf die Rohstofferzeugung beschränkt sind, bleiben die peripheren Ökonomien in einer sehr spezifischen Weise abhängig: Ihre Investitionsgütersektoren sind schwach, zu schwach, um eine stetige Fortentwicklung des Systems zu gewährleisten, und zwar sowohl in finanzieller als auch in technologischer und organisatorischer Hinsicht. Deshalb muß ein abhängiges Land, wenn es seine ökonomische Expansion vorantreiben will, das »Interdependenz«-Spiel spielen, wobei es sich freilich in einer ähnlichen Lage befindet wie der Kunde, der an einen Bankier »herantritt«. Nun entwickeln Kunden in der Regel zwar Strategien, wie sie sich unabhängig machen können, und sie können versuchen, das geliehene Geld produktiv einzusetzen; aber da es strukturelle Grenzen für solche Strategien gibt, geht das Spiel nicht automatisch erfolgreich aus; oft endet es so, daß die Spielregeln der Herrschenden sich durchsetzen. Und selbst wenn das abhängige Land nach der ersten Kreditaufnahme weniger arm ist, so folgt doch eine zweite. Wenn eine solche Wirtschaft blüht, dann sind ihre Wurzeln in den meisten Fällen von jenen gesteckt worden, die die Schuldscheine in den Händen halten.

Die Beschreibung der gegenwärtigen Formen von abhängiger Entwicklung könnte der wichtigste Beitrag der »Dependistas« zur Theorie kapitalistischer Gesellschaften sein. Wenn es im vorliegenden Buch überhaupt etwas Neues gibt, dann besteht es in dem Versuch, neben den vergangenen Abhängigkeitsformen das aufzuschließen, was man »die neue Abhängigkeit« genannt hat. Es soll gezeigt werden, wie ein allgemeiner Trend (der Industriekapitalismus) konkrete Abhängigkeitssituationen schafft, deren Merkmale sich von denen der fortgeschrittenen kapitalistischen Gesellschaften unterscheiden. So beruht die periphere Industrialisierung auf der Fertigung von Produkten, die im Zentrum *Massenkonsumgüter*, in abhängigen Gesellschaften hingegen typischerweise *Luxuskonsumgüter* sind. Die Industrialisierung in abhängigen Volkswirtschaften fördert die Einkommenskonzentration insofern, als sie erhebliche Produktivitätsunterschiede vermehrt, ohne diesen Trend für die Gesamtheit der Volkswirtschaft zu verallgemeinern: Während die Produktion von Autos, Fernsehgeräten, Kühlschränken und ähnlichen Gütern auf moderner Technologie basiert, beruhen wichtige Teile der Produktion von Nahrungsmitteln, Textilien und anderen Waren, die den Grundkonsum der Massen ausmachen, nach wie vor auf herkömmlicher Technologie und auf eher traditionellen Produktionsverhältnissen. Die Löhne von Technikern, Managern und Facharbeitern sind – obgleich nicht direkt von der Produktivität bestimmt – unvergleichlich höher als die Löhne der in den traditionellen Sektoren beschäftigten Arbeiter oder der Bauern. Mit anderen Worten: Die Industrialisierung in der Peripherie verschärft die Einkommensunterschiede zwischen den Lohnabhängigen und verstärkt damit jenes Phänomen, das in Lateinamerika mit dem Begriff der »strukturellen Heterogenität« bezeichnet wird.

Derlei Überlegungen bekräftigen die Erfahrung, daß abhängige kapitalistische Volkswirtschaften nicht identisch sind mit zentralen kapitalistischen Volkswirtschaften. Gleichwohl billigen wir nicht die Versuche, eine »Theorie des abhängigen Kapitalismus« zu begründen. Selbstverständlich setzen Analysen von Abhängigkeitssituationen Theorien voraus und erfordern die Anwendung von Methodologien; aber es erscheint sinnlos, spezifische »Bewegungsgesetze« für Situationen zu suchen, die *abhängig sind*, d. h. deren Hauptmerkmale von den Entwicklungsphasen und dem Expansionstrend des Kapitalismus im internationalen Maßstab bestimmt werden. Vielmehr müssen die Bemühungen darauf gehen, jene Erkenntnisse zu erweitern und zu spezifizieren, die von Autoren entwickelt wurden und aktualisiert werden, deren Interesse den Analysen der allgemeinen Wirtschaftstheorie des Kapitalismus gilt. Unser Beitrag, sofern er einer ist, geht in eben diese Richtung, und wir maßen uns in keiner Weise an, neue, von den klassischen abrückende Theorien aufzustellen. Um Mißdeutungen zu vermeiden, sprechen wir daher lieber von »Abhängigkeitssituationen« als von der »Kategorie« oder der »Theorie« der Abhängigkeit.

In mehreren Ländern Lateinamerikas vollzieht sich tatsächlich ein Prozeß der abhängigen Entwicklung, wobei wir unter Entwicklung in diesem Zusammenhang »kapitalistische Entwicklung« verstehen. Im Zuge ihrer Entfaltung erzeugt diese Form von Entwicklung in der Peripherie ebenso wie im Zentrum periodisch Wohlstand und Armut, Kapitalakkumulation und Kapitalmangel, Beschäftigung für die einen und Arbeitslosigkeit für andere. Wir meinen mit dem Begriff »Entwicklung« also nicht die Verwirklichung einer von mehr

Gleichheit oder mehr Gerechtigkeit geprägten Gesellschaft; denn Gleichheit und Gerechtigkeit sind Konsequenzen, die von einer kapitalistischen Entwicklung, insbesondere in peripheren Ökonomien, nicht zu erwarten sind.

Mit unserem Hinweis auf die Existenz eines Prozesses der kapitalistischen Expansion in der Peripherie verbinden wir eine zweifache Kritik. Zum einen kritisieren wir all jene, die in unterentwickelten abhängigen Ländern permanente Stagnation erwarten – als Folge eines stetigen Falls der Profitrate oder der »Enge der Binnenmärkte«, was angeblich als unüberwindliches Hindernis für kapitalistischen Fortschritt fungiert. Zugleich kritisieren wir jene, die von kapitalistischer Entwicklung in peripheren Ökonomien die Lösung solcher Probleme wie Vermögensverteilung, Vollbeschäftigung, Verbesserung der Einkommensverteilung und der Lebensbedingungen für das Volk erwarten. Diese Probleme sind selbst in entwickelten Volkswirtschaften nach wie vor ungelöst, wie die Not der Puertorikaner, Schwarzen und mittellosen Weißen in den USA bezeugt. Es wäre unrealistisch (wenn nicht gar apologetisch) zu glauben, ein tatsächlicher Prozeß der kapitalistischen Entwicklung in den peripheren Ökonomien werde die sozialen Probleme und Konflikte ringsum ersticken. Entwicklung in diesem Zusammenhang bedeutet Fortschritt der Produktivkräfte, hauptsächlich über Technologie-Import, Kapitalakkumulation, Durchdringung der lokalen Ökonomien durch ausländische Konzerne, Erhöhung der Zahl der lohnabhängigen Schichten und Vertiefung der gesellschaftlichen Arbeitsteilung. Was realistischerweise zu erwarten steht, ist eine Verlagerung des Schauplatzes, auf dem gegenwärtig die Kämpfe ausgetragen werden, sowie die Ausbreitung von Problemen, an denen sich Konflikte entzünden werden. Es ist wirklichkeitsfremd anzunehmen, die kapitalistische Entwicklung werde die Grundprobleme der Mehrheit der Bevölkerung lösen. Letzten Endes ist die zu erörternde Alternative nicht die Konsolidierung des kapitalistischen Staates und die Erfüllung des »autonomen Kapitalismus«, sondern die Überwindung des Kapitalismus. Die entscheidende Frage heißt also: Wie können Wege zum Sozialismus erschlossen werden?

Wir haben uns bei unseren Analysen auf Abhängigkeitsformen innerhalb kapitalistischer Gesellschaften und auf Situationen der Herausbildung von Nationalstaaten beschränkt. Zwar gibt es auch Abhängigkeitsbeziehungen zwischen sozialistischen Ländern, doch ist der strukturelle Hintergrund, vor dem ein Verständnis dieser Abhängigkeitsformen möglich ist, ein ganz anderer als der der kapitalistischen Länder und erfordert daher gesonderte Analysen. Dasselbe gilt für Ökonomien wie die indische – und in geringerem Maße die japanische –, deren Prägung nach historischen Mustern geschah, die sich nicht mit der Ausbreitung der europäischen oder US-amerikanischen kapitalistischen Wirtschaftsexpansion erklären lassen, obwohl sie später ebenfalls in den Weltmarkt eingegliedert wurden.

Unser Buch enthält keine Darstellung kolonialer Typen gegenwärtiger Abhängigkeitssituationen in Lateinamerika, wofür etwa Puertoriko das deutlichste Beispiel wäre. Um die Besonderheiten kolonialer oder quasi-kolonialer Situationen im einzelnen darzulegen und im Zusammenhang einer allgemeineren Untersuchung über Abhängigkeit deutlich zu machen, bedarf es noch erheblicher intellektueller Arbeit. Wir erheben nicht den Anspruch, sämtliche in Lateinamerika vorfindbaren Abhängigkeitsformen zu erörtern, geschweige denn erschöpfend zu behandeln.

edition suhrkamp

Alphabetisches Verzeichnis der edition suhrkamp